财经类专业"十四五"规划新形态教材

RPA财务机器人应用

余冰冰　白默　倪江崴／主编

李长山　杨行翀　叶银兰／副主编

厦门网中网软件有限公司／组编

图书在版编目(CIP)数据

RPA财务机器人应用 / 余冰冰，白默，倪江崴主编. —上海：立信会计出版社，2024.4
ISBN 978-7-5429-7505-8

Ⅰ. ①R… Ⅱ. ①余… ②白… ③倪… Ⅲ. ①财务管理—专用机器人 Ⅳ. ①F275②TP242.3

中国国家版本馆CIP数据核字(2024)第041131号

策划编辑	王斯龙　王秀宇
责任编辑	王斯龙　王秀宇
美术编辑	吴博闻

RPA财务机器人应用
RPA CAIWU JIQIREN YINGYONG

出版发行	立信会计出版社		
地　　址	上海市中山西路2230号	邮政编码	200235
电　　话	(021)64411389	传　真	(021)64411325
网　　址	www.lixinaph.com	电子邮箱	lixinaph2019@126.com
网上书店	http://lixin.jd.com		http://lxkjcbs.tmall.com
经　　销	各地新华书店		
印　　刷	常熟市人民印刷有限公司		
开　　本	787毫米×1092毫米	1/16	
印　　张	18		
字　　数	393千字		
版　　次	2024年4月第1版		
印　　次	2024年4月第1次		
书　　号	ISBN 978-7-5429-7505-8/F		
定　　价	49.80元		

如有印订差错，请与本社联系调换

前　言

新一轮技术革命，特别是数智技术的飞速发展，对会计行业产生了深远影响，推动了会计理论、职能、组织方式和工具的变革。我国财政部在2021年印发的《会计行业人才发展规划(2021—2025年)》和《会计信息化发展规划(2021—2025年)》中指出，RPA财务机器人等自动化工具的推广，使会计工作数字化转型得以深入，同时也使得行业对数智化复合型新型人才的需求愈发迫切。然而，现行高校财会类专业课程体系却难以满足这一市场需求，传统的财会专业人才培养方案也未能充分涵盖数智化技能和思维的培养，尤其在人工智能和RPA技术方面。尽管国内部分院校已尝试开设相关RPA课程，但多偏向于编程或技术工具的使用，知识难度较大，无法很好地融入财会类课程内容体系，不利于教师开展数智化的教学和学生学习，进而影响了财会类专业数智化人才的培养以及高校会计专业教育的数智化发展。基于此，本书应运而生。

本书共包含4篇，分别是理论篇、流程分析与设计篇、流程开发与部署篇、流程测试与运维篇，其中理论篇主要介绍了RPA财务机器人概论、全生命周期、项目关键文档及项目团队及职责；流程分析与设计篇主要阐述了财务机器人典型应用场景，从业务流程分析到自动化流程设计，向学生充分展现流程为何实施及如何实施RPA；流程开发与部署篇以华为WeAutomate为开发工具，详细阐述了RPA在数据处理、文本处理、UI自动化三大板块的详细开发与部署；流程测试与运维篇主要是描述了流程测试与运维的相关内容。

本书特色如下。

1. 按照RPA项目实施全生命周期设置教学框架

本书围绕RPA项目实施全生命周期展开教学，分为理论篇、流程分析与设计篇、开发工具应用篇以及流程运维与优化篇，逐步深入讲解RPA项目全过程。

2. 精选五大经典RPA财务机器人应用案例，贴近企业实际

本书精选来自资金管理、采购到付款、订单到收款、费用报销、总账到报表的行业经典RPA财务机器人应用案例，以贴近实际的企业运营场景，以及RPA在数据处理、文本处理及UI自动化的三大经典应用。

3. 真实情景案例的开发实训

本书通过真实情景案例的开发实训，使读者能够从理论学习、案例应用到RPA工具的开发实践，全方位地掌握RPA技术。

4. 融入课程思政

本书在每章结尾，结合RPA财务机器人的行业现状、应用案例等融入了结合思政启示的思考题，致力于让读者掌握知识的同时，促进职业素养的提升。

本书提供华为RPA设计器教育版安装程序、教材内案例源程序等开发资源；也提供课程开设的教学大纲、教学课件、思政元素案例素材、教学案例讲解、教学方式设计及课程考核设计等教学资源；还将配套RPA项目设计交付文档样例。我们相信，通过学习本书的知识与软件平台的功能，读者将能够更好地理解和实践财务领域的机器人流程自动化，从而提升效率、降低成本，并实现业务的卓越发展。

本书适用但不限于作为普通高校本科会计学、财务管理、审计学、内部审计等财会类专业的RPA财务机器人相关课程的教材，也可作为企业业务人员和IT人员实施和管理RPA项目的学习用书。

本书由余冰冰、白默、倪江崴任主编，李长山、杨行翀、叶银兰任副主编，厦门网中网软件有限公司提供了技术支持。感谢昆仑银行RPA负责人郭宇博先生，从企业实践角度出发，对本书的编写提供了有力支持，也感谢立信会计出版社对本书出版提供的帮助。

限于作者水平，对于书中的疏忽及错漏之处，诚挚地希望广大读者给予批评指正。

编者

2024年4月

目 录

理论篇

第一章　RPA 财务机器人概论 ·· 3
　第一节　RPA 概述 ·· 4
　第二节　RPA 产品 ··· 13
　第三节　财务机器人 ··· 25
　第四节　财务机器人的发展趋势 ··· 30
　章节测试 ·· 31

第二章　财务机器人全生命周期 ·· 33
　第一节　总体介绍 ·· 34
　第二节　概念验证阶段 ·· 35
　第三节　财务机器人实施阶段 ··· 39
　第四节　RPA 卓越中心 ··· 45
　章节测试 ·· 49

第三章　财务机器人项目关键文档 ·· 51
　第一节　财务机器人项目交付 ··· 52
　第二节　可行性分析文档 ··· 53
　第三节　流程定义文档 ·· 55
　第四节　流程详细设计文档 ·· 57
　第五节　流程测试报告 ·· 60
　章节测试 ·· 63

第四章　财务机器人项目团队及职责 ··· 65
　第一节　RPA 项目团队组建 ··· 65
　第二节　RPA 人才能力要求 ··· 67
　第三节　财务人员数智认知能力提升 ·· 70

章节测试 77

流程分析与设计篇

第五章　资金管理 81
- 第一节　RPA在资金管理中的应用 82
- 第二节　现金归集流程分析 84
- 第三节　银行流水采集流程分析 90
- 第四节　银行流水采集自动化流程设计 93
- 章节测试 99

第六章　采购到付款 101
- 第一节　RPA在采购到付款中的应用 101
- 第二节　发票验真流程分析 104
- 第三节　发票验真自动化流程设计 109
- 章节测试 115

第七章　订单到收款 117
- 第一节　RPA在订单到收款中的应用 117
- 第二节　发票开具流程分析 120
- 第三节　发票开具自动化流程设计 125
- 章节测试 131

第八章　费用报销 133
- 第一节　RPA在费用报销中的应用 133
- 第二节　报销付款业财系统核对流程分析 137
- 第三节　报销付款业财系统核对自动化流程设计 140
- 章节测试 145

第九章　总账到报表 147
- 第一节　RPA在总账到报表中的应用 147
- 第二节　银企对账自动化流程分析 152
- 第三节　银企对账自动化流程设计 156
- 章节测试 161

流程开发与部署篇

第十章　财务机器人开发 ······ 165
- 第一节　华为 WeAutomate 的简介与结构 ······ 165
- 第二节　华为 WeAutomate 的功能与使用 ······ 170
- 第三节　财务机器人开发实践 ······ 173
- 章节测试 ······ 179

第十一章　数据处理自动化 ······ 181
- 第一节　数据处理自动化概述 ······ 181
- 第二节　数据处理自动化场景 ······ 183
- 第三节　RPA 在数据处理中的应用 ······ 190
- 章节测试 ······ 201

第十二章　文本处理自动化 ······ 203
- 第一节　文本处理自动化概述 ······ 203
- 第二节　文本处理自动化场景 ······ 205
- 第三节　RPA 在文本处理中的应用 ······ 214
- 章节测试 ······ 219

第十三章　UI 自动化 ······ 221
- 第一节　UI 自动化概述 ······ 221
- 第二节　UI 自动化场景 ······ 223
- 第三节　RPA 在 UI 中的应用 ······ 227
- 章节测试 ······ 233

流程测试与运维篇

第十四章　财务机器人测试与运维 ······ 239
- 第一节　财务机器人测试 ······ 239
- 第二节　财务机器人部署 ······ 244
- 第三节　财务机器人运维 ······ 248
- 章节测试 ······ 251

第十五章　RPA在其他领域的核心应用场景 253

第一节　RPA在制造领域的应用 254
第二节　RPA在医疗领域的应用 256
第三节　RPA在教育领域的应用 261
第四节　RPA在物流领域的应用 263
第五节　RPA在金融领域的应用 266
章节测试 271

附录1　自动化流程需求评审表 273

附录2　自动化流程需求评审标准 276

理论篇

第一章

RPA 财务机器人概论

 本章目标

1. 全面认识与掌握 RPA 的定义、特点、价值与产品结构。
2. 熟悉 RPA 发展历程、现状及产品分类。
3. 掌握财务机器人的概念、应用场景及发展趋势。
4. 熟悉财务机器人发展趋势。

 本章概览

本章主要介绍 RPA 的定义、特点、价值、产品结构,详细阐述了 RPA 发展历程与产品分类,最后分析了财务机器人的定义、应用现状、应用价值及发展趋势。

 章节导航

```
                             ┌ RPA 的定义
                             │ RPA 的特点
                             │ RPA 的适用条件
                   RPA 概述 ─┤ RPA 的价值
                             │ RPA 发展历程
                             └ RPA 行业发展现状

                             ┌ RPA 产品的分类
                             │ RPA 产品的结构
                   RPA 产品 ─┤ RPA 与相关概念的厘清
                             └ RPA 的主要应用领域
RPA 财务机器人概论 ─┤
                             ┌ 财务机器人的概念
                             │ 财务机器人的功能模块
                   财务机器人─┤ 财务机器人的适用条件
                             └ 财务机器人促进财务数智化升级

                                      ┌ 智能决策能力
                                      │ 自然语言处理
                   财务机器人的发展趋势─┤ 计算机视觉
                                      │ 强化学习
                                      └ 个性化服务
```

开篇案例

第一节　RPA 概述

一、RPA 的定义

由全球领先的高科技软件厂商和咨询公司共同参与组成的工作组,在电气和电子工程师协会(Institute of Electrical and Electronic Engineers,IEEE)的组织下,针对智能自动化(intelligence automation)开展了一项概念梳理和定义工作,希望对智能自动化各个部分的概念达成行业共识,其中也重点对机器人流程自动化(RPA)作出了定义的梳理。

2017 年,IEEE 给出了 RPA 的定义:"RPA 通过软件技术来预定义业务规则以及活动编排过程,利用一个或多个相互不关联的软件系统,协作完成一组流程、活动、交易和任务,需要在人工对异常情况进行管理后交付结果和服务。"IEEE 强调了 RPA 具有预定义规则、活动编排、串接不同的系统等主要特征。

机器人流程自动化及人工智能(Institute for Robotic Process Automation & AI,IRPAAI)研究机构在 2017 年也给出了 RPA 的定义:"RPA 是一种技术应用模式,使计算机软件或者'机器人'能够捕获并解释现有应用的信息,从而能够处理事务、操作数据、触发响应以及与其他数字化系统进行通信。"IRPAAI 研究机构强调了 RPA 是一种应用模式,具有获取现有应用的信息、不同系统的操作处理等特征。

Gartner 在 2018 年 AI 技术曲线报告中对 RPA 进行了定义:"机器人流程自动化整合了用户界面识别和工作流执行能力。它能够模仿人们操作电脑的过程,利用模拟的鼠标和键盘操作来驱动和执行应用系统。有时候,它被设计成应用到应用之间的自动化处理。虽然它被称为机器人流程自动化,但是并不存在一个物理设备,相似于其他如工作流引擎和人工智能工具。"Gartner 指出 RPA 能模仿人类,具有工作流执行能力,是软件并非物理设备。

国际数据公司(International Data Corporation,IDC)在 RPA 软件带来业务运营变革报告中给出了 RPA 的定义:"RPA 软件能够处理基于固定规则且重复执行的流程,而不需要人类操作。在那些高度重复、单调且劳动量大的工作中,RPA 消除了对人类员工处理的需要。"IDC 表达了能实施 RPA 的流程具有规则固定、重复执行和工作量大的主要特征。

IBM 在市场研究及远景趋势报告中给出了对 RPA 的定义:"机器人流程自动化是利用软件来执行业务流程的一组技术,其按照人类的执行规则和操作过程来执行同样的流程。RPA 技术可以降低工作中的人力投入,避免人为的操作错误,大大减少了处理时间,使人类可以投入到更加高级的工作环节中。"IBM 强调了 RPA 是一组技术、是按照规则执行流程的,以及 RPA 带来的业务价值。

麦肯锡(McKinsey)对 RPA 的定义是:"RPA 是一种可以在流程中模拟人类操作的软

件。它能够更快速、精准、不知疲倦地完成重复性工作，使人们投入到更加需要人类脑力的工作中，如情感、推理、判断或与客户沟通。"可见，模拟人类和替代工作是 RPA 的主要特征。

普华永道(PWC)对 RPA 的定义为："RPA 利用了流程自动化技术及更易配置的软件机器人，业务人员只需要少量 IT 经验，在快速培训后就能操作，以替代手工工作。"普华永道提到了 RPA 不需要专业人员就能快速实施的特征。

综上所述，各家机构针对 RPA 阐述的是同一个概念，但侧重点各不相同。目前为止尚无机构对 RPA 给出统一公认的权威解释。正由于此，在后续市场推广和宣传 RPA 的过程中，各软件供应商和服务供应商对 RPA 各执一词，更多的是通过 RPA 供应商和用户的实战总结口口相传后逐渐推广开来的。

本书认为机器人流程自动化，即 robotic process automation，简称 RPA，robotic 是机器人，process 为流程，也是 RPA 的核心内容，automation 是自动化，即应用所达到的效果。RPA 是通过软件技术模仿用户在电脑上的操作，来替代人工完成大量重复、规则明确的工作。RPA 可以应用在各行各业及各大领域，如 RPA 在财务领域的应用被称为 RPA 财务机器人，RPA 在金融领域的应用被称为 RPA 金融机器人，RPA 在物流领域的应用被称为 RPA 物流机器人等。

二、RPA 的特点

RPA 具有软件机器人，模拟人工操作及交互，基于明确规则操作，外挂形式部署、非侵入，拓展性强，其他六大特点，如图 1-1 所示。

1.软件机器人
通过用户界面或脚本语言实现机器人对重复人工任务的自动化处理

2.模拟人工操作及交互
可以执行用户的日常基本操作，如选择、输入、复制、粘贴等

3.基于明确规则操作
流程明确，可被数字化的触发指令和输入，没有任何无提前定义的例外情况

4.外挂形式部署、非侵入
遵循现有的安全和数据标准，以与人完全相同的方式访问当前系统，不会出现任何破坏

5.拓展性强
不受行业、企业、业务限制，应用性强

6.其他
规则高度严肃、安全可靠全天候待命、技能可拓展

图 1-1　RPA 的特点

(一)软件机器人

RPA 是通过用户界面或脚本语言实现机器人对重复人工任务的自动化处理,并不是物理实体的机器人,而是计算机中的程序代码,如果工厂中的机器人是替代工人的体力劳动,那么 RPA 机器人则是替代办公室员工的手工操作,本质上物理机器人和 RPA 机器人都是通过技术手段来实现机器替代人工操作以达到提高企业生产力的目标。

(二)模拟人工操作及交互

RPA 机器人如同人类一样能够操作电脑上的应用程序,如浏览器、Office 软件、邮箱、企业 ERP 软件等,同时 RPA 可完全模拟人的操作行为和操作顺序。例如,人如果点击鼠标左键,那么 RPA 也是点击鼠标左键,单纯从电脑显示器上看是无法区分人工操作还是 RPA 操作的。

(三)基于明确规则操作

RPA 机器人没有自己的思维,只会按照人类预先设计好的逻辑规则来执行任务。例如,财务人员使用 RPA 从 Excel 报表中获取数据,如果 Excel 格式固定,那么 RPA 机器人就可以按照固定规则去获取数据,但如果 Excel 格式不一或者遇到非结构化数据,那么 RPA 机器人就有可能出现异常而停止工作。

(四)外挂形式部署、非侵入

RPA 是通过模仿人在应用系统的用户界面上进行操作来完成工作的,因此不需要更改应用系统的底层代码或访问数据库。RPA 就像是连接器,可在不修改原有 IT 系统的同时将不同业务系统串联起来。因此 RPA 的非侵入式特征可使 RPA 项目在实施过程中尽可能地减少对原有应用系统的影响,使风险降到更低。

(五)拓展性强

RPA 不受行业、企业、业务限制,应用性非常强,拓展性强。

(六)不间断工作、错误率低等其他特点

人工操作会因为长时间工作产生疲劳从而导致操作错误,而 RPA 按照预先设计的规则执行工作,不会因为疲劳出现错误,因此使用 RPA 可以有效降低工作错误率。且 RPA 可以全天候不间断地执行工作,就如同一位不知疲倦的虚拟员工,可以处理更大量的工作,提高企业的运营效率。

三、RPA 的适用条件

并不是所有的业务流程都适合用 RPA 来实现,要选择 RPA 来实现是有一定的条件的。RPA 适合于重复的、有规则的、稳定少变的流程。下面我们将探究 RPA 的使用需要哪些条件。RPA 的适用条件如图 1-2 所示。

(一)重复、大量

RPA 适合的流程必须是高重复性。因为开发一个

图 1-2　RPA 的适用条件

RPA 流程就需要相当的时间和成本,如果一个流程只是一次性的或者使用频率极低,那原本的人工成本也就显得不太重要了;相反,如果一个流程是高重复性的,那原本的时间成本和人工成本就显得非常重要,而且 RPA 发挥的作用也就更加明显了。

(二)明确有规则

RPA 适合的流程必须有一定的规则。如果一个流程毫无规则且处于散乱状态,需要人为进行主观判断操作,那它本身是不适合 RPA 实现的,因为 RPA 做不到主观判断。当然,目前通过借助 AI 技术,我们确实可以实现一部分的判断,如光学字符识别(optical character recognition,OCR)、语音识别、人脸识别等,但是对于大部分情况,我们还是需要一个有规则的流程。

(三)系统稳定

RPA 最常操作的就是各种软件、客户端或者浏览器,我们需要用页面的元素去定位要操作的组件。如果用户界面经常发生改变,那 RPA 流程也就要跟着改变,这样会加大流程的维护成本;或者如果一个流程本身的业务流程也是经常改变的,那它同样不适合 RPA 实现。

四、RPA 的价值

通过应用 RPA,可以实现以下价值。

(一)提升企业生产效率

信息化时代企业中大量的工作都由员工手工操作计算机完成,这些工作中有很多重复的、低价值的部分可以通过 RPA 实现自动化。同时,人每日的工作时间只有 8 个小时,但机器人可以每日工作 24 小时。机器人的工作时长是人的数倍,因此使用 RPA 可大幅提升企业生产效率。

(二)节省企业成本

机器人相当于一个虚拟员工,但是成本却远低于真实员工的成本,因此对企业来说使用 RPA 的性价比是非常高的。

(三)保障数据准确性

人长时间手工操作计算机会产生眼部和大脑疲劳,同时人也会受到主观情感或外界因素的影响,从而不可避免地出现操作失误。而 RPA 机器人只会按照既定的程序执行,机器人不会疲倦同时也不会犯错,因此能有效地保障数据准确性。

(四)提高合规性

RPA 模拟人工操作,减少主观因素,避免敏感数据被人为窃取,同时会完整记录机器人运行的整个过程,满足审计要求,提高合规性。

(五)提高便捷易用性

通常自动化流程使用 RPA 产品提供的低代码或者无代码平台通过可视化拖拽和配置组件的方式进行流程设计,因此入门更简单,非 IT 人士也能轻松上手使用。

(六)提高可扩展性

RPA可以应用于多个领域和行业,适合大、中、小企业简单或复杂的流程,可扩展性强。

(七)提升企业员工满意度

RPA不是完全替代员工,而是将员工从繁琐的重复性工作中解放出来,让员工去从事更高质量的工作,有利于提升企业员工的满意度。

五、RPA发展历程

RPA并不是横空出世的,而是经历了很长一段时间的发展,由早期的自动化技术演化,不断启发着人类发展自动化的思路。随着云计算、人工智能等技术的不断成熟,RPA已成为企业进行数字化转型的重要工具,RPA行业也成了最近几年全球市场增长最快的新兴行业之一。总结来说,RPA发展历程大致分为六个阶段,如图1-3所示。

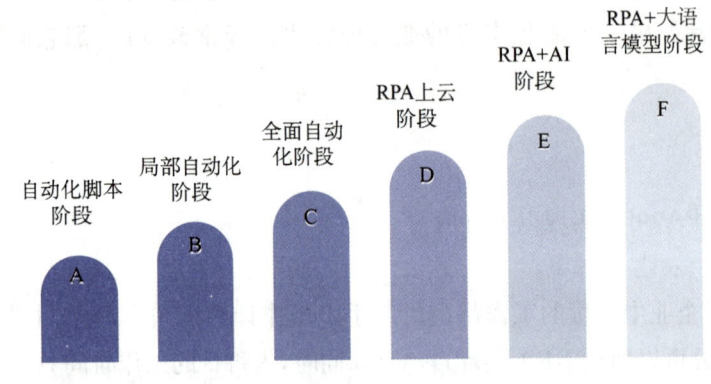

图1-3 RPA发展历程

(一)自动化脚本阶段

使用计算机程序编写生成的可独立运行的自动化脚本,通常用于执行定时任务、自动化运维、自动化测试、文件的复制转移处理等工作。这些自动化脚本严格来讲并不属于RPA产品,只是自动化处理的雏形。

(二)局部自动化阶段

这个阶段的RPA软件就类似于一个单机版的应用程序,主要部署在个人电脑上。该阶段的RPA软件已具备目前主流机器人流程自动化的功能,但是并不能实现多部门合作的业务流程,也不能将若干个部门合作的某一业务形成"闭环",实现端到端的自动化。同时这一阶段的RPA产品无法实现大规模应用部署,如无法批量操作Excel数据、自动处理客户资料登记等,仅能执行单个操作员的桌面级别处理。这个阶段仍以员工操作为主,RPA用于辅助完成员工工作。

(三)全面自动化阶段

经过UiPath、Automation Anywhere、Blue Prism等RPA企业的共同创新和努力,PRA

逐渐形成了当前阶段的产品形态,即 RPA 产品三件套:编辑器、控制台、执行端结构。这个阶段 RPA 被用来实现一个完整的业务流程自动化,同时随着业务需求的不断丰富,一个 RPA 应用往往需要在多台终端上运行 RPA 程序,也可能需要数十人甚至数百人参与开发设计来共同完成,因此 RPA 被设计为可实现跨系统协同、系统互联、数据集成以及机器人的大规模集群部署。

(四) RPA 上云阶段

这个阶段的 RPA 依然采用主流的 DCC 结构,不同的是 RPA 软件服务部署在了云上。云计算不仅为 RPA 带来了计算力的支撑,还节约了企业的服务器软硬件维护成本和场地成本。市面上已有很多 RPA 供应商提供 RPA 的云服务,用户可以根据各自不同的应用需求订阅不同的 RPA 云服务。RPA 上云让 RPA 变得更轻量,降低了企业引入 RPA 的门槛,这一阶段的 RPA 产品形态丰富,更利于 RPA 场景落地,因此 RPA 产品得到了前所未有的推广和应用。

(五) RPA+AI 阶段

伴随着以深度神经网络为代表的新一代人工智能技术(AI 技术)的发展,人工智能至今已涉及多个研究领域,研究方向包括智能控制、符号计算、自然语言理解、模式识别、计算机视觉、机器学习、数据挖掘、智能信息检索和语音识别等。因此 RPA 供应商开始尝试将 RPA 应用与各类人工智能技术进行融合,试图突破传统 RPA 只能从事简单重复流程的桎梏,转而让 RPA 从事更复杂、更有价值的工作。AI 强大的计算机视觉技术和自然语言处理技术更大地拓展了 RPA 的应用场景,使得 RPA 功能得到加强,能够阅读、看见并处理更多的工作。例如,很多银行、金融企业的信贷类业务每日面临着大量的文件材料审核工作,通过 RPA+OCR 识别技术能更加精准地识别并筛选图片信息,使材料审核、用户证件识别、银行卡识别等业务流程实现自动化,很大程度上提升了工作效率,节约了人力成本。未来随着 AI 技术的发展,AI 技术将进一步推动关联技术和新兴科技、新兴产业的深度融合,"RPA+AI"必将持续输出更高的应用价值。

(六) RPA+大语言模型阶段

大语言模型(large language models,LLM)是指一类基于深度学习技术的自然语言处理模型,如 ChatGPT、ChatGLM 等,它们具有强大的自然语言理解和生成能力。在 RPA+大语言模型阶段,RPA 和大语言模型技术相结合,可以实现更加智能化、自动化的业务流程管理。具体来说,大语言模型可以用于以下场景:①自动化流程设计。RPA 机器人通过大语言模型生成的文本描述,可以自动识别业务流程中的各个环节,并生成对应的自动化流程。②自动化流程执行。RPA 机器人可以利用大语言模型的自然语言理解和生成能力,与业务系统进行交互,自动执行业务流程。③自动化异常处理。当 RPA 机器人在执行业务流程时遇到异常情况时,可以通过大语言模型进行自动识别和处理,避免流程中断。④自动化流程优化。通过对大量业务流程数据进行分析,大语言模型可以自动发现流程中的瓶颈和优化点,并生成优化后的流程。

六、RPA行业发展现状

下面分别从RPA产业链、RPA行业典型供应商、RPA生态三个方面来介绍目前RPA行业发展现状。

(一) RPA产业链

随着RPA概念的兴起，围绕RPA已形成一套完整的产业链，RPA产业链中的不同企业各具优势，企业间有竞争也有合作。从当前市场看，RPA产业链包括RPA供应商、AI供应商、云计算供应商、RPA集成商、RPA咨询实施方、垂直领域RPA供应商、RPA需求方等。其中多数RPA供应商专注于自主研发RPA产品，并与第三方AI技术公司合作进行技术融合，少数RPA供应商具备自研AI的能力；AI供应商和云计算供应商通过"RPA＋"的方式来拓展自身企业的AI技术和云计算输出场景；RPA集成商则看到了RPA的市场价值，通过RPA产品来丰富自身的产品类型；RPA咨询实施方通过与RPA供应商合作，为RPA需求方提供解决方案和实施服务，形成自己的商业生态；垂直领域的RPA供应商专注于特定领域的RPA产品；RPA需求方是希望通过使用RPA产品实现数字化转型的政企组织。RPA产业链中各赛道上具有代表性的企业如表1-1所示，具体的产业链如图1-4所示。

表1-1　RPA产业链具有代表性的企业

类型	说明	具有代表性的企业
RPA供应商	RPA供应商大多专注于深耕RPA产品技术，产品成熟度高，在通用性和稳定性上优势较强	国外：UiPath、Automation Anywhere、BluePrism等 国内：来也、艺赛旗、金智维、云扩科技、容智信息、弘玑等
AI供应商	AI转型RPA供应商通过RPA＋AI为RPA应用提供更强的AI赋能	达观数据、实在智能等
云计算供应商	云计算输出能力	阿里云、华为云等
RPA集成商	RPA作为该公司集成的产品之一，并不是该公司的核心业务或唯一业务	用友、金蝶等
RPA咨询实施方	与RPA供应商战略合作，具备RPA解决方案咨询和实施的能力	德勤、普华永道、安永、毕马威等
垂直领域RPA供应商	垂直领域敏感度高，竞争优势明显	平安科技、宏桑软件等
RPA需求方	RPA产品最终的使用方	金融企业、物流企业、制造企业、政府等

(二) RPA行业典型供应商

目前市场上的RPA产品诸多，可谓是百家争鸣，部分国内外具有代表性的RPA产品及其特点和优势如表1-2所示。

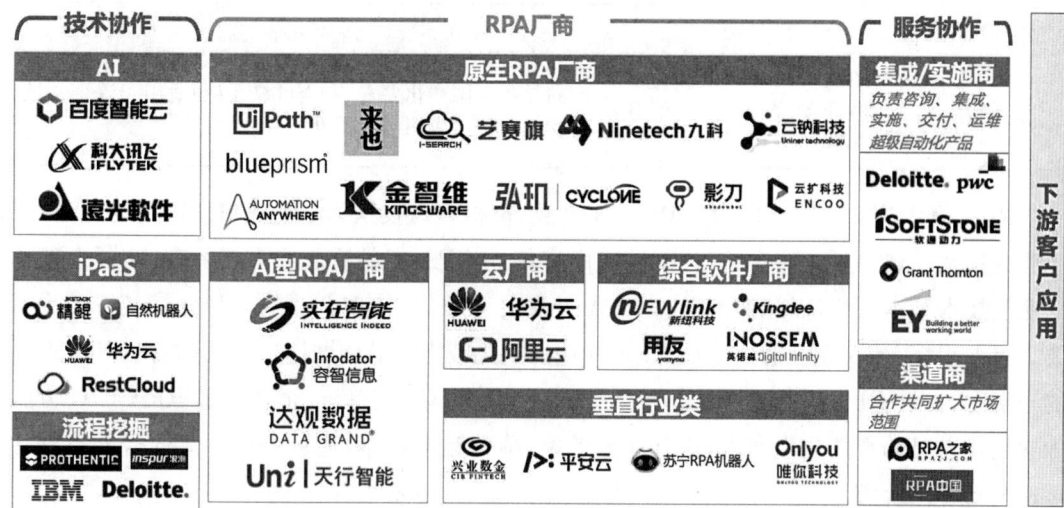

图 1-4　RPA 市场产业链

数据来源：2023 年 RPA 行业发展报告，艾瑞咨询。

表 1-2　RPA 产品特点及优势

供应商名称	产品特点	产品优势
UiPath	以"人手一个机器人"为目标，借助 AI 打造端到端超自动化平台	RPA 编辑器针对不同角色推出不同版本：平民编辑器 StudioX、开发人员编辑器 Studio、专业编辑器 StudioPro RPA 流程挖掘工具功能丰富，共推出 4 款挖掘工具：自动化门户、流程挖掘、任务捕捉、任务挖掘
Automation Anywhere	以新一代云端 RPA 平台打造智能数字化劳动力解决方案	产品的交付及运维均在云端完成，部署周期短并可按需扩容，无需更改现有业务流程即可敏捷部署，无需更改任何基础业务系统即能灵活应用。旗下提供多种产品： ① DiscoveryBot：以 AI 驱动的流程发现提升自动化周期速度 ② IQBot：进行智能文档处理 ③ BotInsight 平台：实时自动完成运营和商业智能分析 ④ BotStore：预构建大量机器人，满足多样需求
Blue Prism	将人力和数字劳动力结合起来，释放员工去做更有质量的工作	推出基于 SaaS、云部署、混合部署、本地部署等多种 RPA 部署环境，并集成人工智能和机器学习打造未来的数字化企业
来也	RPA＋AI 助力政企实现智能时代人机协同	UiBotRPA 产品主要包含 RPA 三件套＋AI，为机器人的生产、执行、分配、智能化提供相应的工具和平台 智能对话机器人平台"吾来"功能性强大，无需编程和部署，可快速上线
艺赛旗	专注 RPA，搭建 RPA 生态快速实现自动化服务	典型的 RPA 三件套，使用便捷；与 AI 供应商战略合作，一起打造 RPA＋AI 生态
达观	以 AI 为基础，RPA 作为应用输出	自研 AI 能力突出：领先的智能文本处理技术

(续表)

供应商名称	产品特点	产品优势
华为	RPA＋AI＋HiLens 端云协同智能自动化解决方案	产品具备全国产化要素，安全可靠，特别适用于政企领域自动化的快速应用与规模推广

RPA 概念从 2019 年开始在国内迅速升温，被很多风投认为是新风口。国内的 RPA 供应商数量也出现井喷式的增长，各家供应商宣传的 RPA 产品看起来大相径庭，实际上使用的底层技术基本一样，因此如何提高 RPA 产品的竞争力、体现企业的自身优势变得尤为重要。目前很多 RPA 企业通过发展 RPA 周边的产品或者与 AI 供应商合作来提高 RPA 产品的丰富度、扩展 RPA 产品的应用场景以获取更大的市场占有率。企业通过 RPA＋AI 方式加速构建自己的智能化生产力，提升业务效率，降低运营成本，通过各业务流的智能自动化再造全新客户价值。

（三）RPA 生态

RPA 供应商除了不断拓展 RPA 产品三件套的能力，也开始了 RPA 生态布局以提高自身企业的核心竞争力，以下为 RPA 生态布局的六种常见方式。

1. 提供免费培训

当前市面上的 RPA 产品五花八门，各家供应商的产品标准不一，产品安装、流程开发、流程部署和流程运行监控的方式都不同，因此很多供应商通过举办各类免费的线上/线下 RPA 产品说明会、应用交流会、入门级培训课程等，为 RPA 学习者提供多种了解和学习 RPA 产品的途径。

2. 资格认证

有些 RPA 供应商提供资质认证的培训。参加认证的学员通过完成系统化培训课程的学习，掌握该供应商 RPA 产品的相关知识和构建、管理流程的能力，在资质认证考试合格后获得该供应商颁发的 RPA 资质认证证书。这些 RPA 供应商通过资质认证体系的建设一方面宣传了自己的 RPA 产品，另一方面也可鼓励更多用户使用该企业的 RPA 产品，并帮助有实施需求的企业快速寻觅特定的 RPA 人才。

3. 建立 RPA 开发者社区

任何一种软件产品的成功除了依赖产品自身的高质量，还依赖广大的软件开发者。RPA 供应商通过打造开发者社区，搭建统一的案例分享平台和问答平台，配合多种激励策略鼓励普通用户在线提问和在线答疑，或分享实际工作中的 RPA 应用场景和案例。一个健康、开放的开发者社区不仅可以帮助企业减少技术咨询方面的售后成本，同时也可及时了解用户的实际需求和使用体验，不断升级和优化产品的功能，提高产品的质量。

4. 建立 RPA 应用商城

建立 RPA 应用商城，将 RPA 服务以接口或插件应用的方式提供给用户调用，可为企业增加营收；此外，通过现金或积分奖励的方式鼓励普通开发者通过平台发布自己的应用，能够进一步扩充应用商城可供用户调用的服务类别和范围,从而帮助供应商增强用户使用黏度,增加开发者用户对 RPA 产品的拥护,并在一定程度上减少了企业的开发、维护成本。

5. 提供 RPA 云服务

通过 RPA 云服务,企业不用搭建本地部署环境就可以直接设计自动化业务流程,并可随时发布流程,实现与生产环境的无缝对接。SaaS 云服务还提供了一系列常见业务的 RPA 服务,帮助没有能力搭建本地软件服务架构的中小微企业大幅提升其业务上线的效率。有些 RPA 供应商还能根据客户的需求,提供公有云、私有云或者混合云的个性化部署方案。

6. 与第三方 AI 企业合作

RPA 和 AI 过去被认为是两个独立的领域。RPA 作为流程自动化软件,帮助企业处理单一、重复和标准化的业务流程,因此受标准化特定场景的掣肘,在针对复杂业务场景的快速落地时仍然存在困难。而与 AI 能力的结合,可以提升 RPA 感知非结构化数据的能力以及识别复杂元素的能力,帮助 RPA 提升易用性;AI 甚至可以理解组织内的决策,并应用大数据分析来制定围绕这些决策的规则,以处理更复杂的业务环境。现在 RPA 与 AI 的关系如同人的手脚与大脑的关系,RPA 根据指令执行任务,而 AI 更倾向于进行数据分析及发布指令。RPA 与 AI 的完美结合能最大限度发挥两者的优势,因此很多 RPA 供应商正与 AI 技术研发商达成战略合作,力争实现双赢。

第二节　RPA 产 品

一、RPA 产品的分类

传统企业大多面临着数字化转型,而 RPA 作为一种非侵入式技术,允许企业在原有业务系统之上进行业务流程自动化的部署,对原有系统无需进行任何改造,因此很多企业对 RPA 解决方案抱有极高的期待和热忱。在技术发展和市场需求的共同推动下,RPA 功能不断丰富,应用的行业和场景也不断增多,各种各样的 RPA 应运而生。当前 RPA 产品的分类如表 1-3 所示,主要是按照行业、应用场景、功能、自动化程度、安装环境、部署方式和技术框架的维度对 RPA 进行了分类。

表 1-3　RPA 产品的分类

分类方式	分类内容
行业	金融行业、保险行业、医疗行业、制造行业、零售行业、能源电力行业、物流行业、教育行业等
应用场景	财务机器人、信贷机器人、人力资源机器人、客服机器人、采购机器人、科技运维机器人等

(续表)

分类方式	分类内容
功能	Excel 处理机器人、邮件处理机器人、浏览器处理机器人等
自动化程度	全自动化机器人、半自动化机器人
安装环境	物理电脑机器人、虚拟电脑机器人
部署方式	单机版机器人、传统 C/S 架构机器人、云机器人
技术框架	基于微软的.NetFramework 框架，基于 Python、C、C++、Java、Go 或其他语言的程序框架

二、RPA 产品的结构

RPA 产品基本采用了编辑器-控制台-执行端（designer-controller-client，DCC）结构，被称为 RPA 三件套。其中，编辑器是 RPA 的规划者，通过运用可视化流程拖曳设计、操作录制等技术来设计和构建机器人流程；控制台是 RPA 的管理者，通过统一的管理后台来管理、调度、监控机器人任务的执行情况，目前它已经结束了传统单机运行的模式，开始向大型机器人集群、多任务管理模式转变；执行端是 RPA 的执行者，按照控制台的要求执行编辑器预先设计好的流程。三件套与 RPA 产品的关系如图 1-5 所示。

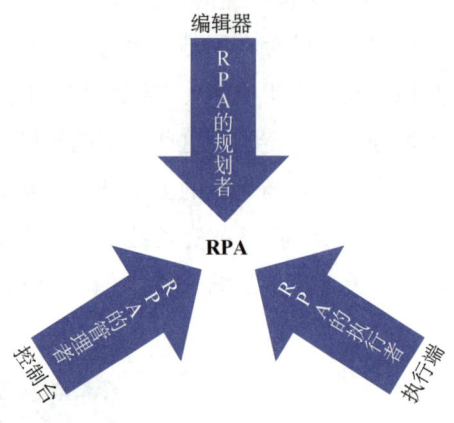

图 1-5　三件套与 RPA 产品的关系

下面详细描述编辑器、控制台和执行端的具体功能以及三者之间的关系。

（一）编辑器

编辑器，也称设计器，是主要用于流程开发、调试、代码共享、部署的一种设计工具，能够提供便捷的方法和简单的操作页面，使用者可通过控件的拖拽和流程图的绘制完成流程的开发与设计，并支持目前主流的程序开发语言，如 Python、Java 等。可视化的设计方式极大地降低了 RPA 的使用门槛，使得企业中的每个人都可以参与到自动化流程设计中，促进了 RPA 在产业中的大范围应用和落地。通过编辑器，RPA 可快速实现对各种业务流程的自定义设计，并能在短时间内快速实现流程的设计、调试和部署。

编辑器一般包含组件设计和流程设计两大模块。

1. 组件设计模块

组件设计模块的主要作用是将业务流程中的每个功能模块独立实现。例如，有邮件发送组件、打开 IE 浏览器组件、Excel 文件处理组件等，抑或业务流程中涉及多个应用或者系统，对每个应用或者系统的自动化实现都可以独立为一个组件。组件设计模块通常包括如下几个方面：

(1) 程序语言支持功能:支持目前主流的程序设计语言,如 Python、Java、VB 等。为了降低 RPA 工具的使用门槛,市面上部分 RPA 供应商还提供中文语言开发工具和英文语言开发工具。

(2) 页面元素采集工具:通过控件采集页面元素,自动生成自动化脚本语言,如浏览器网页 HTML 元素的获取、Windows 操作系统大部分软件应用界面元素的采集,通过页面元素采集工具可以降低开发难度,大幅提高开发效率。

(3) 组件调试工具:通过可视化调试工具可以快速分析组件的语法错误和运行结果。

(4) 参数设置功能:用于设置组件运行时需要的参数。

(5) 常用组件模块:很多 RPA 供应商都集成了多个自动化应用场景经常用到的组件模块,方便开发者或者设计者使用,这个功能也是 RPA 产品的优势之一。例如,RPA 一般会免费提供对浏览器的处理、办公 Office 软件的处理、邮箱的处理、数据库的操作、文件类的操作等常用功能的组件模块。

(6) 第三方平台接口集成:如 OCR 识别、NLP 应用、大语言模型等。

2. 流程设计模块

流程设计模块主要是通过拖拽控件将一个或多个组件连接起来,形成完整的业务流程。流程设计模块的可视化可以让开发者或设计者更直观地看到整个业务流程的全貌,高效地完成业务流程逻辑的设计。

流程设计模块一般包括如下几个方面:

(1) 流程设计工具:通过可视化的图形界面,将控件按照业务流程进行拖拽、连接,最后实现完整的自动化流程,通常控件会包括组件控件、开始控件、结尾控件、逻辑控件、循环控件、格式转换控件等。

(2) 流程调试工具:通过可视化调试工具可以快速分析流程中的异常错误和运行结果。

(3) 机器人执行端选择功能:可以从机器人集群中选择某个或某几个机器人来运行设计好的流程。

(4) 参数传输设置功能:用于设置流程运行需要的参数。

(5) 流程运行异常展示功能:流程运行异常后会通过可视化页面展示处理异常。

3. 组件设计模块与流程设计模块的关系

流程设计模块用于表达业务流程逻辑,组件设计模块用于实现具体业务功能。流程设计模块就像是一列火车,而组件设计模块类似于火车的车厢,每一节车厢都有自己特有的功能,有提供座位的车厢、有提供卧铺的车厢、有提供餐饮的车厢。因此流程设计模块是由组件设计模块按照具体规则组合而成的,流程设计模块是组件设计模块的宏观表现。

(二) 控制台

控制台,也称服务器,是自动化流程的统一管理平台,用于对机器人进行整体的运作和管理,如机器人管理、权限管理、调度管理、远程管理、监控管理等。控制台的主要作用是实现合理规划机器人任务、调度、运营、监控以及分析机器人的工作状态等功能,同时很多

RPA 供应商的控制台也具备日志查看、录像回播、运行报表展示等功能。因此，RPA 控制台一方面用来调度和运作机器人，另一方面也能用来监控和展示机器人的运行情况。

控制台通常包含如下功能：

（1）机器人管理功能：管理机器人集群，按照区域、功能划分机器人。

（2）权限管理功能：管理个人权限、部门权限、功能查看及编辑权限等。

（3）调度管理功能：负责任务调度、任务排序、运行时间安排、运行频率安排、分配机器人执行端等。

（4）远程管理功能：可以通过远程管理机器人执行端，随时查看机器人执行端的运行情况。

（5）运行管理功能：可手动启动或停止 RPA 运行过程。

（6）监控管理功能：监控机器人空闲状态、机器人运行情况、流程运行情况。

（7）日志功能：记录机器人运行日志，可随时通过查看或下载日志对机器人运行过程进行分析。

（8）录像功能：记录机器人运行界面，可通过回播或者下载对机器人运行情况进行分析。

（9）报表展示功能：机器人运行状态报表展示、自动化流程具体运行情况报表展示等。

（10）上传文件功能：可以上传定制化的节假日文件或触发机器人运行的参数文件等。

（11）异常处理功能：机器人运行异常报警通知、自动或手动恢复机器人运行状态等。

（三）执行端

执行端，也称 RPA 机器人代理端，是部署在计算机物理终端或者虚拟机终端，用于执行具体指令任务、记录执行过程的应用程序。根据实际业务场景的不同，执行端的安装方式、部署方式以及任务调度方式都会有所不同。例如：

（1）RPA 执行端安装环境：支持物理机、虚拟机。

（2）RPA 部署方式：支持单机版部署、服务器部署、云服务器部署。

（3）RPA 任务调度方式：一般包括固定时间启动（如每天上午 10 点启动）、每间隔一段时间启动（如每间隔 5 分钟启动 1 次）、由事件触发启动（如检查到某个事件发生后启动）等。

（四）编辑器、控制台、执行端之间的关系

编辑器依托程序开发语言、控件的拖拽、页面元素的抓取工具，或者录屏来完成整个业务流程的开发和设计；控制台负责任务调度、流程分发、机器人管理、报表展示、运行监控和管理；执行端负责执行具体任务指令。通常情况下由控制台提供库和资产给到编辑器，编辑器进行流程设计，设计完成后交给执行端进行流程执行测试，然后通过编辑器将流程发布到控制台，由控制台管理和分发任务给执行端，执行端执行完成后将结果反馈给控制台。编辑器、控制台、执行端三者的关系如图 1-6 所示。

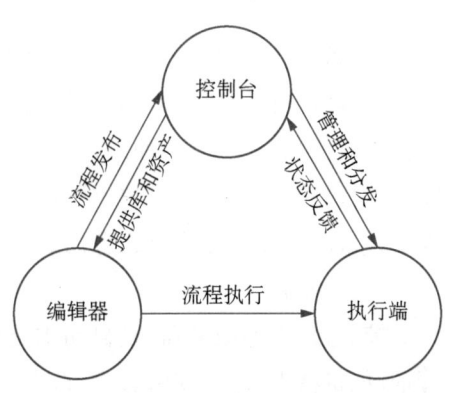

图 1-6 编辑器、控制台、执行端之间的关系

三、RPA 与相关概念的厘清

众多企业或是人员在初步认识或是接触 RPA 过程中,容易将 RPA 与其他数智技术或场景混淆,下面将 RPA 与传统 IT 系统、自动化测试,以及爬虫、低代码等常见的误区展开详细对比说明。

(一) RPA 与传统 IT 系统

传统 IT 系统是企业为了某种特定的用途而开发的信息化应用软件。RPA 则是在人工智能以及自动化技术不断发展的基础上,解决人类在传统 IT 系统上重复工作的技术,RPA 也被看作是在信息时代释放人工劳动力的一种 IT 解决方案。当然,企业引入 RPA 和传统 IT 系统的最终目标是一致的,都是提高企业自身的生产效率。那么 RPA 和传统 IT 系统到底有什么区别?本书将从开发流程、开发方式、开发成本、人员要求、适用场景五个方面来进行分析,大体情况如表 1-4 所示。

表 1-4 RPA 与传统 IT 系统的区别

项目	RPA	传统 IT 系统
开发流程	灵活的流程	标准的流程
开发方式	支持程序语言编码和低代码	以编写计算机程序代码的方式完成
开发成本	开发成本较低	开发成本相对较高
人员要求	可以是 IT 技术人员,也可以是产品经理、项目经理或其他业务人员	有一定程序编码经验的专业 IT 人员
适用场景	多个系统串联起来	复杂的需求场景或者全新的信息化系统需求

1. 开发流程

从开发流程上看,传统 IT 系统的开发过程已经形成了标准的流程,包括需求提交、需求分析、架构设计、程序开发、程序测试、用户验收、系统上线等,从这个角度看 RPA 应用也具备传统 IT 系统的特性。

RPA 作为一种新型 IT 应用大体上也遵循传统 IT 系统的开发流程,只不过 RPA 在落地过程中细节有所不同。例如,企业采购的第三方 ERP 系统是直接运行在生产环境中的,使用 RPA 在操作 ERP 系统时会跳过测试环境直接在生产环境中进行验证。因此,可以看出 RPA 并不是完全严格按照传统 IT 系统的开发过程进行项目落地的,它需要参考现有系统的特点及环境等因素选择更合适落地的开发流程。

2. 开发方式

从开发方式上看,传统 IT 系统开发一般都会由专业的程序开发人员通过编写计算机程序代码的方式完成,而 RPA 不仅可以使用传统 IT 系统编码的方式进行设计,也可以采用低代码甚至无代码的方式完成。目前市面上主流的 RPA 产品基本支持程序语言编码和低代码两种开发方式。

3. 开发成本

传统 IT 系统因为功能相对复杂，要经过很长的研发周期，同时需要参与的开发人员比较多，因此开发成本相对较高。RPA 一般是在现有流程的基础上进行自动化改造，就像是按照研发成功的产品设计图来组装零件一样，开发周期相对较短，同时参与的开发人员较少，因此开发成本相对较低。

4. 人员要求

从上述开发方式上能看出，传统 IT 系统的开发人员是具有一定程序编码经验的专业 IT 人员（如 Java 后端开发工程师、Web 前端开发工程师等）；而 RPA 一般采用流程驱动设计，对人员的 IT 技能要求相对较低，面向的应用人员角色更广泛，可以是 IT 技术人员，也可以是产品经理、项目经理或其他业务人员。

5. 适用场景

RPA 是将已经存在的多个孤立的系统串联起来，实现类似 1+1 这样数字相加的过程，而传统 IT 系统是实现一个功能或系统从无到有、从 0 到 1 的过程，因此适用于更复杂的需求场景或者全新的信息化系统需求。例如，企业财务部门需要一个快速记账、查账的系统来代替人工记账和查账，那么企业会通过引入一个成熟的 IT 系统（即电子财务系统）来满足需求；如果企业是需要减少财务人员每日在多个财务系统之间进行信息查询和录入的工作量，这时就可考虑使用 RPA。

因此，经过对比分析可知 RPA 与传统 IT 系统两者之间并不是谁将取代谁，而是互补的关系，RPA 解决了传统 IT 系统间形成数据孤岛的问题，打通了企业数字化升级的"最后一公里"。

（二）RPA 与爬虫

爬虫是一种按照一定的规则，自动抓取网络上信息的程序或脚本，而 RPA 也可以操作 Web 浏览器，自动从网页上抓取数据或图片，这一点和爬虫类似，那么 RPA 和爬虫有什么区别呢？RPA 与爬虫的比较具体如表 1-5 所示。

表 1-5 RPA 与爬虫的比较

项目	RPA	爬虫
技术原理	模拟人的方式在系统界面上进行各类操作	Python 脚本语言通过发送 HTTP 请求，或是直接解析网页元素等方式
适合场景	应用场景非常广泛	网络上的数据采集
合规性	合规，没有任何风险	存在争议，且不当使用将直接造成法律风险

1. 技术原理

RPA 是通过模拟人的方式在系统界面上进行各类操作，如点击鼠标、复制粘贴文本、打开文件或执行数据采集等。爬虫通常是使用 Python 脚本语言通过发送 HTTP 请求，或是直接解析网页元素等方式来获取数据，抓取的数据量非常庞大，有时甚至可达数千万或上亿条数据。

2. 适合场景

RPA应用场景更加广泛,可以在企业各个部门使用,如财务部、人事部、采购部或市场部。在具体操作层面上,RPA可以实现自动查收和回复邮件、归档邮件中的附件,可以自动登录网站系统或桌面应用系统读取或录入数据,可以复制和移动文件、读取或写入文件数据,可以结合图像识别技术识别票据信息等。总之,企业中有固定规则的重复性的工作都可以由RPA来实现自动化。

爬虫主要应用于网络上的数据采集,其工作场景具有局限性。虽然使用爬虫采集数据的效率较高,但同时会对后台造成巨大负担,且易被反爬虫机制禁止。

3. 合规性

RPA的核心是"模拟人的操作",所以它对系统的操作也如一个人在系统上的正常操作一般,不会对系统造成任何影响。RPA已经在银行、证券、保险、物流、政府机构等各个领域投入使用。

爬虫的合规性要视具体情况而定,由于多用在数据采集上,爬虫涉及的工作会很容易侵害到个人隐私和企业的数据安全,应用上始终存在争议,且不当使用还会直接造成法律风险,甚至是严重的法律后果。

(三) RPA与自动化测试

自动化测试是把人的测试行为转化为机器自动执行的一种过程。在人工测试的情形下,测试人员根据测试用例中描述的流程步骤一步步执行测试,得到实际结果与期望结果的比较。在此过程中,为了节省人力、时间或硬件资源,提高测试效率,便出现了自动化测试的概念。

RPA可以使用自动化技术来代替人的手工操作,帮助人们处理重复性的工作,因此RPA也可以应用在自动化测试的场景中。从广义概念上看,RPA应用领域包含自动化测试领域。但在狭义概念中,两者还是有区别的,RPA与自动化测试的比较如表1-6所示。

表1-6 RPA与自动化测试的比较

项目	自动化测试	RPA
目标	提升测试效率	提升企业运营效率
用户要求	有一定编程能力的软件测试人员	使用者更加广泛,如IT、产品、业务等部门相关方均可使用
角色定位	测试人员的虚拟助手	企业内部的虚拟员工
展现形式	测试用例	业务流程
涉及应用	通常为单个应用	通常是跨多个应用系统(如Office软件到邮箱再到Web浏览器等)
维护频率	针对UI类测试,经常会随着应用的更新进行同步更新,修改相对频繁	一旦构建完成且稳定运行,就尽量不修改,因此修改频度较低
应用环境	可以在测试、生产环境中运行	通常仅在生产环境运行

（四）RPA 与低代码

低代码开发(low-code development，LCD)是指无需编码或通过少量代码就可以快速生成应用程序的一种开发方式，它允许用户使用易于理解的可视化工具开发自己的应用程序，而不是传统的编写代码方式。从概念上看 RPA 与低代码并无直接的关系，但有很多 RPA 供应商或者用户将低代码开发与 RPA 关联起来，尤其财务数字化转型阶段，更是涉及场景众多。

低代码开发具有以下特点：①提高开发效率。通过减少编写代码的工作量，开发人员可以将更多的精力投入到业务逻辑和功能设计上，提高开发效率。②降低开发门槛。非专业开发人员也可以通过低代码平台参与应用程序的开发，降低了软件开发的门槛。③减少维护成本。低代码平台提供的组件和模板具有较高的可重用性，因此可以减少应用程序的维护成本。④提高业务响应速度。通过低代码开发，企业能够更快地响应市场变化和业务需求，提升竞争力。

基于以上低代码开发的优点，RPA 供应商希望通过在 RPA 产品中引入低代码开发来降低 RPA 产品的使用门槛，扩展 RPA 应用的用户群体范围，这样就能更好地推广供应商的 RPA 产品。从 RPA 产品角度看，RPA 本质是机器人流程自动化，那么使用者主要就应该是那些真正清楚公司业务流程的业务人员，但是该用户群体通常没有 IT 技术背景，只能通过低代码的方式来完成自动化流程的设计。从以上两个方面看，低代码开发将是 RPA 工具融合发展的一大趋势，主流供应商的 RPA 产品在面对复杂业务场景的时候还不能完全做到无代码设计，并且部分 RPA 产品的功能依然按照 IT 程序员作为用户群体来设计，如还会使用到"If 判断"组件、"For 循环"组件等，这些组件对于没有计算机基础的业务人员还是较难上手使用的，因此 RPA 要达到适合多角色使用、完全无代码设计的目标依然任重而道远。

实际上，RPA 的最终目标是为企业尽可能多的业务流程实现自动化，并不是要用低代码开发方式来替代传统编码开发方式。目前低代码作为 RPA 产品的发展方向之一，深受 RPA 的推崇，为了解决低代码与传统编码之间的选择问题，部分 RPA 供应商针对不同的用户推出了不同的 RPA 产品，如 UiPath 针对平民开发者、专业程序开发者分别推出了不同的 RPA 产品 Studio 和 StudioPro。随着科技的不断创新及 RPA 供应商的共同努力，低代码开发方式与传统编码开发方式相互取长补短，在各自擅长的领域不断发展，未来 RPA 会被更多企业用户和个人深度使用。

四、RPA 的主要应用领域

站在企业内部管理视角上看，RPA 主要应用于财税、供应链、人力资源、IT 运维、客户服务等领域。

（一）RPA 在财税领域的应用

RPA 可应用于采购到付款、销售到收款、存货到成本、总账到报表、税务管理、资金管理、档案管理、财务分析等财税领域的多项基础操作流程。

（二）RPA 在供应链领域的应用

RPA 正越来越多地被企业应用于供应链管理当中，用以模仿人类员工的操作行为，包括数据的收集与整理、验证及分析，计算、沟通和报告等。通过 RPA 机器人，供应链可以改善应收账款，包括缩短周期时间并增强灵活性，提高产能和资产效率，进而提升员工和客户满意度。RPA 主要应用于供应链管理的以下 6 大场景。

1. ERP 系统整合

根据不同的需要，企业内部会部署多项 ERP 子系统，包括财务管理、生产控制管理、物流管理、采购管理、分销管理、库存控制等。员工经常需要从一个系统跳到另一个系统，以实现数据的交换。另外，一些缺乏现代集成界面的运营系统，在实际的操作中，其灵活性及透明性往往不足。RPA 可以整合 ERP 等系统，代替人工实现各系统间的交互。RPA 机器人能自动生成报告，并通过电子邮件自动发送或将其上传到共享点文件夹中。

2. 库存管理自动化

库存控制过程至关重要，是供应链管理的核心。制造商需要实时监控库存水平，以确保满足客户需求。RPA 有助于自动执行各种功能，包括当前库存监控、库存水平通知生成以及当水平低于设定阈值时重新订购产品。有效实施库存管理自动化能够为企业打造高效的库存管理流程，并始终保持更新以适应需求高峰。

3. 采购订单创建与管理

对于要处理多类产品的中型制造类企业而言，创建采购订单（PO）的手动流程往往令人望而生畏。当遇到订单信息不一致等情况时，人工处理通常会导致订单处理的延迟。RPA 提供的解决方案可以将整个 PO 流程自动化，从而实现订单处理 100% 准确和快速的结果。在订单创建方面，RPA 机器人负责从独立系统中提取数据，寻求有关部门负责人的电子邮件批准以及处理 PO 生成请求。在订单管理方面，RPA 有助于验证订单，从多个系统中提取数据、检查结算并验证它们以确保没有重复订单，帮助企业减少从订单到交货的时间，增加每月履行的订单数量。

4. 物流查询

企业会定期收到客户发货状态查询的请求。当查询请求过多时，手动执行这一系列操作，其效率与准确性将难以保证。引入 RPA 后，从电子邮件开始，到了解客户需求、登录 ERP 系统，向客户传达确切状态的完整流程均可实现自动化。只有在超出机器人处理潜力的特殊情况下，才需要人为干预。这极大地节省了工时以及人力投入，同时获得效率的显著提升。

5. 开票处理

RPA 机器人无需人工干预，即可自动将销售发票和采购订单过账到会计系统，使开票流程更加快速、有效，缩短客户等待时间，提高支付效率。此外，RPA 还能进行账单核对，将识别到的不一致之处及时通知相关负责人，并在付款完成后通过邮件提醒会计人员及客户。

6. 报告生成

RPA通过结合AI技术中的机器学习（ML）功能、自然语言处理（NLP）功能，代替人工自动执行单调重复的工作。例如，创建装运订单、将文档信息录入数据库、下载报告、将有价值的信息输入CRM或ERP系统中。扩展灵活的RPA机器人，可轻松集成在不同系统上，跨系统处理数据，减轻人员工作量，避免人为失误。

（三）RPA在人力资源领域的应用

人力资源部门在支持员工和改善整体工作环节方面都扮演着至关重要的角色。在很多企业的人力资源业务板块中，通常会涉及内外部不同的系统应用，因此需要在不同系统中重复输入同一批人力资源管理信息。人力资源自动化是许多公司都支持推广复制的趋势技术，全球大约40%的企业已经在选人、育人、用人及留人的整个人力资源管理体系中应用机器人。

目前在企业的具体实践中，RPA已应用至人力资源部门的以下业务场景中。

1. 人才招聘

招聘过程中，如果缺乏有效的招聘渠道和招聘策略，就难以有效地在人才市场海量求职者之中精准筛选出符合岗位所需的应聘人。面对众多的招聘渠道和海量的求职简历，RPA可以自动筛选简历、人岗比对，发送面试邀请和安排面试时间等，实现招聘流程自动化，缩短招聘时间线，提高人才招聘率的同时消除人工误差。

2. 学历验证

RPA可在后台导入候选人简历并自动解析简历中的各种信息，将解析简历的效率由2份/分钟提升为11份/分钟。RPA还可模拟人工操作流程自动打开学信网，获取并输入在线验证码，智能校验信息并判断是否能够通过验证，再以信息或邮件的形式自动反馈给人力资源部门，帮助其快速判断学历的准确性，提高招聘效率。

3. 员工入职

员工入职通常需要填写各种表格、开设账户和签署协议等，这些工作往往非常繁琐、耗时，RPA可以激活工作流程的特定模板，自动录入新员工个人信息，为新员工在办公系统中创建账户并自动分配新员工的凭据，向员工发送入职文档等基本文件，从而简化整个入职流程。

4. 薪酬管理

薪酬管理是人力资源部门工作的重要板块之一，其中包括确定薪酬政策、建立薪酬体系、设计薪酬方案、实施薪酬管理、监督薪酬制度等，确保这几部分工作的合理开展能够在保证员工的薪酬权益的同时激励和激发起员工的工作积极性和创造力，以吸引和留住优秀人才。RPA可通过与ERP系统中的数据核对，验证工资系统员工数据一致性，并进行合理的薪资、福利、奖励、报销的核对与计算，确保员工薪酬与其表现和贡献相符。为解决员工人数多，排班情况不同、数据量大，人工制作效率低等难点，RPA还能自动进行考勤汇总与审核、社保公积金管理、个税信息采集与录入等工作,在快速高效完成业务流程的同时,确保了100%的正确率,使人力资源部门人员能够专注于其他更具创新价值的工作之中。

5. 差旅费用管理

员工出差时会向人力资源部门及财务部门提交账单进行报销,这一流程依靠手动操作的话时常会遇到收据缺少、政策外支出、捕获信息有误、报销延迟等问题。RPA可以将个人费用与组织内外不同系统的预定义规则和法则进行比较,通过OCR技术从纸张读取文本、图像并进行自动验证、匹配与后台审批,实现自动审核与人工值守的混合模式下的各种项目的引导与检查。

6. 发送通知

在日常沟通或培训等相关工作之中,人力资源部门需要依据不同的条件向员工自动发送相关通知至员工处,在获取数据、撰写通知的过程中,失误和遗漏总是在所难免,进而可能产生一系列后续问题,加重工作负担。RPA可以基于人工设置好的多种触发机制自动下载员工名单,并依据指定的模板将相关通知发送至员工处,还能够定期发布收集员工的福利信息,包括体检意向、活动报名、生活设备管理等员工关怀及相关提醒。

7. 答疑沟通

解答员工的各种政策流程有关的问题是人力资源部门的工作职责所在,但解答问题也是一种比较耗时的重复性工作,通过引入RPA和自动聊天机器人,可以实现自动回答员工90%以上的框架性问题,员工可以轻松了解许多企业的福利政策。此外,RPA机器人还可以识别语音信息,提高问题的回复速度以及状态反馈周期,极大程度上优化了员工的问题求助体验。

在各行各业实施RPA的过程中,人力资源是一个重要的起点,因为在任何企业之中,人力资源都是一个成本中心。企业借助人力资源的自动化可以将繁琐的日常工作分给机器人,给人力资源部门赋予更多的战略角色和决策角色,真正发挥人的主观能动性,提升数字化水平,打造企业数字化人才队伍,助力企业全面提高效能和经营效益。

(四) RPA在IT运维领域的应用

系统的运营维护在IT项目中占据了大量时间,来自流程及人员方面的失误将极大地影响IT服务质量,而RPA则能够为IT部门提供高效管理和解决信息技术问题的方案。基于外挂形式部署的特点,RPA能够帮助涉及较多操作系统的行业显著提升IT问题的解决能力。

1. 服务器和应用程序监控

对每个IT部门来说,服务器崩溃、停机都是噩梦般的存在。任何一次意外停机或崩溃,都可能导致数据丢失、作业停止,从而给企业带来重大损失。为了避免这种不必要的损失并确保业务的连续性,企业可以选择在其服务器和应用程序监控过程中使用RPA。

2. 日常维护和监控

IT系统的日常监控及维护对于避免可能影响业务的计划外停机或意外事件非常重要。

企业可应用RPA对服务器、应用程序和其他系统执行例行检查,以确保它们正常运行。RPA机器人会自动标记每一个问题,提醒IT部门进行修改,以确保业务连续性,直到系统修复并完全正常运行。

3. 自动化测试

常见的测试场景都可以使用RPA工具自动执行,在每个版本之后运行测试,可确保新的缺陷不会被引入代码中。

4. 备份和恢复

IT人员手动执行大批量的备份和还原流程,耗时费力。应用RPA机器人自动执行该流程,有助于节省团队时间,并减少因重复任务而导致的人为错误。一旦工作流与自动化集成,备份和恢复工作就可以自动、准确地执行。此外,RPA机器人还可以根据技术的变化轻松地进行调整,从而确保业务连续性。

(五) RPA在客户服务领域的应用

企业在为客户提供服务的时候,实际上也在不断地去了解客户对于服务的期望值是什么,从而获得更高的客户满意度。伴随客服系统不断迭代更新,自动化已经成为智能客服系统发展的大势,客服自动化也不仅仅局限于机器人自动回复,而是渗透到整个客户服务过程中。智能客服系统借助RPA技术,可以为客户服务和运营提供高效率、节省成本的解决方案,能够使客服从事具有更高价值的工作,充分发展更核心的业务,让企业更具竞争力。

1. 客服的自动化办理

对于大型电信运营商,在流量办理、话费办理、短信办理、增加或者取消业务等领域,客户更改套餐非常频繁,客服在处理这些业务时需要在系统间不断切换,增加了服务时长,不仅影响客户体验,还降低了企业服务效率。基于此场景,企业可以通过RPA机器人进行客服操作的采集和设定,对复杂业务进行分析,利用模拟和替代人工操作的技术,从而对业务流程的办理实现自动化操作。RPA技术和AI技术可以帮助客服进行准确的问题答复和快速的问题查询。在呼叫中心任务中,将客户希望办理的业务经过自然语言理解后,直接提供给RPA执行,这对于缓解客服的接待压力是革命性的改变。根据实际效果,在办理流量套餐更改的业务上,原先人工受理的方式大概需要70秒左右的时间进行操作,而采用RPA技术仅仅需要5秒,对于越复杂的业务,实际效果越明显。使用RPA机器人,平均1个座席的工作效率等于12个传统座席的工作效率,这不论是对于企业还是客户都是有益的。

2. 知识库的自动查询

知识库是客服系统必备的功能,很多大型企业都有内部的知识库。客服查询相关信息时需要到企业内部知识库进行查询,但是很多企业内部的知识库并不是同一个,如大型IT企业有解决方案知识库、法律条规知识库、演示视频知识库、QA知识库等,客服在服务客户的过程中需要去每个知识库搜索;又如银行的有些知识库经过多年使用,原有厂商技术支持早已过期,不论是集成还是导出都十分困难,跨系统的搜索也极其繁琐。这种情形下,企业可以让RPA机器人进入相关页面或者节点进行信息搜索,结合客服系统的NLP自然语言分析技术,将用户问题进行自然语言理解,把需要查询的问题自动解析出来,交给 RPA 机器人进行信息搜索,再将搜索到的知识库信息在一个页面集中展示,协助客服高效处理问题。

3. 多数据信息查询自动弹屏

信息系统的集成几乎是每个客服系统必备的功能,这个过程需要花费大量的人力、物力,也需要一定的开发时间。例如,每个月的话费查询,都会有大量客户通过电话对账单进行查询,包括资费套餐、流量使用、短信费用、历史账单等信息,客服需要一边接听电话一边查询信息,很容易出错。RPA 机器人可以通过快速的配置,在各个系统、不同场景中的信息进行自动查找,并且进行集中展示,协助客服快速查看。RPA 机器人可以对客服所需要的页面数据进行归类整合,通过窗口对不同场景的业务进行集中展现,极大地缩短查询时间,提升客服处理复杂问题的效率。

第三节　财务机器人

一、财务机器人的概念

财务机器人基于 RPA 技术设计,能够代替财务人员进行简单重复操作,处理量大、易错业务,可在银企对账、合并报表、费用审核、财务处理等方面大大提高财务工作效率,让财务人力投入到更具创造性的工作中,促进财务转型。

二、财务机器人的功能模块

财务机器人的功能模块包括数据检索与记录、图像识别与处理、平台上传与下载、数据加工与分析、信息监控与产出,如图 1-7 所示。

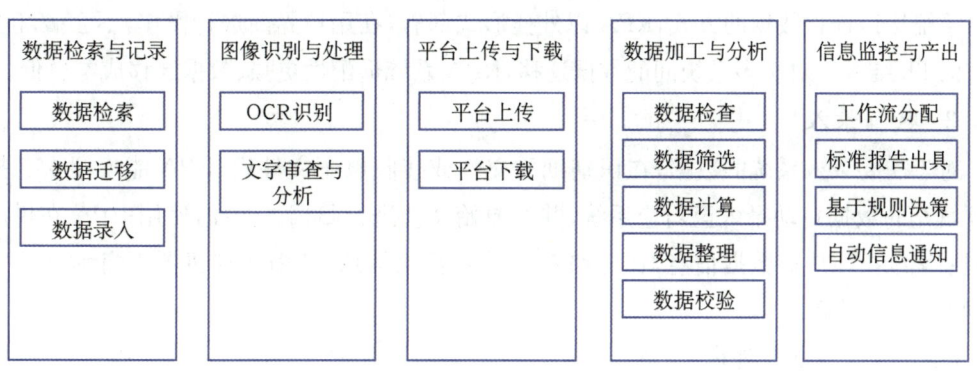

图 1-7　财务机器人的功能模块

（一）数据检索与记录

数据检索与记录是财务机器人最基础的功能，通过记录传统模式下手工操作、设置计算机规则进行模拟，从而使机器人执行数据检索、迁移、录入的工作，如图1-8所示。

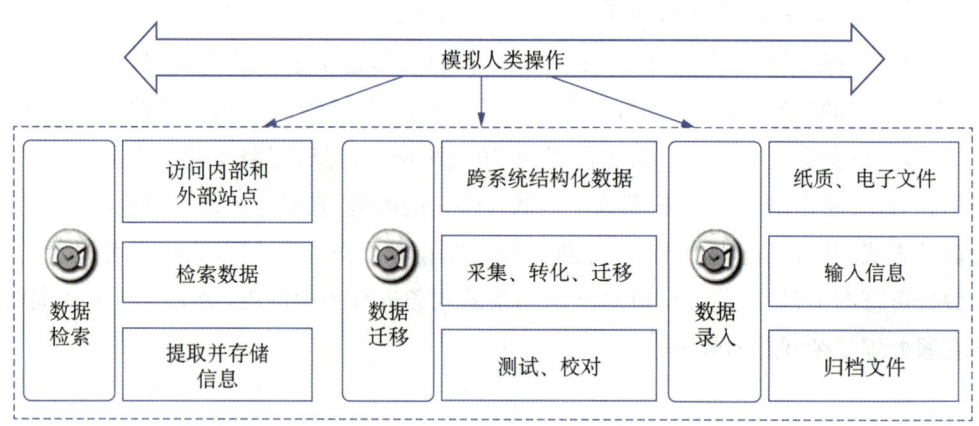

图1-8　数据检索与记录流程

1. 数据检索

通过预设规则，RPA可以模拟手工检索操作，自动访问内部和外部安全站点，并根据关键字段自动进行数据检索与记录，提取并存储相关信息。相较于传统的以编程检索数据的方式，RPA获取页面元素的灵活性更强，在页面所需部分修改的情况下，无须对项目架构进行调整，节约了系统维护成本。

2. 数据迁移

对于跨系统的结构化数据，RPA可自动进行数据采集、逻辑转化和数据迁移，并能对数据的完整性和准确性进行测试和校对。在跨系统数据迁移过程中，RPA不但能够进行原始数据的采集，还能够灵活处理数据逻辑转化，适应数据或流程的变更。除了一对一的系统数据迁移与测试，RPA还适应一对多、多对一、多对多的跨系统数据迁移与测试。相较于传统的以系统接口迁移数据的方式，RPA以外挂形式部署，在用户界面进行操作，不会破坏企业原有的IT结构。对于多系统间的数据迁移，RPA系统适配性更强、数据迁移成本更低。

3. 数据录入

对于需要录入系统的数据，在识别纸质文件或接收电子文件后，RPA能模拟人工操作将预填充的数据自动录入至对应系统，并对原始文件进行归档。例如，使用RPA在供应商管理系统维护供应商数据信息，在开票系统录入发票信息，从而实现机器人自动开票等场景，如图1-9所示。

（二）图像识别与处理

图像识别与处理功能是指RPA依托OCR技术对图像进行识别，提取图像有用字段并输出为结构化数据，从而进一步对数据进行审查与分析，将其转化为对管理、决策有用的信

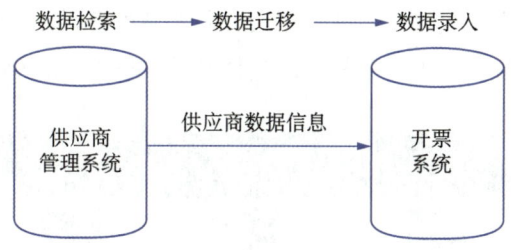

图 1-9　供应商数据迁移流程

息。例如,报销发票验真与查重机器人通过 OCR 识别报销发票信息,在全国发票综合服务平台中录入发票信息,并与表格数据进行审查与对比分析,如图 1-10 所示。

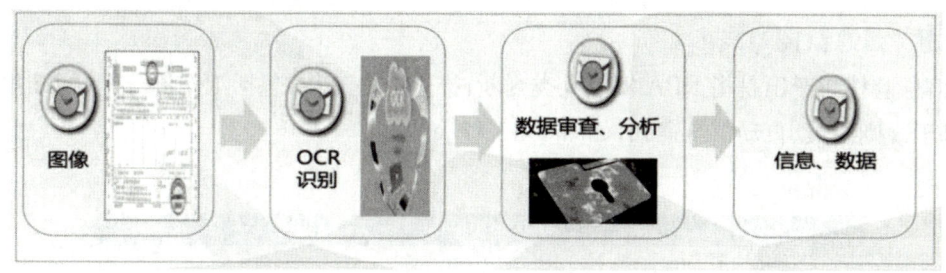

图 1-10　报销发票验真与查重机器人流程

(三) 平台上传与下载

财务机器人对上传与下载功能的实现,核心在于对后台数据流的接收与输出。RPA 按照预设的路径,登录内部和外部系统平台,完成数据的上传与下载操作,实现数据流的自动接收与输出,如图 1-11 所示。

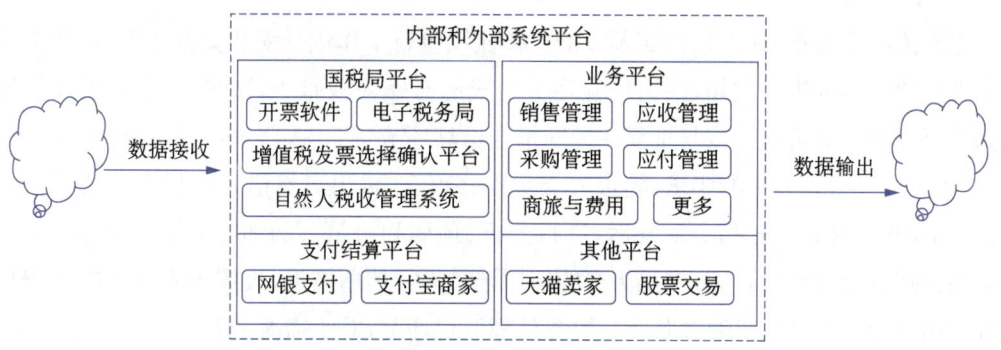

图 1-11　财务机器人涉及的内外部系统平台

(四) 数据加工与分析

财务机器人的应用涉及大量的数据处理场景。基于检索、下载的数据信息,财务机器人可进一步对数据进行检查、筛选、计算、管理以及基于明确规则的校验。例如,账龄分析机器人在财务核算系统中搜集应收账款明细数据及应收账款的账龄,计算应收账款余额,并分析应收账款的违约风险。数据加工与分析功能具体情况如图 1-12 所示。

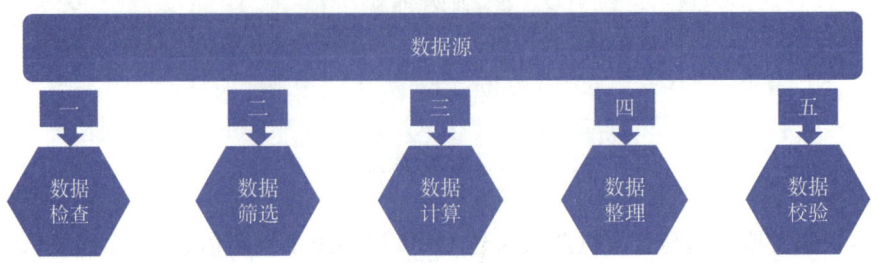

图 1-12　数据加工与分析功能

(五) 信息监控与产出

信息监控与产出是指 RPA 模拟人类判断,推进财务工作,包括工作流分配、标准报告出具、基于规则决策、自动信息通知,如图 1-13 所示。

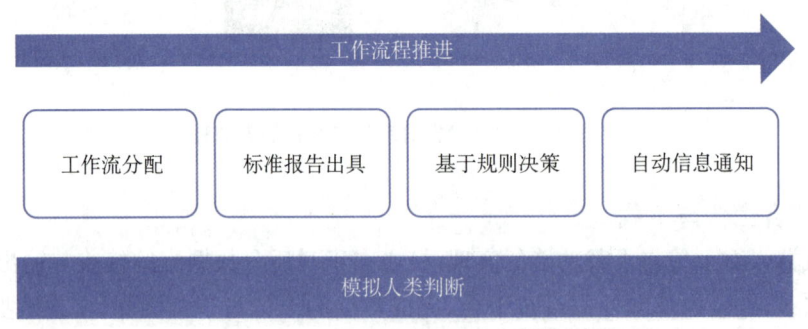

图 1-13　信息监控与产出

工作流分配是指 RPA 可按照预设的工作流程进行工作流分配和交接处理,实现工作流程和批复的自动推进。例如,数据校验环节生成的对账失败报告,RPA 可根据预设的流程发邮件至相应人员进行审核与批复。标准报告出具环节是 RPA 将从内部、外部系统获取的信息,按照标准报告模板的要求,模拟人类操作并整合、输出自然语言的报告。基于规则决策是指 RPA 可在自动化指令触发后,进行分析、预测和决策。例如,RPA 可利用历史数据和市场数据进行自动化预测,根据历史的信用记录进行信用审批,按照预先设置的规则自动处理费用支出。自动信息通知是指在财务处理流程环节,对于需要向其他节点财务人员、员工、供应商、客户等推送信息进行通知、跟催的事项,我们可调用 RPA 来完成。

三、财务机器人的适用条件

财务业务特点与 RPA 技术特点相吻合,财务属于强规则领域,在业务流程中存在大量重复的工作(如扫描传输、复制粘贴、排序筛选、数据录入等操作)需要手工完成,这些工作的业务特点与 RPA 技术的应用条件高度匹配。财务机器人主要适用以下几种情形。

（一）简单重复的操作

这类操作通常具备以下特征：①操作流程固定、处理规则明确。操作只需要按部就班点击按钮或复制粘贴等机械操作即可完成。②重复性高、附加值低。大量简单重复的工作，附加值往往较低，对人员占用多。例如，月结的固定操作，如自动结转凭证、计提资产折旧、内部往来对账、结汇、关账、编报完成确认等操作，均可通过调用 RPA 机器人实现自动化操作。

（二）量大易错的业务

为了使所适用的业务自动化具备合理的投资产出比，工作量大且易于出错的业务更适合引入 RPA 机器人。而企业财务中，这类业务比比皆是，特别是当企业财务进入高峰期（年终或月末），工作量大增，财务人员的正常工作时间难以满足企业对有关财务信息的需求，财务处理效率会大幅下降。这类业务的数据处理工作量大，需要投入人力也较大，且人工操作往往容易出错。例如，企业应付业务量庞大时，大量积压的银行回单和记账凭证待匹配、进项发票待查验认证；或者在某一时间段，工作量异常增加，大量数据的计算、核对、整合、验证，随时需要财务人员高强度应对。

（三）互不相通的系统

财务处理通常涉及多个异构系统，系统间数据接口开放存在困难，大量数据只能通过人工搬运的方式迁移。RPA 的非侵入特性，使其可以进行跨系统跨平台的操作（包括访问多个系统进行数据收集，将数据在系统之间进行转移，在不同系统中更新同一信息等）。对于多个异构系统间的数据流转，使用 RPA 分别登录多个系统自动执行数据的采集、迁移、输入、校验以及上传、下载和通知等操作，不需要对数据交互需求涉及的多个异构系统进行改造和 API 开发，不会干扰或改变企业原有的信息系统架构。

四、财务机器人促进财务数智化升级

身处数字化变革的时代大背景下，企业需要从庞大、混杂的数据中高效筛选有效数据并利用数据去创造价值。财务是企业天然的大数据中心，也是企业数字化变革的有力切入点。对于快速发展的企业而言，一方面，由于业务量庞大，增长趋势明显，财务环节通常涉及大量的数据传输和审核工作；另一方面，基层财务人员人手紧张，日常疲于应对事务类工作，财务管理工作趋于弱化，企业将面临更多的财务挑战。

数字化转型将改变财务管理的运营模式，并推动财务职能发挥更加灵活、深度的管理与增值作用。而以 RPA 为代表的自动化技术将重点推动数字化财务管理转型。财务数据在信息传递过程中会经过从交易到凭证、凭证到明细账、明细账到总账、总账到报表等多个环节，传统手动操作模式难以避免对纸质媒介的依赖。而 RPA 机器人的应用（基于 OCR 技术）助推了以纸质媒介为载体的数据向结构化数据的转化，有助于提高数据的时效性和完整性，从而保证了数据的准确性。在财务工作中应用 RPA，有助于财务工作效率大幅提升、企业数据信息安全可控，保障了企业业务发展和管理决策中的数据需求，为财务变革与转型奠定了数据基础。

第四节　财务机器人的发展趋势

结合 AI 技术，财务机器人在未来的发展趋势将更智能、更多元、更强大。具体表现在以下几个方面。

一、智能决策能力

随着 AI 技术的不断发展，RPA 在企业应用的逐步深入，财务机器人将具备更强大的智能决策能力。在未来，财务机器人将不仅能够根据结构化数据进行自动化任务处理，还可以利用 AI 技术对文本、图像和声音等大量非结构化数据进行分析和处理，这将使得财务机器人能够更好地应对复杂问题，提高企业在各种业务场景下的智能财务决策能力。

二、自然语言处理

AI 技术中的自然语言处理（NLP）将使得财务机器人在处理合同文本类任务时更加得心应手。财务机器人将能够更好地理解和解析自然语言，自动执行涉及文本处理的任务，如自动填写表格、自动生成报告等，这将大大提高财务机器人的应用范围和效率。

三、计算机视觉

结合 AI 技术中的计算机视觉（CV），财务机器人将具备处理图像和视频类任务的能力。这将使得财务机器人可以在自动化处理图像识别、视频分析等任务时发挥更大作用，为企业创造更多价值，如数字签字等场景的应用，将大幅提升无纸化办公进程。

四、强化学习

通过引入强化学习（RL）技术，财务机器人将能够根据任务实际情况和反馈，不断优化和调整自身行为，实现更高效、更智能的业务流程自动化。这将使得财务机器人在面对不确定性和变化时具备更强的适应性，为企业带来更高的运营效率。

五、个性化服务

通过运用 AI 技术对用户行为和数据进行分析，财务机器人将能够为用户提供更加个性化的服务。在未来，财务机器人可以根据用户的需求和偏好，自动调整和优化业务流程，为用户提供更高效、更贴心的服务体验。

章 节 测 试

一、单选题

1. RPA 的全称是( )。
   A. 规则流程自动化
   B. 机器人流程自动化
   C. 远程流程自动化
   D. 重复流程自动化
2. RPA 的定义是由( )组织给出的。
   A. 国际电工委员会(IEC)
   B. 电气和电子工程师协会(IEEE)
   C. 国际标准化组织(ISO)
   D. 国际数据公司(IDC)
3. 下列选项中,不属于 RPA 的特点的是( )。
   A. 软件机器人
   B. 模拟人工操作及交互
   C. 基于明确规则操作
   D. 随意更改现有系统
4. 下列业务流程中,RPA 主要适用于处理的是( )。
   A. 非重复性
   B. 规则明确且重复性高
   C. 需要高度创新性
   D. 一次性任务
5. 下列选项中,不属于 RPA 的价值的是( )。
   A. 提升企业生产效率
   B. 保障数据准确性
   C. 增加员工工作量
   D. 提高合规性

二、多选题

1. 下列选项中,属于 RPA 的适用条件的有( )。
   A. 重复、大量
   B. 明确有规则
   C. 系统稳定
   D. 需要高度创新性
2. 下列选项中,属于 RPA 的价值的有( )。
   A. 节省企业成本
   B. 保障数据准确性
   C. 提高员工满意度
   D. 增加企业运营成本
3. RPA 在( )层面上具有拓展性。
   A. 行业
   B. 企业
   C. 业务
   D. 应用场景
4. 下列选项中,影响 RPA 的适用性的因素有( )。
   A. 业务流程的重复性
   B. 业务流程的稳定性
   C. 业务流程的规则性
   D. 员工的接受程度
5. 下列选项中,属于 RPA 的核心特征的有( )。

A. 软件机器人　　　　　　　B. 模拟人工操作
C. 基于明确规则操作　　　　D. 非侵入式

三、判断题

1. RPA 可以完全替代人类的所有工作，不需要任何人工干预。（　）
2. RPA 的非侵入性特征意味着它可以在不改变现有 IT 系统的情况下实现自动化。（　）
3. RPA 在处理规则固定且重复执行的流程时具有显著优势。（　）
4. RPA 可以提高企业的运营效率，同时降低企业的运营成本。（　）
5. RPA 的应用将减少企业对 IT 专业人才的依赖。（　）

四、思考题

某跨国企业为了提高全球财务报告的效率和准确性，决定引入 RPA 技术构建财务机器人。在实施过程中，企业注重将社会主义核心价值观融入项目中，培养员工的责任感和创新能力。企业通过 RPA 技术的应用，实现了财务报告流程的自动化，提高了报告的编制速度和质量，体现了对技术创新的重视。在自动化财务报告过程中，企业严格遵守国际财务报告标准和当地法律法规，确保所有自动化流程都符合法律要求，体现了法治精神。企业财务团队在设计和维护 RPA 流程时，注重数据的准确性和完整性，确保财务报告的真实性和可靠性，强化了员工的责任意识。RPA 的应用提高了财务数据的透明度，减少了人为操作的空间，促进了诚信守法的企业文化。请读者试着思考以下几个问题：

1. 如何看待财务机器人在不同组织和行业中的适应性和定制性？它如何帮助企业应对数字化转型的挑战？
2. 随着技术的发展，财务机器人的未来趋势是什么？如何预见并适应这些变化，确保企业的财务流程始终处于行业前沿？
3. 当引入财务机器人时，如何分析它对业务流程的长远影响？应考虑其如何改善客户体验、提高服务质量，并降低运营成本。例如，通过 RPA 优化航空公司的客户服务流程，思考这对于提升客户满意度和公司形象的影响。

第二章
财务机器人全生命周期

 **本章目标**

1. 了解财务机器人项目的特点和挑战。
2. 掌握财务机器人的 PoC 阶段。
3. 掌握财务机器人发现与规划、流程需求分析、流程自动化设计、开发与测试的关键环节。
4. 熟悉财务机器人流程验收与发布、迭代与退役的关键环节。
5. 熟悉财务机器人的 CoE 阶段。

 本章概览

本章主要介绍财务机器人的基本特点与面临的挑战,详细阐述财务机器人 PoC 阶段、发现与规划、流程需求分析、自动化设计、开发与测试、验收与发布、迭代与退役、CoE 全生命周期的关键环节。

 **章节导航**

财务机器人全生命周期
- 总体介绍
  - 财务机器人项目概述
  - 财务机器人项目面临的挑战
- 概念验证阶段
  - 选择 PoC 的业务流程
  - 选择 RPA 产品
  - 概念验证的实施
  - 概念验证的评价
- 财务机器人实施阶段
  - 发现与规划
  - 流程需求分析
  - 流程构建
  - 验收与发布
  - 运行、监控与评估
  - 迭代/退役
- RPA 卓越中心
  - RPA 卓越中心的概念
  - 传统 PRA 的不足之处
  - CoE 职责

开篇案例

第一节　总体介绍

一、财务机器人项目概述

财务机器人项目管理是指通过规划、组织、协调和控制财务机器人项目的实施过程,确保项目按照既定目标和时间表顺利完成。财务机器人项目管理涉及项目背景、目标、实施策略、资源分配、风险管理等方面,旨在通过财务机器人实现财务流程自动化,提高财务工作效率和准确性,降低人力成本。

二、财务机器人项目面临的挑战

财务机器人项目面临的挑战包括以下几个方面。

(一) 业务流程梳理

企业业务流程繁多,部分流程可能不明确或不规范。在实施财务机器人项目时,企业需要对业务流程进行梳理和优化,以确保机器人能够顺利地完成相应任务。财务流程可能因部门、地域、业务等因素而存在差异,需要花费大量时间和精力进行调研和梳理。部分流程可能涉及多个部门之间的协调和合作,需要建立健全的沟通机制,确保流程梳理工作的顺利进行。

(二) 技术准备

财务机器人需要与企业的各种信息系统集成,因此,在实施过程中,企业可能需要对现有系统进行改造或调整,以满足机器人的技术需求。财务机器人与企业现有的多个信息系统集成时,技术对接和调试工作可能较为复杂。部分企业现有的信息系统可能较为陈旧,需要进行升级或改造才能满足财务机器人的技术需求。

(三) 人员培训与观念转变

财务机器人的引入可能导致部分员工的工作岗位发生变动。在实施过程中,需要对员工进行培训,帮助他们适应新的工作环境,同时,也要关注员工的观念转变,确保他们能够接受并支持财务机器人的应用。部分员工可能对财务机器人存在抵触心理,担心自己的工作岗位受到影响,需要进行有效的沟通和培训。员工可能需要学习新的技能和知识,以适应财务机器人的应用,因此培训工作可能面临一定的压力。

(四) 安全与维护

财务机器人涉及企业的敏感数据,因此,在实施过程中,需要确保机器人的安全性,防止数据泄露,同时,机器人需要定期维护和更新。财务机器人涉及企业的敏感数据,如何确保数据安全和隐私保护是项目实施过程中需要重点关注的问题。机器人可能面临病毒、恶意攻击等安全风险,企业需要建立健全的安全防护措施。机器人需要定期进行维护和更新,以适应企业业务的发展和系统环境的变动。

(五) 项目管理与进度控制

财务机器人项目实施过程中,可能涉及多个部门和环节,项目管理和协调工作可能面临一定的挑战。企业需要建立健全的项目管理体系,确保项目按照预定计划和进度顺利进行。项目进度可能受到各种因素的影响,如何确保项目按照预定计划和进度顺利进行是需要关注的问题。

(六) 投资回报评估

在实施财务机器人项目时,需要对项目的投资回报进行评估,以确保项目的经济效益。在项目实施过程中,企业要关注各项指标的实际情况,如实施效果、成本节约、投资回报等,以便及时调整策略,提高投资回报。投资回报的评估可能涉及多个因素,需要建立合理的评估体系和指标。

第二节 概念验证阶段

概念验证(proof of concept,PoC)是流程需求方为进行 RPA 产品选型或招标外部供应商应用财务机器人,而进行的一种产品和供应商能力的验证工作。该阶段处于企业决定实施财务机器人的计划之后,正式实施财务机器人的试点流程之前,企业做 PoC 是为了更好地应用财务机器人。

在 PoC 阶段,通常需求方有下列两种情况:

(1) 已经确定采购某 RPA 产品。通过 PoC 验证部署该产品的效果,从需求分析、数据优化、页面处理、技术水平、业务经验等方面全面考察该产品的适配性,直观反馈部署财务机器人后的运营结果。

(2) 不知采购哪款 RPA 产品。通过 PoC 进行产品对比,帮助企业快速找到合适的 RPA 产品和实施团队。从某种程度上来看,优秀的 RPA 实施团队应充分熟悉 RPA 市场的各类产品,根据企业现有情况选择合适的产品,同时在数据库开发、性能优化、数据处理、结构算法等领域具备丰富的技术经验,有快速部署和实施的能力。只有产品与实施的双向结合,才能使财务机器人发挥更大的作用。

在 PoC 阶段,通常 RPA 需求方会梳理出小部分的业务场景交由供应商实现,供应商使用适合的 RPA 产品进行流程开发并提交实施结果,最后需求方对实施结果进行评价和选择。PoC 阶段的活动可划分为选择业务流程、选择产品、流程实施和实施结果评价四个阶段,如图 2-1 所示。下面分别从需求方和供应商双方的视角围绕这四个阶段进行详细说明。

图 2-1 概念验证 PoC 阶段示意图

一、选择 PoC 的业务流程

对于需求方来说，PoC 阶段的第一步是需要筛选并确定被用于 PoC 的业务场景，交给供应商实现，以达到验证产品和供应商能力的目的。需求方可以从业务角度挑选具备以下特征的业务进行 PoC：

（1）有代表性。应选择代表大部分的实际业务场景需求的业务流程，如从 A 系统的界面提取指定的数据，按规则整理后录入 B 系统，该业务场景可验证 RPA 产品和实施方对两个系统的页面解析、数据提取、数据整理和数据输入的能力。

（2）可重复运行。应选择可随时重复执行的业务流程，如从系统中提取数据输出报表，该流程执行一次后还可再次重复执行，而不会影响到实际业务。若流程执行完一次后需等待一定的业务时机才能再次执行，就不方便开发和验证，会影响 PoC 的纳期。

（3）可测试性。尽量挑选有测试环境和测试数据的业务流程，方便开发、测试人员在 PoC 实施过程中的调试和测试工作。

（4）可验证性。要挑选能够对 RPA 运行的正确性和效率进行确认的流程。如果一项业务不方便确认流程执行的结果，也就不能验证机器人执行的结果是否正确。

（5）使用频率高。应挑选业务人员使用频率高的场景进行自动化，从而为企业带来高收益。

（6）非敏感数据。挑选不涉及业务敏感数据、不需要额外的安全防护措施的业务流程，以保障企业的数据访问安全。

（7）有一定难度。挑选的业务流程除了包含 RPA 产品常用的功能，还应在某些流程节点的应用上带有一定的难度，以验证 RPA 产品的扩展能力和供应商解决问题的能力。

当需求方初步筛选好用于 PoC 的业务需求后，会与供应商进行需求沟通。对于供应商来说，在这阶段要好好珍惜和把握与需求方的业务部门和 IT 负责人沟通交流的机会。

二、选择 RPA 产品

在双方正式确认好 PoC 业务流程的需求后，接下去的任务便是选择 PoC 流程实施所使用的 RPA 产品。目前市面上一些通用的 RPA 产品通常都拥有以下功能：

（1）基础功能：邮件收发、数据库连接、用户权限隔离、计划任务执行、异常警告。

（2）页面分析能力：Web、客户端程序。

（3）常见文件读写：Excel、CSV、TXT、Word、PDF 等。

（4）API：调用外部 API 能力，可以对外发布 API。

需求方在选择 RPA 产品时一般会参考下列因素：

(1) 功能：产品功能是否与现有需求匹配，并且是否能符合企业未来发展的需求。

(2) 成本：在满足核心需求的前提下，从产品授权费用、部署环境费用和机器人执行端的费用等多方面进行小项及总和的对比，以求高性价比。

(3) 培训：产品易用性、现有开发资料、原厂的培训和技术支持服务、与需求方技术人员技术栈的契合度等。

在 PoC 阶段，通常需求方已经初步筛选确定了 1~3 款候选 RPA 产品，寻求厂商或有实施经验的供应商来进行概念验证。作为供应商，应当为应标做好如下充分准备：

(1) 了解需求方的所处行业，以及行业标杆企业目前的 RPA 应用现状。

(2) 了解需求方选用该 RPA 产品的背景和动机。

(3) 向需求方表达企业与 RPA 产品厂商已达成的长期、稳定的战略合作关系，能及时获得原厂技术响应支持的承诺。

(4) 评估 PoC 的业务需求所选用的 RPA 产品是否都能覆盖。如果不能，提出自己的解决方案，借机展现自己丰富的行业解决方案经验、项目开发经验、技术扩展能力和系统集成能力。

(5) 向需求方展示企业拥有的各类软件开发和软件工程管理类的资质认证证书，及获得 RPA 产品实施资质认证的人员名单，以证明自己的 RPA 产品应用能力、技术实施能力、项目管理能力和良好的软件工程质量保证体系。

(6) 如果供应商是 RPA 产品的代理商，则可与需求方沟通其 RPA 产品的购买渠道，这可为供应商带来部分软件许可销售利润。但供应商还是应重点关注项目的实施费用和后期可能有望外包合作的运维服务，供应商应主动寻找契机向需求方表达愿意与其建立长期合作关系的强烈意愿。

三、概念验证的实施

完成 PoC 业务需求确认和 RPA 产品选择后，便进入供应商的 PoC 流程实施环节。通常需求方会统一给所有供应商相同的时间周期来完成实施工作。供应商应把握时间，在有限的时间内完成并提交流程部署。

供应商在进行 PoC 流程实施时，可应用以下技巧：

(1) 最好在完成需求确认后就制定好实施方案，并提前确认好用户所提供的开发测试账号权限是否可用，为 PoC 的实施争取更多时间。

(2) 实施过程中先挑选规则固定、逻辑性强，不需要人工参与，具有积极业务影响的场景，便于需求方能快速看到实施成果。

(3) 充分借用已有项目的成熟框架，考虑设计模块化组件和参数化调用，以展示 RPA 的可维护性。

(4) 提前与客户索取可提供的真实业务数据，在开发调试过程中尽量使用真实的业务数据，保证输入的准确性，从而降低 PoC 验证环节流程运行出错的风险。

(5) 开发过程中可引入部分安全机制的设计，体现供应商拥有良好的安全意识。

（6）若 PoC 验证是在客户环境进行，则应提前与客户确认好演示所用的电脑屏幕分辨率、操作系统版本、浏览器版本等 RPA 运行基础环境，并做好相应的流程测试工作，以保障演示能顺利完成。

（7）时间允许的情况下，还可以准备一份简单的《流程配置手册》或《用户手册》，以展示供应商的专业性。

四、概念验证的评价

PoC 实施完成后，需求方负责人应组织本项目的业务用户代表、IT 部门负责人、安全合规部负责人等同事共同参与各供应商的 PoC 验收会议。PoC 验收会议可能与应标会议合并在一起召开，也可能分开进行。参与本次会议的需求方评审委员会成员需对候选供应商的表现进行评分，作为需求方，应提前制定好评价标准，并为各类别项设置不同的打分权重。例如可参照表 2-1 所设置的评分项，分别从产品、供应商、费用三部分对供应商的表现进行综合评价。针对每个小类还应进一步细分出具体的评价内容。

表 2-1 概念验证评价表

大类	序号	评价内容
产品	1	界面及基础功能
	2	兼容扩展能力
	3	运维管理和维护
	4	产品生态
供应商	1	企业实力
	2	同类项目经验
	3	技术方案与项目实施
	4	服务要求
	5	演示质量
费用	1	产品 License 费用
	2	执行端机器人费用
	3	项目实施费用

在产品评价方面，首先，需求方可直观地对 RPA 工具的用户界面是否友好、基础功能是否完整来进行评分，复杂的用户界面将延迟实施过程，并增加学习曲线和适应性，更加友好的操作界面（如拖放、自动捕获、图像识别等）会更好。其次，对 RPA 工具的兼容扩展能力进行评分，RPA 工具必须与平台无关，应该能够支持任何应用程序和平台，并能集成多种编程语言进行应用的扩展。再次，对运维管理和维护进行评分，应评判是否能够帮助企业轻松地管理机器人，在过程监控、过程更改、开发、重用等方面，是否具有较高的可见性和控制性，是

否支持更多的安全控制。最后,对产品生态进行评分,如开发者社区、培训资料、与 AI 的融合等方面的规划与建设是否更具优势。

在供应商评价方面,企业实力可从企业规模及信誉、各项企业认定证书、企业的主要业务范围、企业专业技术人员的数量和技术能力等方面进行评分。

PoC 属于项目招标的一部分,是确定产品和供应商是否合适需求方的一个过程。企业可根据自身的实际情况,参考上述部分内容来对供应商进行评价。这一阶段完成后需求方会与中标的供应商签订项目实施合同,完成 RPA 产品的采购,进入后续正式的流程实施阶段。

第三节 财务机器人实施阶段

财务机器人的实施会经过以下几个业务流程阶段。业务流程是指为完成某一目标而进行的一系列逻辑相关的活动。我们将一个机器人流程自动化的生命周期主要划分为发现与规划,流程需求分析,流程构建,验证与发布,运行、监控与评估,迭代/退役六个阶段,具体如图 2-2 所示。

图 2-2 财务机器人流程自动化的生命周期

一、发现与规划

实施财务机器人,企业的首要工作是发现、收集并选择、规划合适的流程。流程发现通常有两种方式:主动发现和被动发现,其中主动发现是指由财务人员主动汇总业务的总体运行活动,反馈日常工作中的业务痛点;被动发现是通过安装在财务人员计算机上的软件后台记录员工的屏幕工作,借助 AI 技术来发现自动化机会。

(一) 步骤

流程的发现过程中,首先,需要对流程的每一个活动进行细分,建立相对独立的子业务流程,并对这些子业务流程从业务场景、RPA 需求、人员操作时长、操作频次、涉及的内外部系统交互等进行概要描述,梳理出各业务流程的 RPA 需求。其次,针对流程适用于跨系统、跨平台、重复、有规律、错误率低的业务流程的特点,筛选出适用于 RPA 实施的流程,并结合企业数字化转型的战略规划、实施成功预计带来的业务收益和 RPA 实施成本计算出投入产出比。最后,对流程的 RPA 实施进行优先级标注。

(二) 输出物

本阶段的输出物为发现与规划阶段对流程进行的场景梳理、RPA 需求、实际业务频次及收益评估等可行性文档。该文档可作为下一个阶段的输入,即流转到需求分析阶段。对于企业整体的 RPA 实施，发现与规划阶段是一个长期、持续性的过程，该阶段决定了一个候选流程是否有机会被转为自动化流程，若该阶段的可行性评估、效益评估出错，或没有紧跟企业业务发展规划，那后续所有围绕该流程的实施工作都将变得没有价值，因此该阶段对于一个自动化流程来说是最具关键意义的。

二、流程需求分析

（一）步骤

企业决策出哪些流程被优先实施 RPA 后，便进入流程需求分析阶段。在流程需求分析阶段，由流程分析师负责对该流程的每个操作步骤进行详细分析和定义，并把业务流程的每个操作步骤转换为 RPA 操作步骤。梳理时，可通过由业务人员现场操作进行演示说明、截图或录屏的方式，记录每一个流程操作的细节。流程分析师在转换 RPA 开发可用步骤的过程中，对于可能有些步骤在原流程基础上需进一步优化的，需要与业务部门人员协商并确认如何优化处理。当一个流程太复杂或冗长时，应将其拆分成多个单独的流程来处理，以方便日后的维护和分阶段完成。

（二）输出物

本阶段的输出物是流程定义文档（process definition document，PDD），该文档应包括流程概述、现状业务流程、目标业务流程、所涉及的内/外部系统操作、异常及处理方案、输入/输出文件（邮件）模板等，还可包括操作步骤的截图和录屏，并应通过业务部门人员的流程需求评审以及技术相关人员的技术可行性评审。以下是其中几项内容的详细说明：

（1）流程概述：流程概述定义该流程的基本描述、明确流程的业务负责人和沟通接口人、流程在现实世界的实际运行频次和时效、RPA 设计的假定前提、环境依赖和所要求的服务水平协议等。

（2）现状业务流程：现状业务流程主要是描述实际人工执行的业务操作步骤，包括流程执行步骤的详细说明。

（3）目标业务流程：目标业务流程主要描述引入 RPA 后的业务操作步骤，包括机器人处理环节、人工处理环节及双方协作环节的执行步骤详细说明，这里体现了引入 RPA 后业务流程相关步骤的优化。

（4）所涉及的内/外部系统操作：所涉及的内/外部系统操作主要描述流程需要操作的应用系统的架构（B/S 架构还是 CS 架构）、登录模式、操作方式（界面操作/接口调用）等。

通过流程需求分析阶段，原人工执行的操作步骤被转为了引入 RPA 后的业务操作步骤，对该流程所有可能涉及的业务场景进行了全面梳理和分析，对异常点提供了应对处理方案，并得到了业务部门的确认。流程需求分析阶段一方面可以帮助项目团队将流程拆分为多个工作项，确认优先级，评估实现复杂度，用敏捷思想进行迭代交付，另一方面也可以让 RPA 开发、测试工程师更专注于流程开发工作，而不必为前后矛盾或不清晰的需求而困惑，从而提高 RPA 开发团队的交付能力。该阶段为后续的流程构建工作扫除了绝大部分的障碍,为流程构建工作的高效开展提供了强有力的保障。

三、流程构建

流程构建阶段主要包括自动化流程设计、开发、测试与部署阶段,此阶段更倾向于技术层面工作,是 RPA 项目实施的核心阶段,主要步骤及输出物如下。

(一) 自动化流程设计

1. 步骤

流程需求分析阶段结束后,发现与规划阶段和流程需求分析阶段输出的 PDD 一同作为输入物,通过项目排期进入到 RPA 流程的构建阶段。在实际 RPA 实施过程中,很多实施团队会忽略设计阶段的工作,直接从流程需求分析阶段转入到开发阶段,这对后期 RPA 的扩展和维护是很不利的。RPA 实施在初始阶段就应该对项目的整体架构进行设计,维护好 RPA 项目整体架构设计文档,定义好整体设计原则,仔细考虑程序结构、可复用组件、人机协作、目录划分、异常处理等设计问题,后续在单个流程的加入过程中,输出单个流程设计文档的同时不断完善整体架构,开发更多可复用的组件并同步更新项目的整体架构设计文档。

2. 输出物

为保证流程实施的独立性,为后续的开发、测试和部署上线进行指导,在 RPA 流程的设计阶段应为每个流程输出独立的解决方案设计文档(solution design document,SDD),该文档除了包含 PDD 中的流程概述、流程需求和涉及的内外部系统描述,还应包括机器人处理流程、机器人设计要点、文件目录结构、日志记录与查看、异常处理等说明。以下是其中几项内容的详细说明:

(1) 机器人处理流程:机器人处理流程从技术层面描述自动化流程被拆分成几个流程,需要几个机器人,每个机器人执行哪些自动化任务,以及这些自动化任务之间如何编排,各任务的执行时间是什么等。

(2) 涉及的内外部系统:涉及的内外部系统描述涉及的内外部系统的架构、登录方式、开发或测试环境下所使用的用户名和口令、密钥文件等。

(3) 文件目录结构:文件目录结构清晰地定义出机器人程序的存储目录和各步骤所需处理的文件的存储目录,避免出现不同流程输入、输出文件混用的问题。

(4) 机器人设计要点:机器人设计要点用于描述所需要复用的代码库、配置文件、机器人的控制方式、数据安全和数据管理、业务连续性处理手段等一切需要重点说明的设计内容。RPA 设计人员可将项目的整体架构设计、设计开发原则和指南、可复用组件等一切共性内容,都提炼到该单个流程设计中,体现机器人程序之间的依赖关系。

RPA 项目的整体架构设计文档包含框架设计、开发规范、通用组件及调用方式、单元测试、安全合规等内容。

(1) 框架设计:框架设计从业务流程易于实现与稳定,未来的变更和可扩展性等方面进行考虑,对项目进行整体框架设计,具体包含流程初始化参数设定和环境设定、结束流程的关闭操作、新流程的加入、流程维护、纠错、参数配置、风控机制、回滚机制等。

（2）开发规范：开发规范从代码注释、日志记录、目录、版本、命名规范（变量/流程名/任务名/文件名）等维度出发，建立一套 RPA 开发规范与标准，应用在整个项目进行中，从而提高项目开发效率和质量。

（3）通用组件及调用方法：通用组件及调用方法对可复用的组件及调用方式进行详细说明。例如，某业务系统的登入/登出、企业邮件接收与发送、文件访问与关闭访问连接、数据库的调用、日志记录、异常捕获（异常信息记录和截屏）等。

（4）单元测试：单元测试从质量保障的角度，对 RPA 实现自动化测试。

（5）安全合规：安全合规从保证 RPA 运行过程中的安全性角度，考虑 RPA 实施过程中的各类安全管控，包括参数配置安全、信息传输与存储安全、网络端口与访问安全、物理环境安全、日志安全、代码安全、账号密码存储安全等问题。

（二）RPA 开发

1. 步骤

流程设计文档完成后，将转入 RPA 开发阶段。RPA 的开发过程通常是 RPA 工程师在整体架构设计的要求下，依据 SDD 的设计，一步步实现自动化程序。

RPA 的开发通常按下列步骤展开：①在整个 RPA 程序框架下，搭建好待开发流程主辅程序的调用方式、预处理/中间处理/后续处理等方式，和配置文件的读取方式，并预留异常处理和程序补偿机制的处理方式。②以流程中某个实例的正常处理过程为基础来开发 RPA 程序，将业务数据以常量的方式来表达，以快速实现流程中所需要的自动化技术，并尽早发现可能存在的技术障碍点。③当正常处理流程可以自动化运行之后，按照业务处理要求，再在 RPA 中加入必要的循环处理、分支处理，并将原程序中的业务常量数据转换为参数变量。

在满足正常处理流程后，开发人员需要在 RPA 程序中增加必要的日志跟踪和异常处理。异常处理需要覆盖可能出现的业务异常情况和系统异常情况，并设计相应的 RPA 补偿机制。

2. 输出物

当 RPA 程序开发完成之后，需进一步审查代码，将程序中的部分参数改为读取配置文件的方式，为环境变更等定义项配置文件，在实际的 RPA 开发过程中，开发人员应按照保障自动化程序运行稳定性的技术手段来实现 RPA 的开发。例如：抓取界面上的操作按钮，稳定性由强到弱依次为通过 ID 获取界面控件、快捷键获取、界面坐标定位，若前者抓取不到，则再考虑后者的技术实现。当存在各种技术手段都无法解决时，RPA 开发人员需及时与团队成员同步，发起变更流程，尽早与业务分析师沟通，寻求业务层面的其他解决方案。

（三）RPA 测试与部署

1. 步骤

RPA 的测试与传统测试相似，可分为自动化测试和手动测试。其中，自动化测试包括单元测试和为验证 RPA 流程而编写的自动化测试。单元测试由开发工程师负责，在 RPA 的开发过程中一边开发，一边为每个方法写上单元测试代码。当开发人员在进行 RPA 开发的时候，测试人员应根据 PDD 和 SDD 文档，进行 RPA 测试用例的设计，测试用例需覆盖正常的业务场景和业务规则，还需包含输入/输出异常的处理、流程执行过程中各环节的异常验证、日志记录验证、配置项验证和访问、传输安全的验证，并利用自动化测试工具，编写自动化测试脚本并映射到每条测试用例中。开发人员完成 RPA 的开发工作并提交给测试人员后，测试人员可反复执行和优化测试脚本，跟踪缺陷，生成测试报告，直至确认缺陷修复完毕满足业务上线需求。

测试需要准备一定量的样本数据，所准备的样本数据应尽量贴近真实业务数据，而且应具备可逆性或可重复性，避免一些数据在提交之后，下次也不能再重现之前的业务操作，导致无法利用 RPA 并会反复地进行测试工作。

此外，在实际项目实施过程中，可能会遇到没有测试环境支持，需要通过生产环境直接测试的情况，这时就必须更加周全地设计测试数据，并准备好脚本测试运行完毕后进行测试数据的清理工作，避免影响到现实工作中业务系统的使用。测试不足会导致故障和高维护率，通过测试人员完整的、系统的测试，可规避潜在的功能性和业务性风险，保障项目上线质量。

企业还需重视 RPA 的自动化测试，因为自动化测试是最快速、可靠和可持续的测试，尤其是与应用程序的特定 UI、特定运行期环境等进行的交互。大多数企业拥有数百个应用程序，这些应用程序可能每周、每天甚至每小时更新一次，这一系列持续变化中的任何一项均会扰乱机器人的流程。此时，自动化测试便可直接用于连续回归测试。每次 RPA 自身或所依赖的业务系统有更新时，自动化测试便能主动测试自动化业务流程，以得知新的修复或新的流程加入是否会影响生产中正在运行的自动化流程。试想，如果每次回归测试都必须依赖手动完成，企业就需要大量的测试和质量保证团队来处理这个永无止境且不断增长的负担，将增加大量成本。

2. 输出物

测试阶段的输出物包括测试用例、测试报告等。

以上是对流程构建阶段 RPA 的设计、开发和测试的概述，可知在流程构建阶段的输出物有 RPA 设计文档（SDD）、修改过的 RPA 整体架构设计文档、待发布的 RPA 流程、测试用例、测试报告、RPA 发布与配置手册和用户手册。

四、验收与发布

（一）步骤

RPA 流程测试与部署通过后，将进入 RPA 的验收与发布阶段。理想情况下验收过程是在 UAT 环境中进行的，RPA 工程师将 RPA 代码签入企业代码仓库，运维工程师根据《流程发布与配置手册》将 RPA 流程发布至 UAT 环境。项目经理组织 RPA 团队代表为业务人员在 UAT 环境进行演示说明，之后会给予业务人员约定的时间窗口，由其在 UAT 环境使用一些符合真实场景的业务数据样例，让机器人来运行，以校验运行成果是否满足业务要求。虽然这是一种黑盒测试，但在测试数据中业务人员也必须同时考虑正例和反例的存在，以保障机器人运行的可靠性。此外，除了检查机器人处理后的最终数据结果是否正确，业务人员还必须通过培训，知晓机器人是如何触发启动的，中间是否有需要人机协作的环节，当异常发生后业务人员应如何再次接管工作或者应如何再次启动机器人等。

若验收通过，则应由运维工程师正式将该RPA的程序代码发布到生产环境，这意味着该RPA正式投产。若验收过程中业务人员提出反馈项，则项目经理应组织召开评审会议，对反馈项一一评审，确认哪些反馈项是紧急优化项，不完成便不可上线，哪些反馈项是可放在后面进行迭代优化的，哪些反馈项是不用理会的。完成紧急优化项的修复，业务验收通过后，运维工程师可以将配置项改成生产环境配置项，并将RPA程序代码发布到生产环境中，并输出RPA生产配置手册。

在实际RPA实施过程中，同样会出现没有UAT环境的情况，给到业务部门进行验收的流程可能发布在生产环境中，涉及和依赖的业务系统可能会存在各自的测试/UAT环境或生产环境，因此需要确保配置手册中将各程序的版本、各应用程序的测试/UAT/生产环境地址、访问权限等配置项都记录清楚，并做好回滚预案，发布前对原流程做好备份等操作，以保障RPA若上线失败可尽快恢复原流程。

（二）输出物

验收与发布阶段的输出物是RPA生产配置手册、RPA流程优化项。RPA生产配置手册是日后RPA生产、变更、维护的重要参考文档，若后续机器人执行时间、文档配置路径有变动应在本文档基础上进行变更记录，以保证生产配置手册始终与生产环境实际配置内容完全一致。RPA流程优化项可作为需求项被记录在产品Backlog中，通过项目排期予以迭代交付。RPA流程的发布意味着机器人流程自动化正式投产于业务日常工作中，替代人类员工进行业务操作，为业务部门产生效益，这是RPA全生命周期中一个重要的里程碑。

五、运行、监控与评估

RPA项目上线后，便进入运行、监控与评估阶段，这一阶段是RPA生命周期中最长的阶段。RPA程序可能会由于业务数据非标准、超权限范围、规则未考虑等情况在运行过程中出现异常、中断或故障，需要运营人员或运维人员做好监控和响应工作。

RPA的监控主要有主动监控和被动响应两种形式。主动监控是指当运行中的RPA流程或RPA平台发生问题时，监控平台探测到这个问题后主动发出警告，及时通知业务部门以及运维部门。被动响应是指当业务用户发现RPA机器人未按照预期提供工作成果，或者发现RPA机器人执行中断时，可以将问题上报给RPA运维团队。

企业可以基于原有运维体系基础，沿用企业对于传统应用系统的现有IT管理服务流程，如问题管理、工单管理、事故跟踪管理等，同时结合RPA的特性，对不同RPA流程的不同响应需求，制定相应的服务水平协议（SLA）、变更管理等，对RPA问题进行侦测、发现、分析、跟踪和解决，在必要时可将问题升级到开发部门，由开发人员协助排查定位，并采用最敏捷的手段将程序补丁快速部署到生产环境中，将影响降到最低。此外，企业在问题解决后还应不断完善问题知识库、问题影响性分析、问题检查表等工作内容。运维部门还应持续监控机器人的性能和利用率，可根据实际情况调整机器人的使用，使其利用率最大化。

对 RPA 持续监控的同时，RPA 运营团队或 RPA 分析师负责对该运行中的 RPA 流程进行评估，以验证 RPA 项目的投资回报率（ROI）。评估人员可将自动化节约的时间、被替换的人类员工的每小时平均成本作为 RPA 收益，结合实施自动化的成本（自动化工具的成本、基础设施的成本、开发成本、监控与维护成本）来计算 RPA 项目的投资回报率，评估 RPA 企业带来的效益。

六、迭代/退役

当 RPA 流程被新流程所取代，意味着旧流程生命周期的结束，新流程的全新生命周期的开始。这阶段需要做好 RPA 需求变更管理工作，包括更新原有的 RPA 需求定义文档、设计文档、维护最新的测试用例，对单元测试和自动化测试代码进行调整，并更新配置文档和用户手册，对文档和代码做好版本管理、存档工作。若 RPA 流程上线后发现有严重问题被紧急叫停，或者由于企业业务经营战略或业务流程发生重大变动，导致原 RPA 流程被终止或取消，此时将进入 RPA 的退役阶段。RPA 退役阶段的完成标志着 RPA 流程整个生命周期的正式结束。

RPA 流程的退役，可能需要进行以下工作：①进行 RPA 流程的评价和退役的正式确认。②记录任何过程的影响。③记录经验教训。④将 RPA 实施整个生命周期的项目文件归档，以便作为历史数据使用。⑤结束所有采购活动，确保所有相关协议的完结。⑥对团队成员进行评估，释放项目资源。

第四节　RPA 卓越中心

一、RPA 卓越中心的概念

CoE 是英文为 Center of Excellence 的缩写，即卓越中心，卡内基梅隆大学软件工程学院对其定义是：它是在指定的专业领域内，在技术、业务或政府的特定领域内，提供与产品的独特要求和功能一致的出色产品或服务。我们可以从三个方面理解 CoE，首先，它是一个组织，这个组织的定位为顶级，在其他组织之上，具有一定的领导或管理职权；其次，它针对某一个专业领域，常见的有云计算 CoE、人工智能 CoE、自动化 CoE 以及 RPA 卓越中心（以下均简称 CoE），这些 CoE 都针对特定的组织；最后，它是需要提供服务的，如云计算 CoE 对外提供的服务就是与云计算相关的。

二、传统 RPA 的不足之处

企业实施财务机器人后，可通过定时人工以及人工触发两种方式触发机器人进行生产活动,运维团队或者业务团队一般会制作机器人运行时刻表,如表 2-2 所示。

表 2-2　机器人运行时刻表示例

时间	周一	周二	周三	周四	周五
9:00					
10:00	下载交易流水 10:00—10:30		下载交易流水 10:00—10:30		下载交易流水 10:00—10:30
11:00	发送对账单	员工报销申请	发送对账单	员工报销申请	发送对账单
Gap					
14:00		员工报销付款 14:00—14:30		员工报销付款 14:00—14:30	
15:00	保证金付款申请 15:00—15:30		保证金付款申请 15:00—15:30		
17:00	保证金付款支付 17:00—17:30		保证金付款支付 17:00—17:30		

表 2-2 可用于辅助掌握每个流程的运行时间、运行节点以及耗时情况,同时也可以通过该时刻表来管理 RPA 的运行情况,但可能会产生以下问题:

(1) 业务操作峰值集中。全部流程都是集中在工作日的白天,尤其是在正常工作时间的朝九晚五范围内,不能发挥机器全天候运行的优势。

(2) 流程前后依赖性过高。以自动发送对账单流程为例,如图 2-3 所示,该流程由两部分组成,第一部分是生成对账单,第二部分是发送邮件,而且后者具有依赖性,发送对账单邮件需要基于对账单流程生成完成后才能进行,然而,两流程之间的间隔却只有 30 分钟,一旦前一个流程没有按时完成,势必会影响下一个流程的正常进行,就需要人工及时干预,自动化受阻风险较高。

搜索并筛选所有需要对账的明细条目　　检查对账项是否存在,如果存在,则进行对账逻辑处理　　生成对账单　　对账单的数据生成中　　发送对账单

图 2-3　自动发送对账单流程

(3) 机器人资源分配不均。假设全部业务有 20 多个流程,需分配给 3 台机器人,假设机器人 3 负责运行的流程耗时比较长,却只分配了一个流程,而机器人 1 和机器人 2 却占了 95% 以上的流程,则会造成机器资源不均衡。

三、CoE 职责

CoE 职责是指 CoE 中每一个岗位需要去完成的工作内容以及应当承担的责任范围,可

以从以下两个方面来进行阐述。

(一) 解决传统 RPA 运营过程中的问题

通过前面内容的介绍,传统 RPA 在生产过中可能有很多各种各样的问题,归纳总结主要有如下几个方面,如图 2-4 所示。

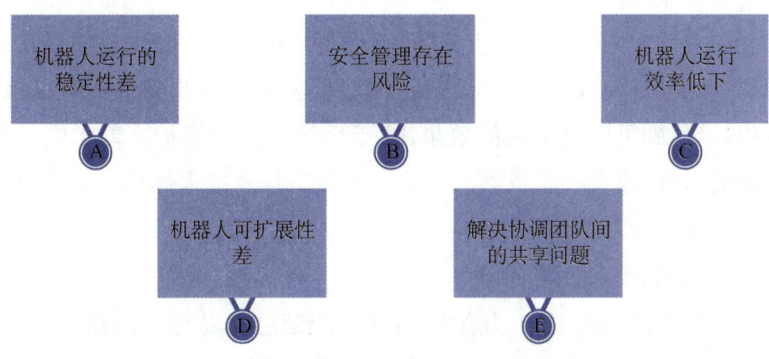

图 2-4　传统 RPA 运营存在的问题

针对图 2-4 中的几类问题,相应的解决方案如下。

1. 机器人运行的稳定性差

一旦我们的机器人程序没有按照约定的既定规则运行,机器人程序会触发异常处理机制,并通过电子邮件或短信服务等方式通知到专门的人员及团队,注明出现异常的机器人 ID、时间、执行步骤、应用程序及相应错误内容的描述。一旦我们的机器人本身发生错误,同样会通知到专门的人员及团队,系统会注明出现异常的机器人 ID、时间、执行步骤、应用程序及相应错误内容的描述。RPA 中央控制台可以将执行任务从一个异常的机器人快速转给另外一个空闲的机器人去执行。对于极其关键及重要的任务,RPA 中央控制台可以提供备份机器人用于快速的异常恢复,机器人运行过程中的中断同样支持任务的重启处理。

2. 安全管理存在风险

针对安全管理存在的风险,可以从如下方面考虑解决方案:①对机器人程序执行的每一步操作都进行记录,并能够形成独立的审计报告用于风险审计,包括机器人程序的代码及数据的任何更改都会被记录,并能随时导出,为审计提供相关操作记录。②对于机器人程序执行的任务日志信息会实时输出到共享目录或其他相对独立的网络存储(如 NAS 存储),并且这些日志会以机器人及机器人程序命名,用于 IT 进行监控,方便查询。③指定机器人管理员用户,通过机器人控制器监控任务的执行进度。④建立机器人的物理安全管理制度,确保至少符合员工电脑同等安全水平。⑤对于机器人涉及的系统账号信息,同样要求遵守职责分离要求,对于冲突权限需要有不同的 RPA 管理员持有相应的口令,并同样符合内部 IT 管理要求。

3. 机器人运行效率低下

建立"工作日历"概念,用于统一定义机器人工作任务;建立工作排程面板,可以更优地安排机器人的任务日程。尤其对于存在任务依赖的 RPA 流程,应建立相互关联的触发检查机制,随时更新和统计机器人的运行数据,以及有效利用机器时间。同时,关于发现机器人资源配置的关键流程方面,对于实时触发的机器人流程需要给予一定的资源冗余,确保能快速响应请求。

4. 机器人可扩展性差

将频繁易变的业务规则作为机器人的输入,而不是机器人本身的逻辑结构,以减少机器人内部结构的调整。基于流程设计机器人,但同时要将流程逐步分解为可以被重复应用的最小粒度的流程,以达到可以被引用的效果,便于后续的更新维护。善于应用参数和变量,以实现机器人的灵活性,建立一套机器人维护的管理流程及技术操作方案,确保机器人的后续维护更新可以被安全地部署到生产环境。

5. 解决协调团队间的共享问题

大型企业由于组织结构的复杂,其组织内部出现信息孤岛将导致知识信息未能及时共享,不同部门之间因为各种因素无法完成高效的合作,也会导致企业资源大量浪费,运营效率低下。这类大型企业可以建立一个集中的 RPA 管理平台,用于存储、管理和监控所有的自动化流程,这样团队成员就可以轻松访问和更新流程,确保信息的一致性。在共享资源时,RPA 管理平台应确保有适当的访问控制和权限管理策略,这样可以防止未授权的修改,并确保只有经过培训和认证的员工可以访问关键的自动化流程;同时,应实施版本控制和变更管理策略,确保在共享的 RPA 流程中,任何改动都可以被追踪和回溯,以防止不一致和错误。

(二) CoE 的优势

CoE 可以为机器人进行集中式的部署、运维支持和管理来提供一个标准、成熟的生产环境。CoE 通过标准的、可重复的操作过程,确保虚拟劳动力与业务部门的无缝集成或合作,以最大程度发挥 RPA 的优势。CoE 的优势有以下几个方面。

1. 机器人部署方面优势

CoE 在机器人部署方面优势主要体现在以下几方面:①全方位监控。通过既定规则和标准方法实时监控机器人及其基础设施,实现任何操作日志全方位记录,监测到异常情况立即启动异常应急措施,若无对应措施,则立即报告。②自动规划执行。机器人自主开启任务模式,按时间表执行作业,确保机器人能够执行设计的端到端任务,而无需任何人工干预生产。③时间安排。机器人可以全天候运行,但他们需要确保其正确运行。

2. 机器人运行与维护方便优势

CoE 在机器人运行与维护方便优势体现在以下几个方面:①全天候支持。鉴于 RPA 可以全天候运行,CoE 团队提供全天候支持,同时配备经验丰富的 RPA 工程师,可解答支持查询并解决 IT 问题,保证业务运行的稳定。②定期运行报告。CoE 团队有专职人员定期生成关于机器人利用率、生产率和平均处理时间的定期机器人运行报告。通过这些报告可以分析机器人的产能,为后期流程的实施可提供相关资源分配建议。③全方位支持。为客户提供全天候支持,配备经验丰富的 RPA 工程师,可解答、查询并解决 IT 问题。

章 节 测 试

一、单选题

1. 在财务机器人项目团队及职责中,下列选项中,不属于RPA项目团队的职责的是（　　）。
   A. 概念验证　　　　　　　　　B. 流程设计
   C. 机器人维护　　　　　　　　D. 财务分析

2. RPA卓越中心(CoE)的建立通常发生在（　　）阶段。
   A. 概念验证　　　　　　　　　B. 财务机器人实施
   C. 流程测试与运维　　　　　　D. 流程开发与部署

3. 财务机器人全生命周期中,（　　）阶段负责对机器人进行维护和持续改进。
   A. 概念验证　　　　　　　　　B. 财务机器人实施
   C. 流程测试与运维　　　　　　D. 流程开发与部署

4. 财务机器人项目团队中,通常由（　　）负责RPA人才能力要求的制定。
   A. 项目经理　　　　　　　　　B. 业务分析师
   C. 技术专家　　　　　　　　　D. 财务人员

二、多选题

1. 财务机器人全生命周期中,下列选项中,涉及财务机器人的具体实施的阶段有（　　）。
   A. 概念验证　　　　　　　　　B. 财务机器人实施
   C. 流程测试与运维　　　　　　D. 流程开发与部署

2. 财务机器人实施阶段,下列选项中,属于RPA项目团队的角色的有（　　）。
   A. 项目经理　　　　　　　　　B. 业务分析师
   C. RPA开发人员　　　　　　　D. 财务人员

3. 下列选项中,属于财务机器人项目关键文档的有（　　）。
   A. 财务机器人项目交付文档　　B. 流程定义文档
   C. 流程详细设计文档　　　　　D. 流程测试报告

4. 下列选项中,属于RPA卓越中心(CoE)的职责的有（　　）。
   A. 解决方案设计　　　　　　　B. 项目管理
   C. 运维支持　　　　　　　　　D. 培训与支持

5. 下列选项中,属于RPA项目团队中业务人员的职责的有（　　）。
   A. 提供业务需求　　　　　　　B. 参与流程设计
   C. 进行用户测试　　　　　　　D. 编写技术文档

三、判断题

1. 财务机器人实施阶段结束后,就不需要再对财务机器人进行任何形式的维护或更新。
( )
2. 概念验证阶段是财务机器人全生命周期中的第一个阶段。( )
3. RPA 卓越中心(CoE)的建立是为了在财务机器人实施阶段提供持续的支持和管理。
( )
4. 财务机器人项目团队中通常不需要财务人员的参与。( )
5. 流程测试与运维篇主要关注的是财务机器人的日常运营和维护,而不是项目的开发和实施。( )
6. RPA 项目团队中,RPA 人才能力要求包括项目管理和业务分析能力。( )

四、思考题

企业引入财务机器人时,通常需要考虑实施前后的期望差异,还要关注引入模块对不同部门工作的影响。请读者试着思考以下几个问题:

1. 在实施财务机器人时,如何正确设定和管理期望值至关重要,过分夸大的预期可能导致失望,而合理的预期则能够通过 RPA 实现业务流程的优化和效率提升。思考在实际项目中如何平衡预期,确保项目能够稳健地进行并取得预期的成效。

2. 在财务机器人的部署中,IT 部门与业务部门的合作至关重要。如何看待这种跨部门的协作?如何组织 IT 人员与业务人员共同推进 RPA 项目的实施?

3. 引入财务机器人后,对人力资源管理有何影响?自动化可能会改变员工的工作内容,甚至减少某些岗位。如何在推动技术进步的同时,确保员工转型和再培训?

4. 利用财务机器人实现实时数据处理和更新,这对财务决策有何影响?如何确保这种自动化处理方式能够为企业带来及时且准确的财务信息?

第三章 财务机器人项目关键文档

本章目标

1. 了解财务机器人项目交付的特点。
2. 掌握财务机器人项目可行性分析文档的主要内容及撰写要点。
3. 掌握财务机器人流程定义文档的主要内容及撰写要点。
4. 掌握财务机器人流程详细设计文档的主要内容及撰写要点。
5. 掌握流程测试报告的主要内容及撰写要点。
6. 熟悉项目中其他相关文档的内容及撰写要点。

本章概览

本章主要介绍财务机器人实施过程中涉及的关键文档,包括可行性分析文档、流程定义文档、流程详细设计文档及流程测试报告的主要内容与撰写要点。

章节导航

财务机器人项目关键文档
- 财务机器人项目交付
  - 传统 IT 项目交付
  - 敏捷 RPA 交付
- 可行性分析文档
  - 可行性分析文档的基本内容
  - 可行性分析文档的编写要点
- 流程定义文档
  - As-Is 工作流程描述
  - To-Be 自动化流程设计
- 流程详细设计文档
  - 流程概述
  - 流程功能设计
  - 流程非功能设计
- 流程测试报告

开篇案例

第一节　财务机器人项目交付

一、传统 IT 项目交付

传统 IT 项目交付通常是将项目实施过程划分为不同的阶段，如本书第二章所述的发现、分析、设计、开发、测试和部署等，每个阶段代表一个特定的活动，且后一个阶段依赖于前一阶段的可交付成果。传统 IT 项目是非迭代且非增量的，交付进度在各个阶段只朝一个方向前进（即"瀑布向下"）。对于单个业务流程的自动化，这种开发模型意味着需要将所有流程组件自动化到完全逼真的程度后，再发布整个自动化业务流程。

在流程发现阶段，对于每个自动化流程，由业务部门的流程所有者、流程分析专家参与并输出现状业务流程文档，作为财务部门初始流程分析的内容。

在需求分析阶段，项目经理组织项目团队（如架构师、开发人员）评估所建议的业务流程是否适合自动化，即可行性分析。如果业务流程通过了可行性分析，接下来就与业务人员进行需求详细分析，进一步改进流程设计文档，输出一份详细的流程设计文档，其中包括分步流程说明、流程统计（如事务量、执行时间表）、输入/输出自动化范围、业务和应用程序异常、用户角色和权限（如身份验证、授权）、系统安全和隐私威胁评估、SLA、系统依赖性和业务收益点（如时间、成本节约）。该流程设计文档能非常详细地描述"原业务"过程。

在流程构建的流程自动化设计阶段，开发团队根据流程设计文档创建出解决方案设计文档，该文档详细说明了流程的实施方法（例如：体系结构设计、设计原则、异常处理、可重用组件）来描述"未来"流程。然后在开发和测试阶段，开发人员、测试人员根据流程设计文档和解决方案设计文档进行流程的开发和测试工作，测试通过后部署流程，将完成的 RPA 系统提供给财务人员使用。

我们可以看到，传统 RPA 在整个交付的过程中，很长一段时间被用于详细规划 RPA 交付的大部分内容，并且在分析阶段后，一直到最终验收测试通过将自动化部署到生产之后，流程使用者才真正参与进来。传统 RPA 在整个设计、开发过程中倾向于计划导向，希望借助分析阶段的流程设计文档来指导整个交付过程。而在实际的开发过程中，开发人员经常会发现流程设计文档不完整、不准确、模棱两可，有时甚至不一致，这使得交付过程从一个可预测的过程变成了一个不可预测的过程。

传统 RPA 交付方法的本质是抵制变化，由于交付过程中存在高度的不可预测性，并且在没有通过密切合作来提高透明度的情况下，无法降低自动化流程的故障风险，若传统 RPA 在交付时造成大量返工，会极大影响到项目团队对财务机器人的交付能力。同时，这类返工由于延迟和成本超支而困扰着 RPA 计划，会阻止 CoE 在整个企业中拓展 RPA。

二、敏捷 RPA 交付

"敏捷"一词在 2001 年的《敏捷管理》中得到了推广。敏捷 RPA 交付主要强调 4 个核心价值观,分别是个体和互动高于流程和工具、工作的软件高于详尽的文档、客户合作高于合同谈判、响应变化高于遵循计划。因此,敏捷 RPA 交付并不是指某种技术,而是指 RPA 交付的哲学,是指以低保真度一个接一个地自动化一些业务流程组件,然后发布它们,逐渐提高它们的自动化保真度,并在下一个版本中自动化其他流程组件。

相比之下,传统 RPA 交付是一次为整个自动化业务流程开发的一项活动(如设计、开发、测试或部署),而敏捷 RPA 交付是一次为整个自动化业务流程的一个子集执行所有活动。因此,敏捷 RPA 交付的关键是频繁地生产机器人并根据收到的有价值的反馈进行持续改进。可用的机器人可以理解为最终自动化业务流程的一个子集,为业务部门创造价值。在敏捷 RPA 交付中,没有什么真正被认为是最终的,因为 CoE 总是可以在功能、性能、可靠性、稳定性、安全性、可用性和许多其他属性方面发展自动化。因此,在某种意义上,敏捷 RPA 交付的目标不是交付完美的自动化流程,而是在于如何利用有限的时间和资源产出高效、有价值的业务流程,并逐渐减少没有价值的工作。

RPA 项目交付主要以交付文档为主,即每个阶段实施的输出物,具体包括可行性分析文档、流程定义文档、流程详细设计文档以及流程测试报告。下面将详细阐述各类文档的内容及撰写要点。

第二节 可行性分析文档

可行性分析文档(feasibility analysis documentation,FAD)是财务机器人项目在启动前,对涉及的业务流程通过技术分析,从而判断是否存在自动化的机会,该文档用于记录流程发现与规划阶段的分析过程与分析结果。

若要撰写一份优秀的可行性分析文档,需要至少了解可行性文档的基本内容和编写要点。

一、可行性分析文档的基本内容

一份优秀的 FAD 通常包含以下内容:

(1) 流程编码:编码应唯一、规范且可扩展。例如,业务加顺序编号形式:FGZ001。
(2) 流程名称:一般以该流程命名,见名知意,如发放工资条。
(3) 流程所属部门:即流程所属部门、角色,如财务部。
(4) 现有流程主要场景描述:针对该流程的详细文字描述,如财务部将计算好的工资条发送到对应员工的邮箱账号上。

（5）需要 RPA 实现功能：即根据现有的业务流程梳理出需要 RPA 实现的功能描述。例如，每个月 15 日，RPA 自动发送工资条至员工邮箱，发送步骤如下，步骤一：每个月 15 日，机器人打开财务人员制作好的所有员工的工资条文件夹；步骤二：将每一个员工工资条上的信息以工资条上面的格式复制到邮件中；步骤三：所有员工发送完成后提示"工资条发送已完成"。

（6）单次操作时间（小时）：指流程执行一次所属时间。例如，0.08 小时，预估。

（7）重复量（次/月）：该项业务一个月重复的次数。例如，重复量为员工人数，人数为 1 000 人，则为 1 000 次/月。

（8）总操作时间（小时/月）：以一个月为时间维度，将单次操作时间乘以重复量计算出总操作时间，如 80 小时/月。

（9）涉及系统：该业务流程涉及交互的信息系统，如 E-MAIL 或 Excel。

（10）系统有无升级计划：针对交互式系统近期是否有升级的计划，判断该流程的变化性，如否。

（11）初步判断可行性：根据业务流程的初步梳理，针对可行性给出初步判断结论，包括可行、不可行、待进一步评估，如可行。

（12）优先级：该流程在整个 RPA 项目中的优先级次关系，如高、低。

二、可行性分析文档的编写要点

一份参考性强、有价值的 FAD 不是简单地填充几个字段内容，而是可以根据项目实际情况给出初步的参考意见，为后续的需求评价提供根据。撰写一份操作性强、易读且充分的 FAD 可以参照以下五点实施。

1. 流程名称唯一

一个客户可能需要开发多个流程，那么每个流程需要有一个明确的名称，同时流程名称应不重复，而且要做到见名知义。

2. 需要 RPA 实现的功能

该部分是基于对现有业务流程的主要场景描述，筛选出可以利用 RPA 来解决的环节，并结合 RPA 功能梳理出 RPA 的业务流程。因此，项目组成员在 FAD 文档里需要详细、准确描述流程基本信息，确保项目组成员能够清晰明了地明白目前流程是在做什么，有关流程的一些人力、物力的投入以及流程需要涉及的系统环境信息，可以通过固定的表格样式对该部分内容进行规范。

3. 客户系统最近是否有升级计划

如果客户的系统最近有升级计划，编写 FAD 时需要和客户确认清楚系统升级对 RPA 项目的影响。RPA 是对信息系统的界面化操作，系统升级或系统界面改变将直接影响 RPA 流程的稳定性、有效性。项目组需要准确确认客户是否存在这个计划，并根据该描述判断本流程目前是否适合 RPA。

4. 判断是否可行

基于技术可行性、是否升级计划等因素,FAD 主要站在技术角度上,给出项目组明确的可行性结论(可行/不可行)。对于流程的可行性判断是基于业务逻辑,而项目组成员需要从技术层面或逻辑上判断此流程是否可行,最终的判断是否实施要等到项目组与客户需求调研论证分析后确定。

5. 判断流程优先级

在可行的基础上,FAD 需再结合重复量及总操作时间来判断流程自动化的效益性,进行优先级排序。优先级高的流程,建议先实施;优先级别为中等或低的流程,可以再根据实际情况与项目组成员沟通后考量;针对不可行的流程,优先级不做任何的排序。通过可行性分析,项目组可初步锁定业务部门、业务流程及相关方。

第三节 流程定义文档

在编写流程定义文档(PDD)过程中,编写人员要把自己设想成为一个机器人,用机器人的思维来撰写文档。RPA 机器人是不具有理解能力的,它的每一步执行都是基于非常细化的步骤和规则,在步骤说明里编写人员需要向机器人输入很清晰、详细的步骤说明、前提条件及其他需要的信息,这样机器人才能知道该怎么执行步骤,而不会出现步骤中断的情况。

流程定义文档包含两部分,分别是 As-Is 工作流程描述与 To-Be 自动化流程设计。

一、As-Is 工作流程描述

As-Is 工作流程描述是可以采用系统流程图、截图,或者其他支持性文档予以阐明。在使用客户材料的情况下,编写人员应与客户确认相关材料是否为最新,以确保正确性。流程还应详细说明每个环节的目标应用系统/环境,如 OA 系统的申请单等以及标注受影响的组织结构,又如业务流程的输出项或决策点是否需要某部门审核确认。

二、To-Be 自动化流程设计

To-Be 自动化流程设计部分可以通过使用 RPA 的过程来说明,阐明机器人可以完成哪些部分以及需要与客户交互的部分。想要设计出优秀的 RPA 流程,可以通过以下四步完成。

第一步:收集资料

项目组负责人需要列出一份资料清单交由项目组成员进行收集。在整理业务需求部门发来的所有流程的资料时,RPA 项目组首先要和经验丰富的流程业务员和相关部门经理进行访谈,了解业务流程列表中各流程的具体的操作步骤,获取企业整体组织及部门架构图、企业现有的流程操作手册、流程操作文件样本、流程操作步骤的截屏和内部控制手册。

项目组成员需要收集并整理客户发来的所有有关这个流程的资料,包括所使用的各种Word文档、Excel表单、视频/音频、PPT、简要介绍等;同时,详细了解客户的业务流程信息,包含但不仅限于以下内容:涉及的业务场景、每月的人力投入、每月的业务重复量、流程图、流程步骤详细说明、流程所在的部门、所涉及的业务数据量、交互的系统环境、与上下游流程的关联性、流程的起止点、术语解释等一系列有关流程的所有信息。

第二步:熟悉业务

根据收集的流程资料,项目组需要详细了解需求业务流程,根据现有的工作模式,将每一步流程的每个节点走通。因为业务流程通常是一线业务人员、操作人员所熟悉的,所以RPA流程设计人员必须亲自去一线了解,才能获取到流程的真正痛点及诉求点。项目组需要详细观察业务流程运行过程中,业务人员的诉求,现在碰到的问题,存在的对环境、对流程、对输入物、输出物等的特别需求点,或是针对现有流程的一些改进想法等,尤其针对不懂的地方及时跟需求提出人员进行沟通,尽可能地比业务人员更了解业务场景。

第三步:绘制流程图

项目组应根据整理的资料与需求人员沟通,结合RPA,将业务场景以业务流程图的方式绘制出来。业务流程图采用标准的规范语言,能让没有接触过业务的人员尤其是后续实施开发的项目组成员了解到业务运行规则及步骤。

流程图涵盖的内容包括业务流程简介,关键业务需求,业务流程图(包含维护人员,业务操作人员,机器人,需要标明在哪个系统做的什么操作,图例采用项目流程图标准图例),流程说明(流程频率,输入,输出,备注),异常及处理方案,输入、输出报表及表单。

1. 流程层级

业务流程一共可以分为5个层级,即L1~L5,其中:L1层级图从总体上绘制了这个流程是做什么的;L2层级图从涉及的业务模块或部门角度绘制了流程的走向;L3层级图从涉及的场景角度和业务场景绘制了较粗粒度的场景;L4层级图从具体步骤或几个步骤详细绘制较细粒度的流程;L5层级图从具体的单个步骤角度绘制非常详细的每个步骤。

2. 流程范围

流程范围界定了这个流程涉及的业务边界,具体包含以下内容:业务场景、每月的人力投入、每月的业务重复量、流程图、流程步骤详细说明、流程所在的部门、流程所涉及的业务数据量、交互的系统环境、与上下游流程的关联性、流程的起止点、术语解释等一系列有关流程的所有信息。

3. 绘制要求

在流程梳理过程中,要求绘制的流程图应该是L3层级的流程图或L4层级的流程图,L1~L2层级没必要涉及。

L3层级的流程图只需要描述清楚各个大的功能模块的步骤和业务点即可。L4层级的流程图基于 L3 层级的流程图,它能很详细地描述流程中涉及的每个具体步骤,但它需要确保整个场景中前一个步骤和后面一个步骤是连续的,中间没有断层,并且要明确画出流程分支,确保流程逻辑的完整性。设计人员在这个阶段可以先初步画出 L4 层级的流程图,再与客户业务人员进行交流讨论并确认 L4 流程图的准确性和完整性。

第四步:详细步骤描绘

根据 L4 流程图,还可以进一步地进行详细说明。项目组应按照所提供的流程定义模板文档,基于 L4 层级的流程图写出每个步骤所对应的详细步骤描述,并配上相应的截屏(针对截屏最好作出详细的标注),同时对有些步骤需要多个截屏,确保截屏的连贯性,然后和客户再次确认此流程的合理性、准确性和完整性。步骤描绘时尤其要标识出输入、输出以及其关联的规范和标准要求,流程中每个环节所需要访问的环境应用系统或软件工具,以及罗列出每个环节的判断决策点。

制作出一份完整、清晰的 PDD 文档对于整个项目来说等于成功了一半,它是后续项目实施的依据,也是项目组成员之间实施的标准,需要项目组成员对业务流程非常熟悉的情况下才能完成。

第四节　流程详细设计文档

流程详细设计文档是在流程分析阶段输出的,一份完整的流程详细设计文档应该包含流程概述、流程功能设计、流程非功能设计。

一、流程概述

流程概述主要涉及该文档内容的编写目的、相关参考资料。编写目的能让读者对整篇详细设计文档有初步认识,有利于读者理解整篇文档的设计思路,并能为以后工作提供可参考的文档依据。参考资料包含业务需求和软件需求,编写时应避免过于关注技术实现而忽视业务流程优化。

RPA 设计文档作为 RPA 流程开发规范和实现方式的说明,是开发工程师和测试工程师的重要参考文档。它能帮助 RPA 初级开发工程师按架构规范构建 RPA 流程,利于日后流程的拓展、维护与监控工作;同时,能帮助测试人员了解开发逻辑,保障测试点的全面覆盖。此外,RPA 整体架构设计文档和 RPA 流程详细设计文档也是日后变更 RPA 流程的重要参考文档,它们能帮助设计人员和开发人员更全面地评估新的 RPA 流程变更需求对原流程的改动、涉及的依赖项和风险点。

二、流程功能设计

流程功能设计是流程详细设计的主要内容,包含系统概述、模块功能设计。

(一）系统概述

系统概述主要是对该流程的工作流程和涉及的系统进行总结性描述，例如：本流程为 ＊＊场景，主要处理流程为登录＊＊网站、查询＊＊、下载＊＊，对数据进行处理后通过邮件发送至＊＊。它能对流程的关键节点、主要操作进行说明。

（二）模块功能设计

模块功能设计包括功能清单、功能关系、功能详细设计和辅助功能。

1．功能清单

功能清单主要包括功能点、功能优先级、是否为核心模块。开发人员通过功能清单能够清楚地看到该流程的核心功能点，测试人员也可根据功能清单进行案例编写和相关案例测试。功能清单示例如表 3-1 所示。

表 3-1　功能清单

需求编号	功能点	功能优先级	是否为核心模块
01	网站登录	紧急重要	是
02	数据下载	一般重要	否

2．功能关系

功能关系主要是将流程各功能模块通过机器人串联，并规划设计流程的整体功能。为了便于管理、维护，设计人员会将流程分为多个子组，如环境准备子组、登录和密码管理子组、数据获取子组、数据处理子组、数据输出子组、异常处理子组等。

3．功能详细设计

功能详细设计要求对每一个子组进行事件级别的拆分，并对拆分的事件进行设计方案的编写。以网页账户登录子组为例，该子组通常会涉及"账户密码存储与加密→访问目标系统登录页面→账户密码输入→验证码验证→登录"5 个步骤。针对账户密码存储与加密这一步骤，需要编写的设计细节有：账户密码如何存储？存储在哪里？是否需要加密？是否需要进行定期修改？密码谁来维护？密码的维护规则是什么？流程详细设计文档需要给出这些问题的具体可落地的方案，以供开发人员进行流程开发。

4．辅助功能

辅助功能是为了实现流程功能的辅助工作，主要包括环境准备，Office、浏览器等工具参数配置，日志管理，模板文件管理，日期管理等。辅助流程根据具体流程进行具体分析，如流程涉及较多模板文件，获取的数据需要根据模板进行加工处理，同时模板文件的管理维护、模板文件更替操作等也需要考虑。

三、流程非功能设计

流程非功能设计是对流程进行的非功能方面要求，如性能、可靠性、安全性、运维管理等，这方面内容主要根据企业对于 RPA 的定位、要求，以及该流程业务人员提的要求展开设计,有些也会要求快速修改流程、支持流程组件拼装等。流程详细设计的生命周期步骤一般包括需求收集,创建与迭代,流程评审,流程实施中的迭代及流程上线后的迭代、维护和学习,且设计生命周期是循环执行的。流程详细设计生命周期如图3-1所示。

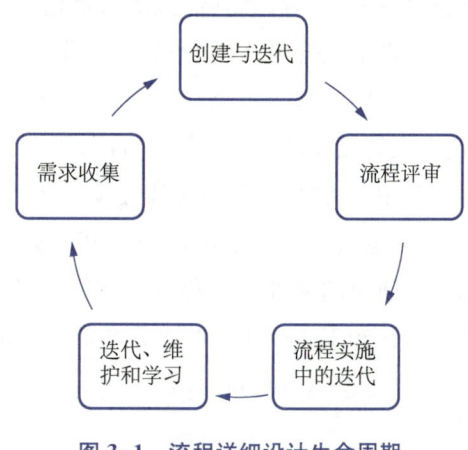

图3-1 流程详细设计生命周期

(一) 需求收集

该阶段主要由设计人员收集企业日常工作对RPA提出的需求。

(二) 创建与迭代

该阶段中,编写者需要与业务专家、技术专家不断沟通和文档共享,结合团队给出的问题建议对流程详细设计进行快速迭代并最终编写出一个相对稳定的版本。

(三) 流程评审

与传统项目不同,由于业务专家、技术专家对其他系统和生产环境存在不可知性,RPA机器人流程详细设计的评审是在流程实施阶段持续进行的一个过程,评审结果需要设计人员结合流程运行遇到的实际问题,进行解决和设计。

流程评审可以采用多种方法。例如,可以将文档通过邮件发送给相关人员进行邮件评审或文档内部评论,也可以通过正式的评审会议,在会议上由作者对流程详细设计进行演示和讲解,由与会专家对流程详细设计进行评审,并最终出具相关问题清单和解决方案。

(四) 流程实施中的迭代

当一份相对稳定的流程详细设计文档评审通过后,便可以参考其内容进行流程的开发设计。在流程测试阶段,由于流程运行环境与生产环境不一致或无测试环境、流程前置条件未通过等情况的发生,需要技术人员在短时间内进行设计和开发。在此期间,业务人员会根据实际运行情况提出更合理的建议,且还要处理因为流程开发时数据源、测试数据量小导致的异常情况。例如,由于测试需要用户真实数据,业务提供的业务数据无法覆盖生产所有情况导致的异常;或者由于相关联系统页面调整导致的流程异常等。设计人员需要根据试运行期间实际问题结合业务需求给出相对应的解决方案,快速迭代详细设计。

（五）迭代、维护和学习

流程正式上线后，随着业务流程的调整、第三方应用和网站的变动，甚至是对运行的产品进行替换，都会推动流程的优化，甚至是重新开发。这就需要我们对之前的流程详细设计进行多次甚至持续性的迭代和维护。同时，当其他技术人员遇到一个他们以前从未接触过的流程时，流程详细设计仍然是提供最容易访问的切入点，作为流程设计人员，在一两年后重新阅读曾经的设计文档，对于问题的解决思路往往会有不同的看法和理解。对流程详细设计的学习和复盘是提升技术人员流程设计技能的好方法。

在整个 RPA 流程实施过程中，一份"好"的流程详细设计文档能让我们事半功倍，否则，我们将很难理解流程实现的具体逻辑。尤其是对于 RPA 机器人的流程实现，它和传统项目的实现有非常大的不同，如传统项目的文件上传和下载往往通过同一个方法传递不同参数实现；而对于 RPA 场景，文件上传和下载往往根据业务场景的不同而变化，基本找不到完全相同的上传和下载。

第五节 流程测试报告

RPA 流程测试是贯穿 RPA 生命周期的一项重要工作，前面提到的流程评审和自测也属于流程测试的一部分。本节所介绍的流程测试主要聚焦于流程投产前的系统化测试，它包含流程可用性测试、结果验证测试及用户确认测试，最终 RPA 会进行一定时间的试运行，以保证投产后流程运行的稳定性。由于 RPA 流程的多样性、需求场景的不同，RPA 流程的测试用例规范并没有一套统一的标准。RPA 流程测试用例的制定可以从可靠性、安全性、稳定性、用户体验、RPA 流程时间占比等方面考虑，与传统项目不同的是，RPA 流程用户体验和时间占比是非常重要和特殊的。

RPA 流程用户体验是指用户与 RPA 机器人交互体验，多见于人机交互流程。对于后台无人值守的 RPA 流程，用户体验包括流程的发起和终止体验、流程异常处置体验、流程结果文件查收体验、流程时效性与稳定性体验。RPA 流程多是面向个体用户，所以用户体验需求比较个性和主观，我们在创建用户体验案例时，应与业务人员充分沟通，尽可能地满足用户的各项需求。

RPA 流程时间占比是 RPA 机器人流程根据技术实现、业务需求、用户体验多方面评估后的测试需求，它的测试理念是让 RPA 流程更好地服务业务需求。RPA 流程时间占比应包括流程运行占机器人工作时间比例（总占机比）、RPA 流程中各逻辑模块占流程运行时间比例（模块占比）、RPA 流程等待时间占流程运行时间比例（等待时间占比）。总占机比主要从服务机器人流程编排考虑，总占机比越低，且启停时间可自定义则分值越高。模块占比主要是为了优化流程实现方式，占比过多的模块应考虑其他实现方式，如对于获取数据、处理数据、发送数据三个模块的流程来看，一般情况下获取数据时间应大于数据处理时间，倘若数据处理占比过大甚至超过数据获取占比时间，就应该考虑其实现方式是否合适。等待时间占比多发生在有操作第三方系统或网站的场景中，流程中应尽可能地减少等待时间的占比。

完整的测试案例描述应包括环境准备工作、测试用例描述、操作步骤描述、预期结果，其中，预期结果要包括流程的响应时间和执行时间、流程的各逻辑处理阶段的时间占比。测试人员应由熟悉 RPA 工具也了解需求的人员担任。完整的流程测试需要依次进行性能和功能测试、可用性测试、结果验证测试、用户确认测试。

性能和功能测试需要根据业务需求、RPA 产品特性，通过执行 RPA 流程每个子节点以确定该流程是否满足用户需要。对于测试案例覆盖不到的功能点，可以在生产环境预留一周的试运行时间，也可以将系统数据操作的功能暂时性剔除。在生产环境测试不修改业务数据的功能测试，测试过程中需要采用多终端测试，将流程运行环境对流程的运行降低至最小。性能测试需要按照特定规则及流程进行压力测试，获取流程的运行时间、各模块时间占比、重试次数、响应时间等各项性能指标，确保 RPA 机器人能快速、准确、稳定地运行 RPA 流程。对于其他应用导致的性能指标达不到要求，如网站响应慢，需要流程直接进入异常处理机制，以保证后续流程正常运行。

用户确认测试需要让业务人员确认流程执行完成后的正常返回数据和异常返回数据、流程执行时间、流程数据处理准确率等，待业务签字确认无问题后，整个 RPA 流程的测试才算完成。过程中出现的测试不通过案例和不满足业务需求的问题，需要进行修改、优化和重新测试。

对于 RPA 流程来说，无论测试如何覆盖，由于流程依赖第三方软件和网站，设计人员也很难将所有的生产问题考虑进去。考虑到流程测试的成本问题、RPA 流程优化快速便捷等特点，有时候会将测试流程进行简化，往往只需要需求方确认无问题即可，只要设计人员有足够完善的异常处理机制，能够对突发事件及时处理并能快速对流程进行修改、优化、重新部署，就能保证业务流程的连续性。

读者可以扫描下方的二维码获取 RPA 实施生命周期各阶段文档模板。

RPA 实施生命
周期各阶段
文档模板

章 节 测 试

一、单选题

1. 下列选项中,用于描述RPA流程目标业务流程的是( )。
   A. 流程定义文档(PDD)　　　　　　B. 流程详细设计文档(SDD)
   C. 流程测试报告　　　　　　　　　D. 项目可行性分析文档

2. 财务机器人项目中,用于记录流程自动化的生命周期的文档是( )。
   A. 流程日志　　　　　　　　　　　B. 流程定义文档
   C. 流程状态报告　　　　　　　　　D. 项目进度计划

3. 下列选项中,属于项目可行性分析文档的主要目的是( )。
   A. 评估项目的可行性　　　　　　　B. 详细说明RPA实施的技术细节
   C. 记录RPA项目的测试结果　　　　D. 规划RPA项目的部署计划

4. 下列选项中,属于流程测试报告主要用途的是( )。
   A. 记录流程的执行结果　　　　　　B. 评估流程的性能指标
   C. 确认流程的准确性和效率　　　　D. 所有以上选项

5. 下列选项中,属于流程详细设计文档(SDD)内容的是( )。
   A. 流程概述和目标　　　　　　　　B. 所涉及的内/外部系统操作
   C. 异常及处理方案　　　　　　　　D. 所有以上选项

二、多选题

1. 下列选项中,属于流程定义文档(PDD)内容的有( )。
   A. 现状业务流程　　　　　　　　　B. 所涉及的内/外部系统操作
   C. 流程测试用例　　　　　　　　　D. 操作步骤的截图和录屏

2. 下列选项中,属于项目可行性分析文档应考虑的方面的有( )。
   A. 流程的自动化潜力　　　　　　　B. 预期的投资回报率
   C. 项目的技术难度　　　　　　　　D. 项目的实施风险

3. 下列选项中,属于流程测试报告内容的有( )。
   A. 测试用例的执行结果　　　　　　B. 发现的缺陷和问题
   C. 测试覆盖的范围　　　　　　　　D. 性能评估数据

4. 下列选项中,属于流程详细设计文档(SDD)输出物的有( )。
   A. 机器人处理流程　　　　　　　　B. 涉及的内外部系统
   C. 文件目录结构　　　　　　　　　D. 机器人设计要点

5. 下列选项中,能体现项目关键文档的管理对于 RPA 项目的重要性的有(　　)。
   A. 确保项目信息的准确性　　　　B. 促进团队间的沟通和协作
   C. 提供项目进度的可视化　　　　D. 支持项目的持续改进和维护

三、判断题

1. 流程定义文档(PDD)是在需求分析阶段输出的。　　　　　　　　　　　(　)
2. 流程详细设计文档(SDD)主要用于指导开发人员编写代码。　　　　　(　)
3. 流程测试报告只需记录成功的测试用例,无需记录失败的用例。　　　(　)
4. 项目可行性分析文档中不需要考虑项目的预算和资源分配。　　　　　(　)
5. 项目关键文档的维护和更新对于 RPA 项目的长期成功至关重要。　　(　)

四、思考题

　　某国内领先的金融科技企业,在开发财务机器人项目时,面临如何确保项目成果可持续性和可维护性的挑战。企业团队秉承创新驱动发展战略,通过不断研发和引入新技术,确保了财务机器人的先进性和适应性,同时也注重了用户体验和数据安全,体现了高质量发展的要求。请读者试着思考以下几个问题:

1. 在财务机器人项目交付文档中,如何确保项目成果的可持续性和可维护性?
2. 在财务机器人项目实施过程中,如何确保数据安全与隐私保护?
3. 在财务机器人项目实施过程中,如何提高用户满意度和用户体验?

第四章

财务机器人项目团队及职责

1. 了解财务机器人项目团队组建。
2. 掌握财务机器人项目人才类型及能力要求。
3. 掌握财务人员数智时代财务人员的认知能力提升方法。

 本章概览

本章主要介绍财务机器人项目团队及组建，财务机器人项目所需人才及人才能力要求，以及财务人员如何在数智化时代提升核心竞争力。

财务机器人项目团队及职责
- RPA 项目团队组建
  - 业务型人才
  - RPA 型人才
  - 其他 IT 人才
- RPA 人才能力要求
  - RPA 工程师及能力要求
  - RPA 架构师及能力要求
  - RPA 业务分析师及能力要求
  - RPA 基础设施工程师及能力要求
  - RPA 项目经理及能力要求
- 财务人员数智认知能力提升
  - 财务机器人实施过程中常见的认知局限
  - 组织层面应对策略
  - 财务人员应对策略

第一节　RPA 项目团队组建

开篇案例

人才短缺是企业难以扩展 RPA 项目最常被提及的原因之一。一个流程自动化从识别开始，到生产监测自动化结束，通常拥有发现与规划、流程分析、流程构建、验收与发布、运行监控与评估和迭代/退役，企业可以根据这六个步骤来评估自动化所需的人才，前两个步骤是业务性质的,后四个步骤是技术性质的。总体来说,财务机器人的团队组建和运营需要三类人才,业务型人才、RPA型人才和其他IT人才。

一、业务型人才

业务型人才主要包括流程主题专家、RPA业务分析师、敏捷大师。

(1)流程主题专家负责在流程发现与需求分析阶段提供业务层面的自动化设计相关建议,以确定能够实现自动化的最佳流程。

(2)RPA业务分析师负责与流程主题专家交流,并能详细了解流程、其业务以及一些技术要求,技术要求通常由RPA架构师提供支持。由于对RPA有很好的了解,RPA业务分析师能够发现哪些内容可以实现自动化,并在必要时重新设计流程,使其更适合自动化。

(3)敏捷大师即自动化项目经理,能按照敏捷思维,监督团队从流程发现到迭代/退役的整体实施。敏捷大师既要有良好的技术知识、业务理解能力,又要有项目管理能力。

二、RPA型人才

组建RPA项目团队通常需要以下RPA型人才。

(1)RPA解决方案架构师:RPA解决方案架构师与RPA业务分析师及RPA开发人员携手合作,能确保RPA工作流程设计可靠,并符合所有技术规定。

(2)RPA开发人员:RPA开发人员基于所选择的技术,在RPA解决方案架构师的监督下开发工作流程,参与用户验收测试步骤,并负责上线技术支持。

(3)流程运营人员:流程运营人员的任务是监测机器人,包括对问题进行预警,在RPA解决方案架构师的帮助下进行问题根源分析,积极进行产能管理,并提供运营支持报告。流程运营人员所需技能与高级RPA开发人员类似。

(4)IT基础设施专家:IT基础设施专家负责RPA的IT基础设施运维工作,建立、维护测试和开发机器人所需的环境,并且作为IT职能部门的主要联络人,IT基础设施专家需要随时了解IT底层应用和未来版本的变化。

三、其他IT人才

其他IT人才包括安全专家、大数据工程师及AI相关人才。

(1)安全专家:安全专家主要是确保RPA实施符合企业的所有安全与审计要求,并防止在未来违反任何的安全规定。

(2)大数据工程师:大数据工程师主要负责进行企业底层元数据架构设计、数据清洗、数据建模、数据仓库建设,支持RPA流程相关BI报表的开发。

(3)AI人才:AI人才主要负责调用OCR接口进行图像识别,或使用深度学习框架等进行语音识别、语义挖掘等,为RPA场景赋予AI能力。

上述提到的各类人才可被认为是 RPA 团队中的不同角色成员。角色是能力、权力和职责的集合，角色与人的关系，可以是多对一，也可以是一对一关系，主要根据各成员的不同能力，以及企业当前所处的 RPA 发展阶段和待交付流程的技术需求，来组建最合适企业当前实际情况所需的团队。在实践中，RPA 项目团队中的一些角色，特别是在早期，可以由同一人兼任。当 RPA 项目规模扩大时，需要在团队内进行不同的分工。根据自动化流程的复杂程度，一位 RPA 开发人员每年只能开发 10 到 15 个自动化流程，很明显，要想扩大规模，企业需要有一个周密的计划来吸纳更多的人才。有些企业从 RPA 初始阶段就由企业 IT 部门员工来搭建与实施，然后随着流程需求的不断扩张来逐步扩大 RPA 团队，也有些企业可能会选用外部专业供应商的帮助来启动和实施 RPA 项目。

无论是自研还是外包，RPA 实施团队都必须对主流的各类 RPA 产品都有所了解，而且要有丰富的技术栈，还需要有一套完整的 RPA 咨询实施运维方法论，以及一套产品级别的 RPA 开发架构，其中 RPA 插件/组件将会起到关键作用。实施团队不仅需具备在短时间内开发出或找到高度可用的 RPA 插件的能力，同时还能清楚地知道在什么时候使用它们，如何组装它们。很多情况下项目团队在初期就会考虑设计后续实施过程中可能用到的组件，而真正到了实施阶段，更多的时间是在做组装和配置，适配和测试。第二节将详细介绍 RPA 各类人才应具备的能力。

第二节　RPA 人才能力要求

一般来说，财务机器人项目团队所需的人才类型包括 RPA 工程师、架构师、业务分析师、项目经理以及基础设施工程师，具体岗位设置视项目大小而不同，下面具体介绍每一种岗位所需的人才能力要求。

一、RPA 工程师及能力要求

RPA 工程师通常在精通技术的业务用户和 IT 人才中招聘。RPA 工程师的日常工作内容主要有：①根据需求，设计、开发和测试自动化流程。②生产维护、支持和问题排查。③与业务分析师协同工作，一起记录流程详细信息。④代码评审工作。⑤评估自动化的持续性。⑥与架构师一起设计自动化流程，支持 RPA 解决方案的实施。⑦在计划和设计阶段评估流程实现的复杂度。⑧对实施的解决方案文档化。⑨输出设计文档。⑩开发 Dashboard 以进行性能监控。

由于 RPA 开发的特殊性，以及自动化流程的效益特点强调短平快，在实施的时候基本是单兵作战，RPA 工程师必须具备全面的知识，需要在技术栈、IT 系统应用和网络三大方面都有所了解，不需每样都精通，但要熟悉。

1. 技术栈

在技术栈方面,RPA 工程师需要掌握包括前端知识、编程能力、数据库、1~2 种 RPA 产品、架构等方面的全栈知识。

(1) 前端知识:RPA 工程师需要了解 HTTP、HTML、CSS、Javascript 等前端知识,为了对网页端进行操纵使用时,能利用 RPA 软件灵活地处理网页信息。

(2) 编程能力:RPA 项目要求 RPA 开发者具备 Jave、Python、C#、C++等至少一种编程语言的开发经验,有快速学习编程的能力和良好的项目经验,以及快速上手 VBA 和.NET 技术的能力。VBA 的名气虽然无法和主流开发语言媲美,但是 VBA 作为微软为自动化 Office 提供的语言,可用其实现 Excel、PowerPoint、Outlook、Word 的灵活操作,在替代员工日常数字化办公操作上有大量的应用背景。大部分的 RPA 产品设计器都是基于.NET 技术进行开发的,虽然 RPA 软件已封装了许多流程组件,功能很全面,但并非万能的,有些仍需要用源码去处理。实际编程过程中,自行进行脚本代码开发的方式优于调用封装的组件,一方面可以有更好的稳定性,另一方面程序处理性能会更好。

(3) 数据库:RPA 工程师需要提供如何实现 RPA 与企业各业务系统数据库的交互,就需要懂得很常规的数据库知识,包括在线存储、主键索引、全局锁与表锁、增删改查等。

(4) 1~2 种 RPA 产品:RPA 工程师需要了解产品的架构,组成部分,功能和优劣势。重点需要掌握开发模块的各个功能,并结合框架和组件能做到最优的实现方式。

(5) 架构:架构层面需要 RPA 工程师向客户提供如何能在规定的时间内满足对业务需求的处理,什么时候考虑高并发和分布式等,都是保证 RPA 项目实现高效优质的技术指标。

2. IT 系统应用

一名合格的 RPA 工程师需要了解企业的 IT 基础设施,了解 ERP、CRM、SAP、HR、OA 等应用系统,还有 Windows/Linux/Unix/VM 以及 U 盾、税盘等。

3. 网络

做项目的时候,RPA 工程师经常会遇到内外网甚至还有其他类似 P/V 网等不同网络等问题,所以熟悉一些网络知识也是必要的。懂得切换网络(如使用代理 IP 还是 VPN,还是文件传输 FTP 等),以及在 RPA 软件上配置 Email 等,都是 RPA 工程师的一些基本能力要求。

此外,一名合格的 RPA 工程师还应遵循软件开发的流程和方式,具备自我研究的能力、解决问题的能力、良好的沟通能力和英语读写能力这些软技能,这样才能在 RPA 开发工作中独当一面。良好的沟通能力包含与客户的沟通和与团队内部成员的沟通。和客户之间良好的沟通,体现在可以理解客户的业务流程和业务规则,并让客户清楚地了解 RPA 是如何实现的,需要的前提条件和期待的实现结果。良好的团队内部沟通包含同事之间的技术交流和学习,项目中的相互协作,问题的及时反馈,有效的沟通和表达,能促进一个团队的良性发展。

二、RPA 架构师及能力要求

RPA 架构师的工作重点包括：①负责根据业务数据、目标系统、业务流程与规则，进行项目可行性分析，并设计项目实施方案。②负责规划、搭建企业内部的 RPA 系统平台，设计服务器体系结构，评估部署选项，安装、配置并创建专用的开发、测试和生产环境。③定义 RPA 解决方案的体系结构，并对其进行端到端的监督。④负责监督生产环境的初始基础设施。⑤准备 RPA 实施，开发工作量评估。⑥制定编码标准和指导方针，进行代码审查。⑦参与开发、测试结果和性能分析并优化解决方案，对工作流组件和可重用性的定义。⑧制订、变更和沟通计划，在团队和项目实施过程中，积极主动推动工作按期、优质交付。⑨负责选择适当的技术工具和功能集，并确保解决方案与企业指南保持一致。⑩与业务部门及用户识别业务潜在需求。

RPA 架构师应该具有至少 5 年.Net 或 Python 项目框架的工作经验，熟悉"RPA 工程师及能力要求"中的所有技术栈、IT 系统应用和网络方面的技能。对于有些流程可能存在高并发操作需求，或大数据量操作，或对流程处理性能有高要求，这就需要架构师能了解高并发、高性能的分布式系统设计及应用，了解负载均衡相关知识，系统设计上能考虑容错和灾备，并拥有极强的学习能力、良好的沟通技巧和跨职能团队合作的经验。

三、RPA 业务分析师及能力要求

RPA 业务分析师的工作职责为发现、分析、梳理和定义用于自动化的业务流程，并输出流程定义、流程图、映射等流程设计文档，优化现有流程，对潜在收益进行详细分析，帮助定位 RPA 流程日常运行中出现的问题，与项目团队协作进行项目测试。

业务分析师应该具有特定领域的流程知识，熟悉业务逻辑，具备独立的业务分析能力和客户需求引导能力，能独立承担 RPA 项目的需求分析，了解需求管理的全过程，控制好需求风险；具备良好的需求探问技巧，如访谈、观察、问卷、文件分析等各种方式；具有优秀的表达和沟通能力；具有精益六西格玛知识，对流程优化和持续改进抱有热情；拥有业务流程图设计能力，精通 Visio 和 Paradigm 等流程分析工具；熟悉至少一种 RPA 产品，能够遵循 RPA 配置最佳实践。

四、RPA 基础设施工程师及能力要求

RPA 基础设施工程师的工作职责包括：①负责 RPA 产品的安装、环境配置工作。②负责 RPA 机器人的发布、升级、监控和维护工作。③负责 RPA 机器人的版本管理和配置文档管理工作。④对 RPA 机器人的异常中断、告警等进行问题排查与恢复。⑤协助导出业务报表或日志信息，帮助运营或技术排查问题。

RPA 基础设施工程师作为部署团队和未来运营团队的一部分，应熟悉 RPA 产品的本

地化部署和云端部署的相关配置,了解网络相关知识,最好是具备通过阅读流程文件就能了解业务逻辑的能力,以便流程中断现象发生时知道如何快速恢复。此外,RPA 基础设施工程师应遵守严谨的操作规范,有较强的责任感和服务意识。

五、RPA 项目经理及能力要求

RPA 项目经理的工作职责包括:①组织和协调业务部门与技术人员的需求确认。②制订项目计划,做好需求变更管理,对项目进度和质量负责。③帮助团队做好风险识别和管控措施,解决项目实施过程中的技术瓶颈、资源不足或资源冲突问题。④定期进行项目进度汇报、项目总结及人员费用预算。⑤做好所有项目相关的文档管理、文档版本管理和会议纪要工作。⑥组织协调好业务部门人员进行流程验收工作。

RPA 项目经理要有良好的项目规划能力和项目管理能力,对项目整体有良好的把控力;熟悉项目管理和流程管控方法、具有一定的敏捷项目管理能力;工作中需积极主动,具有良好的沟通能力和逻辑思维能力,并具备优秀的执行力和跨团队协作能力。有些乙方项目经理还需要了解 RPA 产品的特点、部署方式等,承担售前支持的角色,与客户进行方案讲解、产品演示和技术交流等工作。

第三节　财务人员数智认知能力提升

一、财务机器人实施过程中常见的认知局限

在 RPA 项目的生命周期内,从识别需求到开发、执行以及最终的性能评估,每个阶段都伴随着潜在的风险。以下将详细地从实施各阶段阐述常见的风险。

(一) 对财务机器人本身认知的误解

企业在采用财务机器人时,可能会错误地将其作为掩盖业务流程设计不足的快速补救措施。尽管财务机器人在处理重复性、单调且时间密集型任务方面极为有效,且能够迅速开发并快速显现效益,但企业可能会因此产生依赖,将其作为临时解决方案,而忽略了对业务流程进行根本性优化的必要。为了实现长期的流程改进,企业应致力于流程的重新设计和技术整合,以实现更全面的系统升级。

同时,企业也容易将 RPA 的实施局限于某个领域自动化任务的完成,而未充分认识到 RPA 在提升企业综合能力方面的战略价值。这种局限的视角导致企业可能只关注 RPA 技术的短期应用,而未考虑到其在组织架构、管理制度和业务流程上的长期投入和持续改进。财务机器人的实施不应仅被视为一个有时间限制的项目,而应成为企业组织、制度和流程全面优化和升级的一部分。

（二）对项目团队组建的认知误判

在对企业实施RPA时，企业应充分认识和了解用户的具体业务流程和最终目标，贴近企业的实际工作来灵活地配置RPA，使其精细化运转，实现机器人与人类员工的紧密衔接，从而保证项目的顺利落地。除了实施方自身对RPA的认知局限会妨碍RPA技术实施，用户本身因为与技术实施方存在RPA知识与经验的不对等，这些会成为技术实施的阻碍，甚至会严重影响技术实施方的判断，掉入用户的思维陷阱。

例如，企业负责人在了解RPA可以模拟人工操作，可替代重复、有规则、高频率的工作后，不希望员工每天花费大量时间为Excel表格进行人工排版，因此，要求实施方为企业部署RPA机器人，解决Excel表格的排版任务。用户对该业务流程的描述是：打开Excel文件，选中指定单元格后点击Excel界面上的功能按钮，实现表格的排版。RPA工程师按照用户的需求描述进行了RPA流程的开发，在临近验收阶段，某经验更丰富的RPA工程师在流程代码评审时发现，该业务场景可以在不打开Excel表格的前提下，直接使用Excel开放的API，通过后台程序自动完成数据转换和排版工作。对原流程的实现方式进行优化后，企业用户惊讶于该流程实现的解决思路，企业用户并没有想到Excel排版可以不用打开表格，因此在给技术人员描述需求时也很自然地没有提出通过后台运行来完成该业务操作的需求。后期，该技术被改良成为了批量转换工具，给企业带来了从前人力所无法企及的效率提升。在这个案例中，最初的RPA工程师由于对RPA的理解不够深刻，思路完全朝着用户给他的路径去思考，并没有主动思考解决该问题的最佳解决方案是什么。因此，如果团队成员缺乏某些关键的能力或知识，可能会对项目的成功率产生负面影响。

以下是一些可能导致团队成员不适合项目的特征：

（1）对业务领域的知识缺乏：如果RPA顾问不熟悉业务场景所需的专业领域知识，他们可能无法充分理解业务需求，从而无法设计出最符合实际需求的RPA解决方案。

（2）对RPA产品理解不足：对RPA产品的功能和能力缺乏深入了解，可能导致顾问无法充分利用RPA的潜力，设计出次优的自动化流程。

（3）对现有IT系统不熟悉：如果团队成员对企业现有的IT系统缺乏必要的专业知识，他们可能难以将RPA与现有系统有效整合，影响自动化的实施和运行。

（4）缺少企业服务经验：缺乏服务企业经验的顾问可能在沟通协作和项目管理方面不够专业，这可能会影响团队的工作效率和项目的整体进度。

（5）解决问题的能力不足：在RPA实施和部署过程中，可能会遇到一些无法预见的问题。如果顾问缺乏解决这些问题的技能，他们可能难以有效应对挑战，推动项目向前发展。

（三）流程实施各阶段的常见陷阱

在RPA项目的启动阶段，识别和选择适合自动化的流程是至关重要的。RPA技术在处理那些高度标准化、规则固定、数据量庞大且不需要复杂人为决策的任务时，展现出了超越人工操作和其他自动化解决方案的显著优势。然而,不当的流程选择可能会引发资源的无效投入和效率的降低。以下是在识别需求时可能遇到的一些风险点:

(1) 不适宜的流程选择:RPA 最适用于那些流程规则明确、变化不大的任务。如果将 RPA 应用于那些不适宜的场景,如流程经常需要调整,或者所依赖的系统界面频繁更新,可能会导致资源的浪费和操作效率的降低。以下是一些可能导致 RPA 实施风险的具体情况:

(2) 频繁变化的业务环境:当业务规则频繁变动,或者存在大量例外情况时,RPA 可能难以适应这种不断变化的需求。

(3) 界面与数据格式的不稳定性:如果集成的 SaaS 平台或网站界面经常更新,或者涉及的数据和文档格式缺乏统一性,RPA 可能会在处理这些不稳定输入时遇到困难。

(4) 底层系统的不可靠性:不稳定的底层 IT 系统可能会导致 RPA 在执行任务时遭遇系统无响应的问题,进而影响 RPA 的持续运行。

例如,如果用户界面经常更改,或者数据和文档的结构频繁变化,RPA 在执行时可能无法找到合适的代码来处理这些变化,导致自动化流程的中断。同样,如果底层系统不稳定,RPA 在尝试访问这些系统时可能会遇到无响应的情况,进而导致整个自动化任务的停止。

RPA 技术尤其适合那些参与人员较少、系统整合要求不高、操作步骤简化的任务。然而,当业务流程的复杂性较高,涉及大量协作和复杂的决策点时,RPA 的应用可能会面临一系列挑战。以下是在这种情况下可能遇到的风险:

(1) 复杂业务流程的挑战:RPA 在处理那些需要大量人工参与、多系统协作以及包含多个需要人为判断的步骤的流程时,可能会遇到困难。这是因为 RPA 需要频繁地与人交互,这不仅增加了系统的不稳定性,还可能导致自动化流程的中断。

(2) 多系统集成的风险:在需要集成多个系统的情况下,如果任何一个系统的性能不稳定或发生变更,都可能对 RPA 的运行造成影响。RPA 的稳定性依赖于其依赖的系统,一旦这些系统出现问题,RPA 流程可能无法顺利执行。

在财务 RPA 的开发阶段,实施优先级管理是确保项目成功的关键因素。通过为各项任务设定清晰的优先顺序,开发团队能够更合理地配置资源,并有效安排时间表。若缺乏这一管理机制,可能会导致以下问题:

(1) 资源分配不当:开发人员可能会将精力集中于那些价值不高的业务功能,从而浪费了宝贵的开发资源,并且延误了关键任务的完成。

(2) 资源竞争:不同团队可能会因为缺乏协调而在同一时间内争夺相同资源,造成资源分配的不均衡,影响整体的开发效率。

(3) 质量与测试忽视:在紧迫的截止日期压力下,开发团队有时可能会为了按时交付而牺牲代码的质量和必要的测试,这可能导致短期内看似完成了任务,但长期而言,会损害软件的开发质量、系统的运行稳定性以及最终用户的体验。

在财务 RPA 的开发实践中,确立一套标准化的开发规范对于提升团队协作、维护代码质量具有显著作用。这些规范不仅有助于统一代码风格和编码习惯,增强代码的可读性与可维护性,而且还能确保团队成员对开发流程有清晰的理解和遵循,从而提升整体的开发效率并减少潜在的代码错误与缺陷。

然而,缺乏这些基本的开发规范可能会导致多方面的不利后果。开发阶段的效率可能降低,测试阶段对异常的处理可能变得缓慢,而在运维阶段,代码的可读性可能大幅下降。具体而言,可能遇到的问题包括但不限于以下事项:

(1) 变量命名不一致:缺少统一的命名规则可能导致变量冲突,进而引起难以诊断的代码异常。

(2) 容错性和稳定性不足:开发出的产品可能频繁出错,缺乏预防和处理错误的必要机制。

(3) 代码结构混乱:代码若未进行合理分段且缺少注释,将大大降低其可维护性。

特别是在涉及非专业开发人员,如经过培训的财务人员参与 RPA 开发时,规范管理的重要性更是凸显。例如,财务人员在开发一个自动从财务系统下载数据的流程时,可能会将登录凭证以明文形式硬编码在 RPA 脚本中,这不仅违反了安全最佳实践,还可能造成严重的数据泄露风险。此外,如果企业未能提供明确的开发规范和安全指南,将加剧这一风险。

一些企业尽管采用了财务机器人,却未投资于相应的监控工具,这导致无法对财务机器人的运行情况进行有效跟踪和记录。缺乏透明的信息使得企业难以及时识别和解决财务机器人的故障,优化运行效率,或对任务的执行情况进行反馈和评估。此外,没有适当的监控,企业也难以系统地追踪和计算财务机器人的性能指标。

二、组织层面应对策略

(一) 成立专业的 RPA 管理架构,重视专业人才的培养

企业应成立一个专门的 RPA 管理机构,这可以是一个专注于 RPA 的小组,或是拥有完整结构和人员配置的 RPA 卓越中心。该机构的核心任务是确保 RPA 的持续运作和扩展能力。其职责范围包括但不限于:统筹自动化项目的立项、风险与安全管理、提供 RPA 的日常运维支持、执行 RPA 的部署、维护 IT 基础设施以及环境、以及负责 RPA 的内部推广和宣传工作。当企业内部缺乏实施和运维 RPA 的专业技术时,RPA 管理机构可能会考虑与外部供应商合作,将部分或全部的开发和运维工作外包。同时,为了企业的长期发展,该管理机构应致力于培养内部的 RPA 专业人才,以自主承担起组织的关键职能。

(二) 合理对待 RPA 在系统化建设中的作用

企业应当意识到,RPA 技术的部署不仅仅是完成一个项目,而是应该成为企业自动化能力提升体系的一部分。在这个能力提升体系的构建过程中,企业内部的 RPA 管理团队需要负责建立和维护一套完整的制度和流程。这些制度和流程应涵盖从业务场景的识别、

RPA 解决方案的开发,到自动化流程的上线运行,后续的维护工作、新技术的研发应用,以及对 RPA 绩效的定期评估等一系列环节。

通过这种系统化的建设,企业能够确保 RPA 技术得到有效的利用,同时保持持续的改进和创新。这不仅涉及到技术层面的深入,还包括对相关流程和组织结构的优化,从而实现企业自动化能力的全面提升。

企业在规划业务流程自动化的策略时,关键在于挑选适合的工具以实现自动化目标。并非所有情况都需依赖 RPA 技术,实际上,在特定场景下,采用其他低代码(Low-Code)开发平台可能会提供更高的安全性和效率。因此,企业在决策时应基于具体需求,权衡不同工具的优势和局限,以选择最佳的自动化方案。通过对比 RPA 与其他低代码工具的功能、成本效益、易用性、集成能力和定制化选项,企业可以更精准地确定哪一种工具更适合其特定的业务需求。此外,考虑工具的长期可维护性、技术社区的支持力度以及与现有系统的兼容性也是选择过程中不可忽视的因素。

(三)及时评估 RPA 效益

企业引入 RPA 技术相当于进行了一项投资,对其绩效的评估能够反映出这笔投资的成效。通过将 RPA 带来的效益与企业的投入成本相比较,可以得出投资回报率(ROI)。RPA 的绩效评估分为两大类:可量化效益和难以量化的效益。

(1)可量化效益:主要体现在成本节约上,尤其是通过减少人工操作时间来实现。这方面的数据可以通过两个途径获取:一是通过 RPA 实施前的调研,了解原有人工处理所需的时间;二是通过 RPA 运行后的实际性能数据。两者结合,便可准确计算出因自动化而节省的人工工时。

(2)难以量化效益:虽然不易直接量化,但对企业的影响同样重要。例如,RPA 可以减少操作错误,提高员工的工作满意度和留存率。员工满意度的提升并不仅仅由 RPA 实施所影响,还与多种因素相关,因此其量化评估更具挑战性。

三、财务人员应对策略

第一章中我们提到 RPA 是一种不断完善和发展的技术,这就要求 RPA 实施方比传统 IT 技术服务商拥有更高的集成与链接的能力,要以动态、发展的眼光看待 RPA,并不断将其他技术形式与 RPA 融合创新,具体可以从以下几个方面入手:

(1)熟悉 1~2 款 RPA 开发工具,了解 RPA 已经成熟的技术和下一步的技术发展路径,为未来可能的创新应用场景铺路。

(2)尝试更多与 AI 技术的融合,包括 OCR、NLP、大语言模型、人脸识别、语音识别、语音交互等,关注 AI 未来要发展的能力。RPA 技术近年流行起来的主要原因是与 AI 结合,如果将 RPA 比作手,那 AI 就是大脑,AI 的能力越强,RPA 的"自主"能力就越强,未来就会出现更多强 AI 的 RPA 应用,这等于让 RPA 有了"思考的能力",RPA 实施方就会挖掘出更多可能的应用场景。

（3）了解物联网技术和物联网在流程再造中的优势，使其结合 RPA＋AI 实现更多应用。物联网是通过 RFID、传感器技术、嵌入式系统技术等信息技术手段让物体具备"可感知"的能力，使物体衍生出人的感官能力，使其具有"千里眼""顺风耳"。如果 RPA 是让人和数字设备交互的一种新形式，那么物联网就是让人和真实物体交互的良好形式，RPA 和物联网的结合将会碰撞出精彩的火花，为人们的工作带来更多的美好和便捷。

章 节 测 试

一、单选题

1. 财务机器人项目团队中,负责监督团队从流程发现到迭代/退役的整体实施的是( )。
   A. 流程主题专家　　　　　　　　B. RPA 业务分析师
   C. 敏捷大师(自动化项目经理)　　D. IT 基础设施专家
2. 下列选项中,属于 RPA 开发人员主要负责的工作的是( )。
   A. 监测机器人运行　　　　　　　B. 设计自动化流程
   C. 开发工作流程　　　　　　　　D. 管理 IT 基础设施
3. 下列选项中,负责 RPA 项目的 IT 基础设施运维工作的角色是( )。
   A. 安全专家　　　　　　　　　　B. 大数据工程师
   C. IT 基础设施专家　　　　　　　D. AI 人才
4. 下列选项中,属于流程运营人员的任务的是( )。
   A. 监测机器人　　　　　　　　　B. 设计自动化流程
   C. 编写代码　　　　　　　　　　D. 安全审计
5. 下列选项中,属于安全专家在 RPA 项目中的主要责任的是( )。
   A. 确保 RPA 实施符合安全与审计要求　B. 进行数据建模
   C. 支持 BI 报表开发　　　　　　　　　D. 进行 OCR 图像识别

二、多选题

1. 下列选项中,属于 RPA 项目团队中角色成员的有( )。
   A. 流程主题专家　　　　　　　　B. RPA 解决方案架构师
   C. 敏捷大师　　　　　　　　　　D. 数据库管理员
2. 下列选项中,属于 RPA 业务分析师职责的有( )。
   A. 与流程主题专家交流　　　　　B. 详细了解流程和技术要求
   C. 重新设计流程以适应自动化　　D. 进行代码开发
3. 下列选项中,属于 RPA 项目经理职责的有( )。
   A. 组织和协调业务部门与技术人员的需求确认
   B. 制订项目计划
   C. 负责项目进度和质量
   D. 进行市场分析
4. 下列选项中,属于 RPA 项目其他 IT 人才的有( )。

A. 安全专家 B. 大数据工程师
C. AI人才 D. 网络工程师

5. 下列选项中,属于财务人员在RPA项目中可能承担的职责的有(　　)。
A. 提供业务流程的详细描述 B. 参与需求分析
C. 进行RPA流程测试 D. 提供业务数据

三、判断题

1. RPA项目团队中的所有角色都可以由同一人兼任,尤其是在项目的早期阶段。(　　)
2. RPA架构师需要具备至少5年的.Net或Python项目框架工作经验。(　　)
3. RPA业务分析师需要具备良好的沟通能力和需求引导能力。(　　)
4. RPA基础设施工程师不需要了解网络相关知识。(　　)
5. RPA项目经理需要具备一定的敏捷项目管理能力。(　　)

四、思考题

某企业财务机器人项目组中,团队成员来自财务、信息技术和项目管理等多个领域。项目组坚持集体主义原则,通过团队建设活动和定期交流会议,促进了不同专业背景成员之间的相互理解和协作,共同推动了项目的顺利实施和成功交付。请读者试着思考以下几个问题:

1. 在财务机器人项目组团队中,如何平衡财务专业知识、技术能力和项目管理能力,以确保项目的顺利实施和成功交付?

2. 财务机器人项目组团队中的成员可能具有不同的专业背景和工作经验,如何有效地进行团队协作,以充分发挥每个成员的优势?

3. 随着财务机器人技术的不断发展和应用,如何持续提升项目组团队的专业技能和业务理解,以适应不断变化的市场需求和客户需求?

流程分析与设计篇

第五章

资 金 管 理

 **本章目标**

1. 了解资金管理的常见业务流程、痛点分析。
2. 熟悉 RPA 在资金管理的典型应用场景。
3. 从流程描述、需求分析、自动化流程设计全生命周期掌握现金归集与银行流水采集机器人。

 **本章概览**

本章主要介绍资金管理环节常见业务流程和当下的痛点分析,重点介绍 RPA 在资金管理环节的典型应用场景,最后以现金归集与银行流水采集流程为例,全面阐述从流程描述、流程分析、自动化流程需求评价,以及自动化流程设计的全过程。

 **章节导航**

```
                    ┌ RPA 在资金管理中的应用 ┬ 资金管理常见业务流程
                    │                      └ 资金管理环节痛点分析
                    │                      ┌ 案例背景
                    ├ 现金归集流程分析 ─────┼ 业务流程概述
                    │                      └ 业务流程分析与评价
  资金管理 ─────────┤                      ┌ 案例背景
                    ├ 银行流水采集流程分析 ─┼ 业务流程概述
                    │                      └ 业务流程分析与评价
                    │                      ┌ 部署实施方式
                    └ 银行流水采集自动化流程设计 ┼ 业务处理逻辑及设计
                                           └ 异常处理
```

第一节　RPA 在资金管理中的应用

一、资金管理常见业务流程

资金管理是企业日常运营的重要组成部分,其常见业务流程的内容如图 5-1 所示。

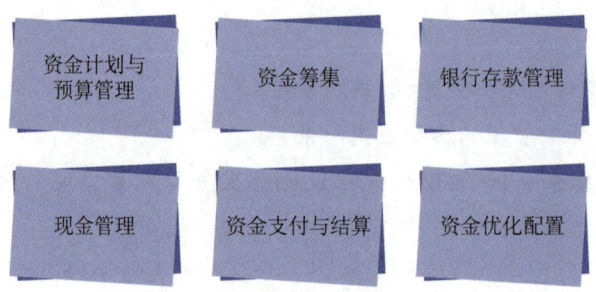

图 5-1　资金管理常见业务流程的内容

(一) 资金计划与预算管理

企业根据经营计划和财务目标,制订资金的收入和支出计划,并进行预算管理。例如,对资金需求的预测、资金来源的安排、资金使用的预算分配等,以及对未来的收入和支出进行预测,制订详细的资金计划,包括月度、季度和年度的资金预算,并根据实际情况对预算进行调整。

(二) 资金筹集

企业根据资金计划,确定资金的需求,通过不同的融资渠道筹集资金,如债务融资(银行借款、发行债券等)和权益融资(发行股票、吸引投资等),选择最佳的融资渠道和工具,进行融资谈判,签订融资合同,并管理融资款项的到账和使用。

(三) 银行存款管理

企业将闲置资金存入银行,并按照银行账户管理的要求进行日常的存款、取款和利息管理等操作。银行存款管理业务包括开设和管理银行账户,进行日常的存款和取款操作,查询和核对银行存款余额,处理银行存款利息等。

(四) 现金管理

企业保持一定量的现金以应对日常的经营性支出和应急需要。现金管理包括现金的收支、保管、盘点和银行存款的调剂等。企业可以通过制定现金管理制度,进行日常的现金收支和保管,定期进行现金盘点,并根据需要将现金存入银行或从银行提取现金。

(五) 资金支付与结算

企业根据财务计划和实际业务需要,进行资金的支付,如采购支付、工资发放、税费缴纳等,并确保支付过程的合规性和效率。企业也与供应商、客户等进行业务往来款项的结算,包括应收款项和应付款项的管理,确保款项的及时结算和准确入账。

(六) 资金优化配置

根据资金使用效率和成本,企业对资金进行优化配置,包括合理安排资金的使用渠道和方式,以实现资金的最大利用和收益;投资管理企业对闲置资金进行投资管理,包括选择投资项目、评估投资风险和收益、监控投资过程等,并根据市场情况进行投资调整。

二、资金管理环节痛点分析

站在流程执行、管理层面和提高工作效率的角度,目前资金管理环节存在以下痛点,如图 5-2 所示。

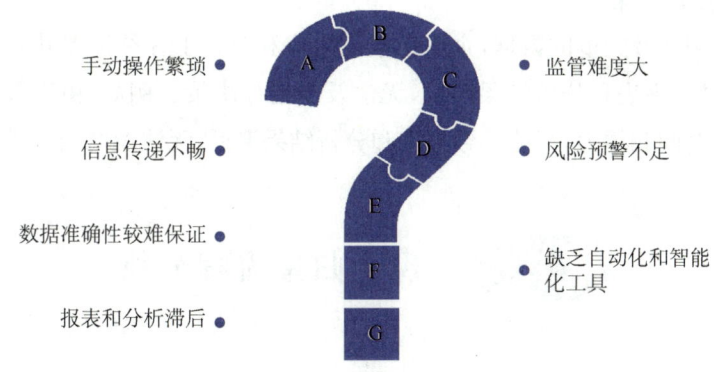

图 5-2 资金管理环节痛点

(一) 手动操作繁琐

许多企业在资金管理过程中,仍然依赖人工进行数据录入、核对和报表生成等操作,这些繁琐的手动操作不仅耗时较长,而且容易出错。这类操作一般包括手动录入和核对银行流水、现金流水、发票信息等,手动编制和调整财务报表,以及手动进行资金计划的制定和调整等。

(二) 信息传递不畅

资金管理涉及多个部门和岗位,如果沟通不畅或信息传递不及时,可能导致资金管理流程的延误和错误。例如,在资金支付流程中,支付申请和审批流程可能需要经过多个部门和人员的审核,如果信息传递不畅,可能导致支付流程的延误。

(三) 数据准确性较难保证

由于手动操作容易出现错误,这可能导致资金管理中的数据准确性受到影响,从而影响企业的决策。这类错误主要包括数据录入错误,数据核对不仔细导致的错误,以及由于信息不对称导致的决策错误等。

(四) 监管难度大

对于大型企业或跨国企业,资金管理涉及多个国家和地区,法律法规和税务要求各有不同,这使得企业难以有效监管资金的使用和流动。例如,跨国企业在不同国家的资金流动需要遵守不同的法律法规,而且需要应对不同国家的税务要求,这都增加了监管的难度。

(五) 风险预警不足

一些企业在资金管理过程中,缺乏有效的风险预警机制,导致在风险发生时无法及时发现并采取措施。例如,在资金筹集过程中,如果没有有效的风险预警机制,可能会导致筹集到的资金成本过高或者风险过大。

(六) 缺乏自动化和智能化工具

许多企业在资金管理过程中,缺乏自动化和智能化的工具,这可能导致工作效率低下,同时也增加了出错的可能性。例如,缺乏自动化的财务软件,或者缺乏智能化的数据分析工具,这可能导致工作效率低下,同时也增加了出错的可能性。

(七) 报表和分析滞后

由于资金管理涉及大量的数据,企业在报表生成和分析上往往需要花费大量的时间和精力,而且可能导致报表和分析结果滞后,无法及时指导决策。例如,由于数据收集和分析需要花费大量的时间和精力,可能导致报表和分析结果滞后,无法及时指导决策。

第二节 现金归集流程分析

一、案例背景

场景为财务部门办公室。人物为小明(财务人员)、小红(财务经理)。他们的对话如下。

小明:小红姐,最近我们的现金归集流程遇到了一些问题,你有什么好的解决办法吗?

小红:你具体说说看,是什么问题?

小明:我们每天都要从各个银行账户归集现金到主账户。但是这个流程很繁琐,需要手动操作,有时候还会出现因为人为疏忽而导致的错误。

小红:这确实是个问题。有没有想过用 RPA 机器人来帮助解决这个问题?

小明:RPA 机器人?

小红:对呀,RPA 机器人可以模拟人类用户的行为,自动完成重复性的工作,比如现金归集流程。这样可以大大减少人为错误,提高效率。

小明:听起来很不错,但是我们要怎么实施呢?

小红:首先,我们需要对现有的现金归集流程进行详细的分析和优化,明确哪些步骤可以自动化。其次,我们可以选择一个适合的 RPA 平台,根据需求设计和开发机器人。

小明:太好了!那我们现在就开始进行现金归集 RPA 机器人的实施吧!

二、业务流程概述

(一)业务流程描述

资金归集是指集团公司定期归集其所有下属公司指定账户的资金至现金管理账户的业务,主要目的是为提高集团资金使用效益,对集团资金进行统一规范管理。任何一家集团型企业均面临资金使用效率问题,需要财务人员在资金管理环节将分散的账户资金进行统一划转管理,以便统一规划使用、合理调配。对于银行而言,在对公客户业务领域,为企业客户提供资金归集服务是一项重要的业务,现金归集自动化流程量化指标如表5-1所示。

表5-1 现金归集自动化流程量化指标

大类	指标	内容
数据量 (模拟数据)	执行频率	日
	数据量	不限,约1 000笔
	单次耗时	1秒以内
	每月总时长	不限
	人员配置	1
	时效性要求	T-1日
涉及软件	组件	描述
	MS Office Excel	微软办公室套件的其中一个应用Excel
	ORACLE	甲骨文发行的数据库存储软件 instance g11.0 以上版本
涉及硬件	银行U盾	启动账户资金转账操作
涉及网络环境	OA系统仅能在公司内网使用 资金归集流程机器人在企业生产环境服务器部署使用 其余无特殊限制	

资金归集目前的业务流程操作步骤如下:

(1)登录网银平台。

(2)根据银企对账通知选择待对账或者自行选择对账月份等信息输入查询对账数据。

(3)下载对账数据。

(4)按获取的数据记录逐一进行余额相符和借贷金额匹配判断。

(5)每月复核,根据对账结果清单生成月对账单,进入按月复核阶段。

(6)使用邮件推送问题清单至财务经办人员邮箱。

(7)对于复核无误的对账单,线下,生成月度对账单和汇总指标;线上,通过OA系统经由财务人员发起审批流程,由领导审批。

现金归集业务流程图如图5-3所示。

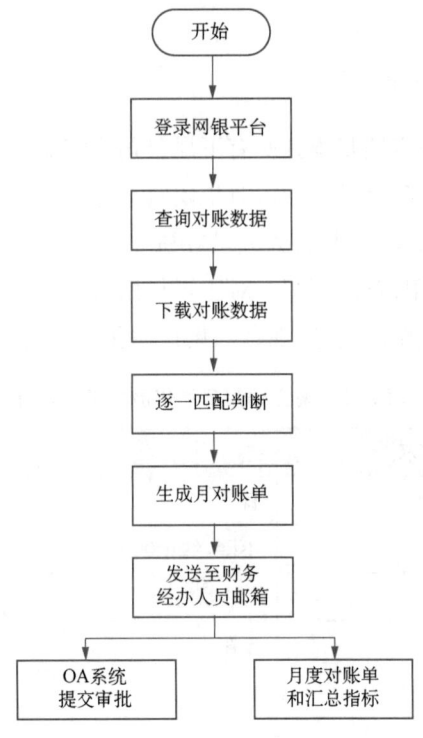

图 5-3 现金归集业务流程图

(二) 业务痛点

由于服务客户众多，资金归集计划和涉及账户不同，银行往往需要专门安排人员填写资金归集表格，并且跨系统进行操作，然后将处理前后的账户数据下载后邮件发送给企业客户，这属于每日重复性工作，人工处理易出错并且耗时费力。

(三) 需 RPA 实现的功能

RPA 财务机器人会根据设定的现金上划线执行自动现金计划信息、自动现金归集的采集和处理等工作，这可以为财务人员节省大量的工作时间，去处理和企业经营及分析相关的高价值工作内容。此外，RPA 有日志记录，具有可追溯性，相对而言在合规管理层面上更具优势。

现金归集 RPA 流程可以自动登录理财、核心系统，查询客户理财产品明细和各个账户余额，汇总客户总金额，并转至客户指定现金管理账户，同时将对账单明细 OA 邮件发送银行财务人员审核，财务人员只需简单核对，数据没问题后启动 RPA 邮件通知客户。大量的表格处理、系统操作全部由 RPA 机器人完成，人工只需要关注是否有邮件收到，并复核，复核通过后启动对客户的邮件自动通知任务即可。

三、业务流程分析与评价

经过对流程的初步梳理后，进入 RPA 流程分析与评价环节，按照可行性评估、复杂度评估、风险性评估、流程收益方面展开，如图 5-4 所示。指标内容、评级标准及权重见本书附录:自动化流程需求评审表。

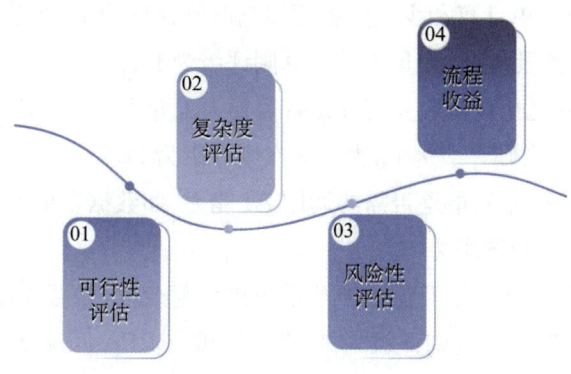

图 5-4 流程评价指标

(一)可行性评估

可行性评估是指判断业务流程实现自动化的可行性,如若不可行则不适合自动化,如若可行则可以进行下一步。可行性评估在整个流程评价中占比 30%,可以通过以下具体指标和标准来判断:

(1)数据量大小是指同一时间点流程响应超过能执行流程机器人数量,日单个机器人处理数据量超过万条,单个机器人评级为 A,3 个机器人以内评级为 B,10 个机器人以内评级为 C,10 个机器人以上评级为 D。

(2)业务规则清晰固定是指存在人为主观判断因素,若无人工主观判断则评级为 A,人为主观判断规则固定则评级为 B,人为主观判断有一定规律则评级为 C,判断无规律则评级为 D。

(3)涉及非结构化数据是指存在非结构化数据,若存在则评级为 D,否则评级为 A。

(4)涉及复杂认证是指存在语音识别、手写体识别,生物识别等复杂验证机制,若无任何复杂认证则评价为 A,涉及硬件认证则评级为 B,涉及生物识别指纹、人脸等则评级为 C,涉及生物识别+硬件设备则评级为 D。

现金归集流程可行性评估详细内容如表 5-2 所示。

表 5-2 现金归集流程可行性评估表

指标	内容	权重	评级
数据量大小	本流程对于时效性的要求不高,故机器人数量只需一个即可	3%	A
业务规则清晰固定	本流程数据处理都基于固定规则进行数据检查与核对	15%	A
涉及非结构化数据	无	8%	A
涉及复杂认证	只有网银系统,无复杂认证	4%	A

(二)复杂度评估

复杂度评估是指流程实现自动化的复杂性,具体有以下几个方面:

（1）业务逻辑复杂度是指业务流程是否涉及复杂多样公式计算，业务逻辑是否繁琐。若否则评级为 A，涉及简单计算和少量业务逻辑判断则评级为 B，涉及简单计算和大量业务逻辑判断则评级为 C，涉及复杂、大量繁琐计算则评级为 D。

（2）是否涉及人机交互是指业务流程是否需要人工介入，如 U 盘等。若否则评级为 A，1 次则评级为 B，少于 3 次则评级为 C，大于 3 次则评级为 D。

（3）是否涉及人工智能是指是否需要调用 AI 能力，如数据实验室、知识图谱、智能外呼等。若否则评级为 A，有则评级为 B。

（4）相关联系统复杂度是指及流程涉及系统操作复杂度，如层级较多、识别困难等。系统简单与 RPA 机器人匹配度高则评级为 A，系统简单与 RPA 匹配度不高则评级为 B，系统复杂与 RPA 机器人匹配度高则评级为 C，系统复杂且和 RPA 机器人匹配度不高则评级为 D。

现金归集流程复杂度评估详细内容如表 5-3 所示。

表 5-3 现金归集流程复杂度评估表

指标	内容	权重	评级
业务逻辑复杂度	本流程不涉及大量数据下载和计算分析	4%	A
是否涉及人机交互	本流程在开发过程中，数据核对都需要人工二次复核及纠正	3%	C
是否涉及人工智能	无	5%	A
相关联系统复杂度	本流程仅涉及网页系统，网页稳定，复杂度一般	8%	A

（三）风险性评估

风险性评估是指流程开发过程中及实现自动化后的风险性大小判断，具体有以下几个方面：

（1）相关联系统稳定性是指系统是否稳定，如页面稳定性，结构稳定性，是否经常有弹窗、广告和推送等。若否则评级为 A，定期有则评级为 B，偶尔有则评级为 C，随时发生则评级为 D。

（2）合规性风险是指是否存在政策风险点，是否会被封禁 IP 等。若否则评级为 A，可能有则评级为 C，一定有则评级为 D。

（3）数据敏感性风险是指是否有数据泄露风险，数据是否需要脱敏等。若否则评级为 A，若是则评级为 B。

（4）业务安全性风险是指是否业务对连续性要求高，响应速度要快等。若否则评级为 A，若是则评级为 B。

现金归集流程风险性评估详细内容如表 5-4 所示。

表 5-4 现金归集流程风险性评估表

指标	内容	权重	评级
相关联系统稳定性	本流程只涉及网银系统,页面稳定	5%	A
合规性风险	不存在政策风险点	10%	A
数据敏感性风险	企业现金交易数据存在一定敏感性	3%	B
业务安全性风险	本流程替代人工进行现金的归集,不影响业务连续性	2%	A

(四)流程收益

流程收益是指该业务流程实现自动化后,能节省的人力,具体包含以下几个方面:

(1)流程人工时长是指单人单次时长、单人一个周期内重复次数。4 小时/人/天则评级为 A,2~4 小时/人/天则评级为 B,0.5~2 小时/人/天则评级为 C,0.5 小时/人/天以下则评级为 D。

(2)流程节省工时是指按年计算全年节省工时。6 个月以上则评级为 A,3~6 个月以上则评级为 B,1 个月以上则评级为 C,1 个月以下则评级为 D。

(3)ROI 计算是指以节约的工时来计算投资回报,每月工作 30 天,每天工作 8 小时,单人月工资 6 000 元,全年 12 个月。若为年 100% 以上则评级为 A,若为 3 年 100% 以上则评级为 B,若为 5 年 100% 以上则评级为 C,若为 5 年 100% 以下则评级为 D。

(4)业务紧急重要程度是指是否为企业重点建设项目,是否为公司战略层面要求等。若是则评级为 A,若否则评级为 D。现金归集流程为非企业重点建设项目,且非公司战略层面要求,评级应为 D。

现金归集流程流程收益详细内容如表 5-5 所示。

表 5-5 现金归集流程流程收益表

指标	内容	权重	评级
流程人工时长	0.5~2 小时/人/天	5%	C
流程节省工时	1 个月以下	10%	D
ROI 计算	5 年 100% 以下	10%	D
业务紧急重要程度	非企业重点建设项目,非公司战略层面要求等	5%	D

经分析,现金归集流程的量化数据处理数量为 1 000 张/天,1 秒/票,配置 1 人。

$$流程人工时长 = 1000 \times 1 \div (30 \times 60) = 0.55(小时/人/天)$$

$$流程节省工时 = 流程人工时长 \times 365 = (0.55 \times 365) \div (12 \times 24) = 0.69(月)$$

以节约的工时来计算,每月工作 30 天,每天工作 8 小时,单人月工资为 6 000 元,全年 12 个月,节约工时 3.33 小时/人/天,假设总投资为 50 000 元。

$$经济效益 = 0.55 \times 30 \times 12 \times 6 000 \div (30 \times 8) = 4 950(元/年)$$

投资回收期间＝50 000÷4 950≈10(年),则投资回收期约为 10 年。

我们可以根据以上流程现状结合评分点评判流程优先级。

第三节　银行流水采集流程分析

一、案例背景

小明:小红姐,我们现在每天都要从各个银行账户下载流水,然后手动导入到我们的财务系统中,这个流程非常繁琐且耗时。我想我们是否可以用 RPA 机器人来优化这个流程?

小红:小明,你的提议很好。实际上,我们公司正在准备实施现金归集 RPA 项目,并且对 RPA 有了比较深入的理解。那么利用 RPA 机器人来优化银行流水采集流程也是一个非常好的应用场景。

小明:那我们现在应该如何开始实施呢?

小红:首先,我们需要对现有的银行流水采集流程进行详细的分析和优化,明确哪些步骤可以自动化。其次,在 RPA 平台上根据我们的需求设计和开发机器人。

小明:那是不是说,我们需要专门的人员来操作这个 RPA 机器人呢?

小红:不需要。RPA 机器人是可以 24 小时自主运行的,我们只需要在开始时设定好规则和流程,它就能自动执行。当然,我们还是需要定期对机器人的运行情况进行检查和调整,确保一切正常。

小明:明白了,那我们现在就开始进行银行流水采集 RPA 机器人的实施吧!

二、业务流程概述

(一) 业务流程描述

在财务领域经常需要获取银行账户交易流水,以便与企业交易记账流水进行对账。这项业务需要业务人员登录不同的银行账户,查询流水信息并使用硬件 U 盾下载流水信息。银行流水采集业务流程操作步骤如下。银行流水下载业务流程图如图 5-5 所示,银行流水采集自动化流程量化指标如表 5-6 所示。

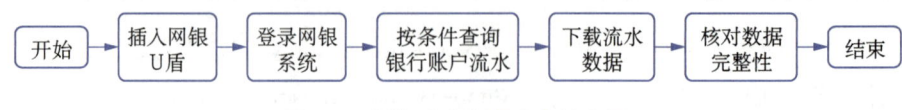

图 5-5　银行流水下载业务流程图

(1) 插入 A 银行 U 盾。

(2) 登录 A 网银系统,获取该银行账户流水数据。

(3) 插入 B 银行 U 盾。
(4) 登录 B 网银系统,获取该银行账户流水数据。
(5) 其他银行账户依次进行同样的操作。
(6) 核对数据是否完整。

表 5-6 银行流水采集自动化流程量化指标

大类	具体指标	内容
数据量 （模拟数据）	执行频率	日
	数据量	不限
	单次耗时	1 秒以内
	每月总时长	不限
	人员配置	1
	时效性要求	T-1 日
涉及软件	组件	描述
	MS Office Excel	微软办公室套件的其中一个应用 Excel
	ORACLE	甲骨文发行的数据库存储软件 instance g11.0 以上版本
涉及硬件	银行 U 盾	启动下载流水工作
涉及网络环境	需要可以联通外网,银行流水下载流程机器人在企业生产环境服务器部署使用,其余无特殊限制	

（二）痛点分析

基于上述场景,传统模式下财务人员进行人工查询调出流水记录进行下载,效率较低。而机器人完全按照程序自动采集流水,处理速度相对人工快很多,并且不会出错。相比传统人工的方式,机器人的数据处理效率高、准确率高,可以在很大程度上帮助企业节省数据处理人工成本,挖掘数据价值,推动企业数字化变革。

（三）需 RPA 实现的功能

银行流水采集 RPA 流程可以自动打开银行的企业网银,按照事先设定的账号密码登录,并根据需求设定的筛选条件自动查询数据,之后自动下载流水至指定目录。

三、业务流程分析与评价

经过对流程的初步梳理后,进入 RPA 流程分析与评价环节,按照可行性评估、复杂度评估、风险性评估、流程收益方面展开。指标内容、评级标准及权重见本书附录:自动化流程需求评审表。

（一）可行性评估

银行流水采集流程可行性评估详细内容如表 5-7 所示。

表 5-7　银行流水采集流程可行性评估表

指标	内容	权重	评级
数据量大小	本流程对于时效性的要求不高,故机器人数量只需一个即可	3%	A
业务规则清晰固定	本流程数据处理和设计,都基于固定规则进行数据生成	15%	A
涉及非结构化数据	无	8%	A
涉及复杂认证	登录网银系统即可,无复杂认证	4%	A

(二) 复杂度评估

银行流水采集流程复杂度评估详细内容如表 5-8 所示。

表 5-8　银行流水采集流程复杂度评估表

指标	内容	权重	评级
业务逻辑复杂度	本流程不涉及计算分析,业务逻辑简单	4%	A
是否涉及人机交互	本流程在需要插入银行 U 盾,多家银行,则多个 U 盾,至少 3 次以上	3%	D
是否涉及人工智能	无	5%	A
相关联系统复杂度	本流程仅涉及网银系统,网站页面稳定,复杂度一般	8%	A

(三) 风险性评估

银行流水采集流程风险性评估详细内容如表 5-9 所示。

表 5-9　银行流水采集流程风险性评估表

指标	内容	权重	评级
相关联系统稳定性	本流程只涉及网银系统,系统稳定	5%	A
合规性风险	无	10%	A
数据敏感性风险	企业银行数据存在一定敏感性	3%	B
业务安全性风险	本流程替代人工下载银行流水,不影响业务连续性	2%	A

(四) 流程收益

银行流水采集流程的流程收益详细内容如表 5-10 所示。

表 5-10　银行流水采集流程的流程收益表

指标	内容	权重	评级
流程人工时长	0.5~2 小时/人/天	5%	C
流程节省工时	1 个月以上	10%	C
ROI 计算	5 年 100% 以上	10%	C
业务紧急重要程度	非企业重点建设项目,非公司战略层面要求等	5%	D

经分析,银行流水采集流程的量化数据处理数量为 50/天,2 分钟/票,配置 1 人。

流程人工时长＝50×2×1＝100(分钟/人/天)＝1.67(小时/人/天)

流程节省工时＝流程人工时长×365＝(1.67×365)÷(12×24)＝2.11(月)

以节约的工时来计算,每月工作 30 天,每天工作 8 小时,单人月工资为 6 000 元,全年 12 个月,节约工时 1.67 小时/人/天,假设总投资为 50 000 元。

经济效益＝1.67×30×12×6 000÷(30×8)＝14 985(元/年)

投资回收期间＝50 000÷29 970≈3.2(年),则投资回收期约为 4 年。

根据以上流程现状结合标准评分点评判流程级。

综上,我们可以合并分析 2 个已有的流程,将等级转换为百分制,转换方式为 A→100,B→80,C→60,D→0。自动化流程实施评价汇总如表 5-11 所示。

表 5-11 自动化流程实施评价汇总

流程	可行性评估	复杂度评估	风险性评估	流程效益	总评
现金归集	30	18.8	19.4	3	71.2
银行流水采集	30	17	19.4	15	81.4

由以上自动化流程实施评价汇总来看,如若从企业实施成本有限的角度来说,根据总评分高低将有限实施银行流水采集自动化流程。由表 5-11 可知,两项流程都满足 RPA 可行性,在复杂度上现金归集比银行流水采集要高,主要是因为现金归集涉及在多个系统中归集,且查询维度较多;在风险性上,两项流程持平,主要是流程均属于企业日常重复且耗时耗力的工作,不影响企业日常运营;在流程效益上,银行流水采集明显优于现金归集,所带来的人力成本的节省更加明显。

下面将针对银行流水采集业务进行自动化流程设计。

拓展:请扫描旁边二维码,获取资金归集自动化流程设计方案。

资金归集自动化流程设计方案

第四节 银行流水采集自动化流程设计

本节的 RPA 流程将银行流水采集场景梳理后分为以下几个步骤,其中 RPA 可介入其中 5 个步骤,覆盖流程配置与下载处理 2 个阶段,业务仅需对部分例外情况与线下操作进行处理。银行流水采集自动化流程图如图 5-6 所示。

一、部署实施方式

经以上分析,我们可知银行流水采集需要配置相关数据,该 RPA 属于有人值守机器人,

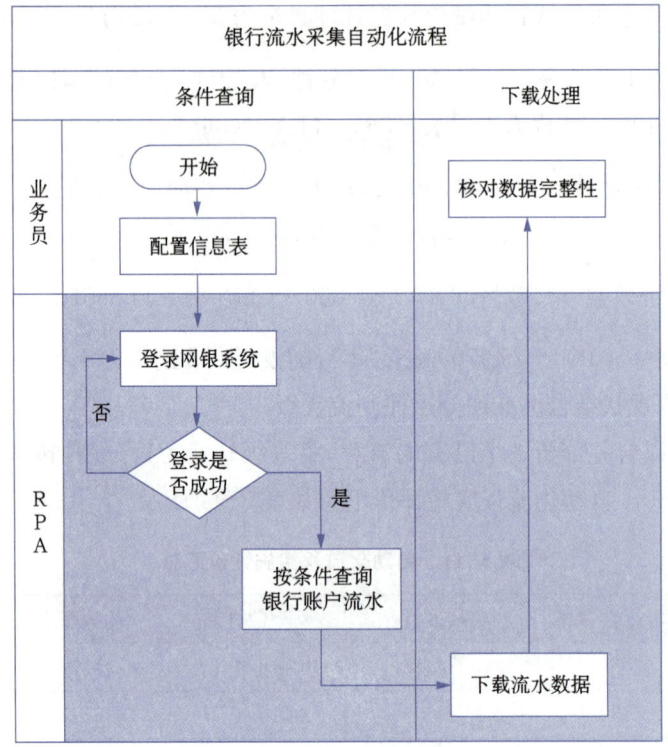

图 5-6　银行流水采集自动化流程图

RPA 自动登入企业网银，每日自动查询银行流水并下载数据等，因此银行流水采集自动化流程部署相关指标如表 5-12 所示，部署实施方式如图 5-7 所示。

表 5-12　银行流水采集自动化流程部署相关指标

项目	内容
Robot 类型	有人值守机器人
Robot 数量	1 台
RPA 运行模式	常规任务定时运行（无人值守模式） RPA 自动登入企业网银，每日自动查询银行流水并下载数据等 例外情况手工触发（有人值守模式） 复核数据的真实和有效性，核查问题原因，并进行修复

二、业务处理逻辑及设计

银行流水采集机器人主要模拟财务人员在银行系统中下载银行流水的操作过程，下面将分模块展现银行流水采集的详细处理逻辑、操作界面及数据传输等内容。

（一）模块一：条件查询

1. 登录银行系统

机器人输入银行账号和密码，并登录银行系统，如图 5-8 所示。这些数据通常事先存储

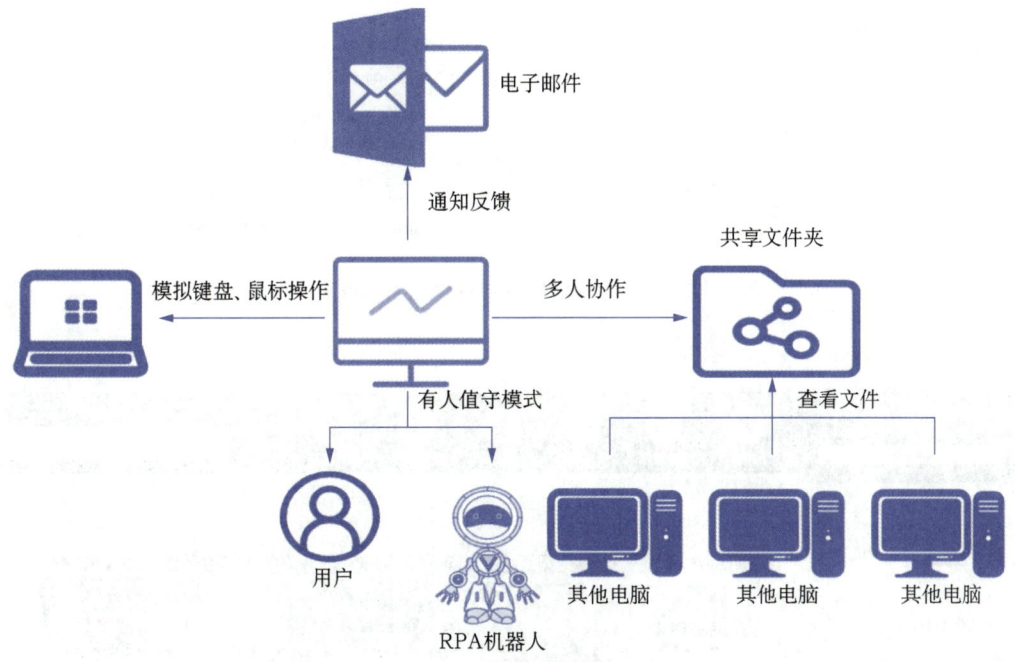

图 5-7　部署实施方式

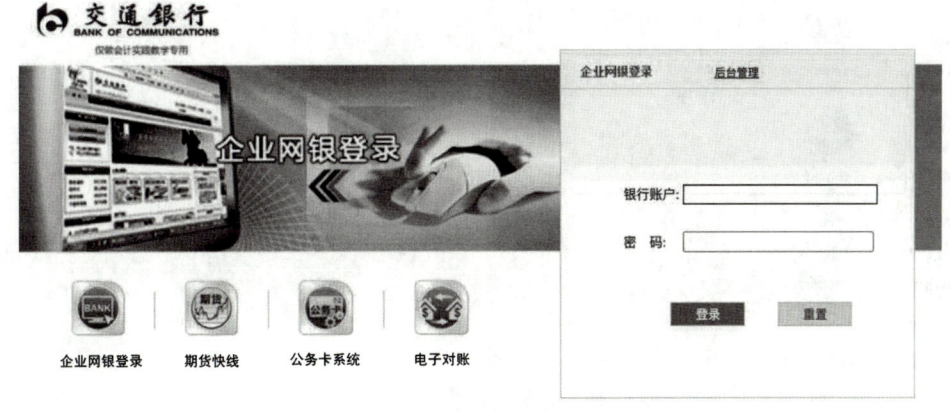

图 5-8　待登录的银行界面

在安全的数据库中,由机器人自动调取。

数据输入:调取输入存储的银行账号、密码,有关界面如图 5-9 所示。

数据输出:登录成功的银行系统界面,如图 5-10 所示。

2. 导航至银行流水查询页面

登录成功后,机器人需导航到银行流水的查询页面,这通常涉及点击一系列的菜单项或按钮。

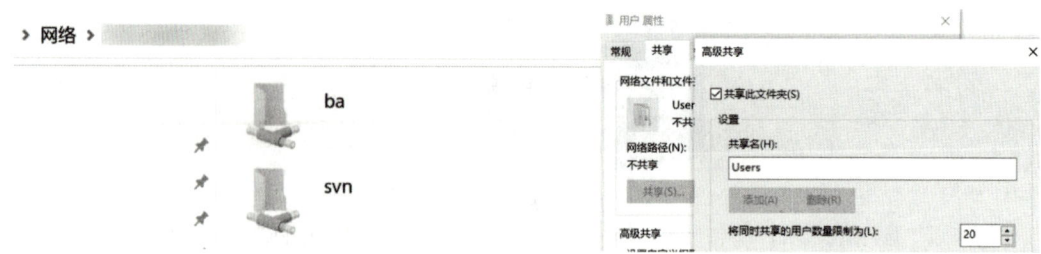

图 5-9　存储银行账号与密码文件位置

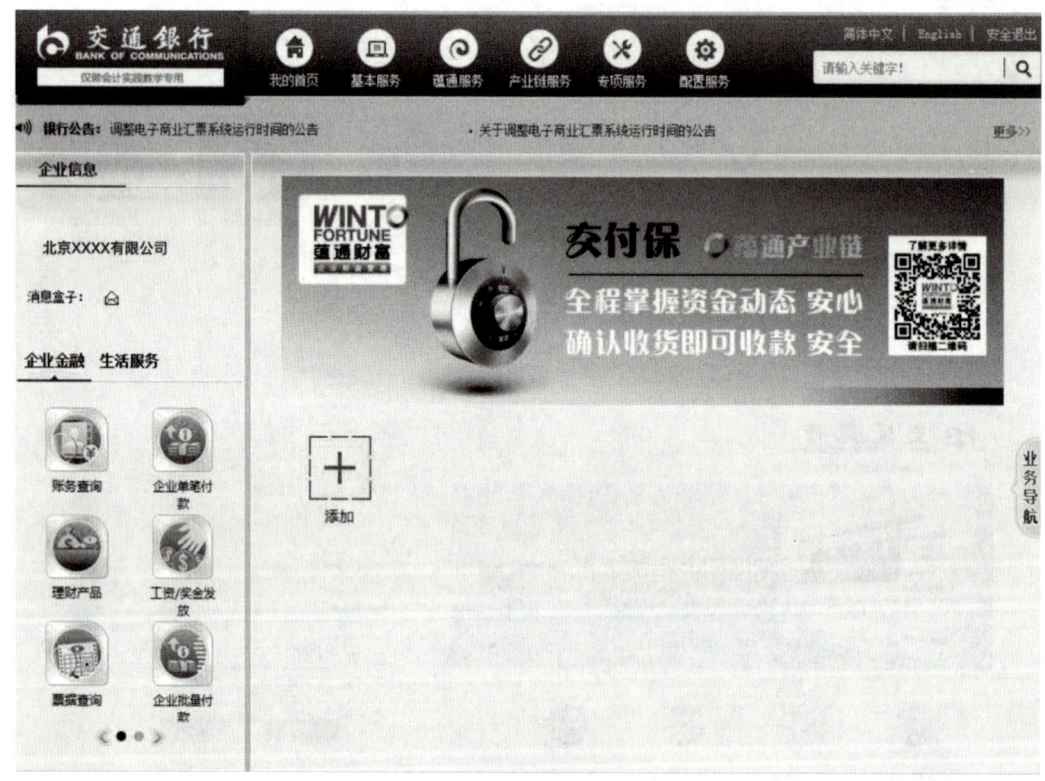

图 5-10　登录成功的银行系统界面

数据输入：登录后的页面元素（如菜单项、按钮）的标识信息。

数据输出：成功导航到银行流水查询页面的系统界面，如图 5-11 所示。

3．设置查询条件

在银行流水查询页面，机器人需要设置查询条件，如选择流水类型、指定时间范围等。

数据输入：查询条件（如流水类型、时间范围）。

数据输出：设置完成的查询条件，如图 5-12 所示。

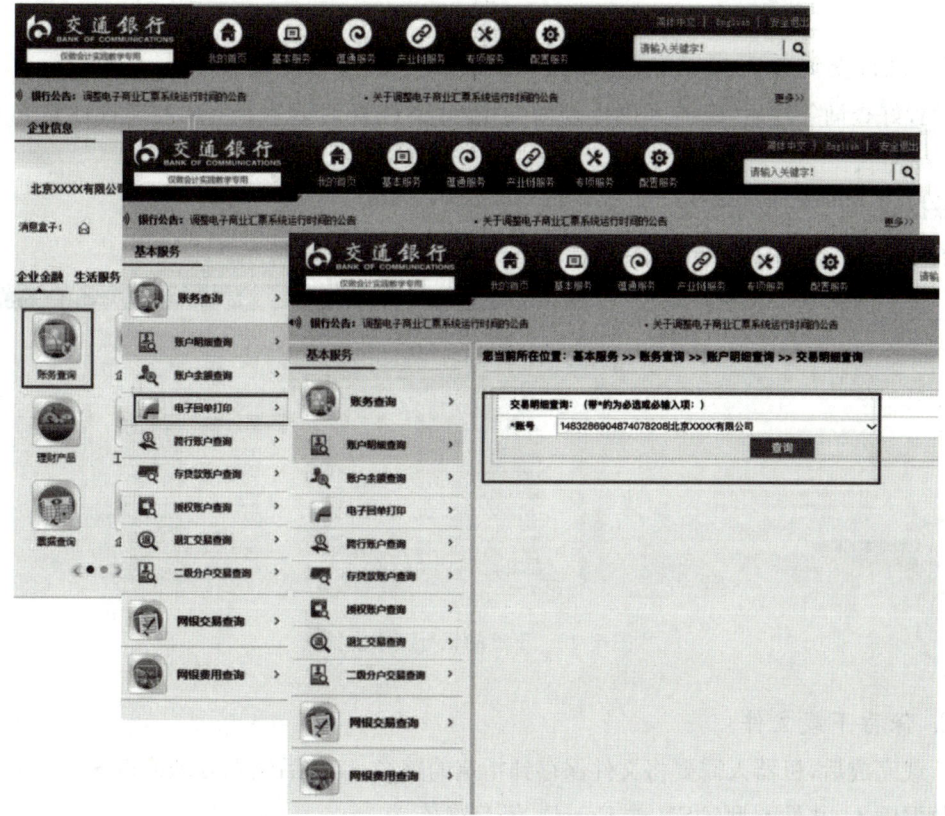

图 5-11　银行流水查询页面的系统界面

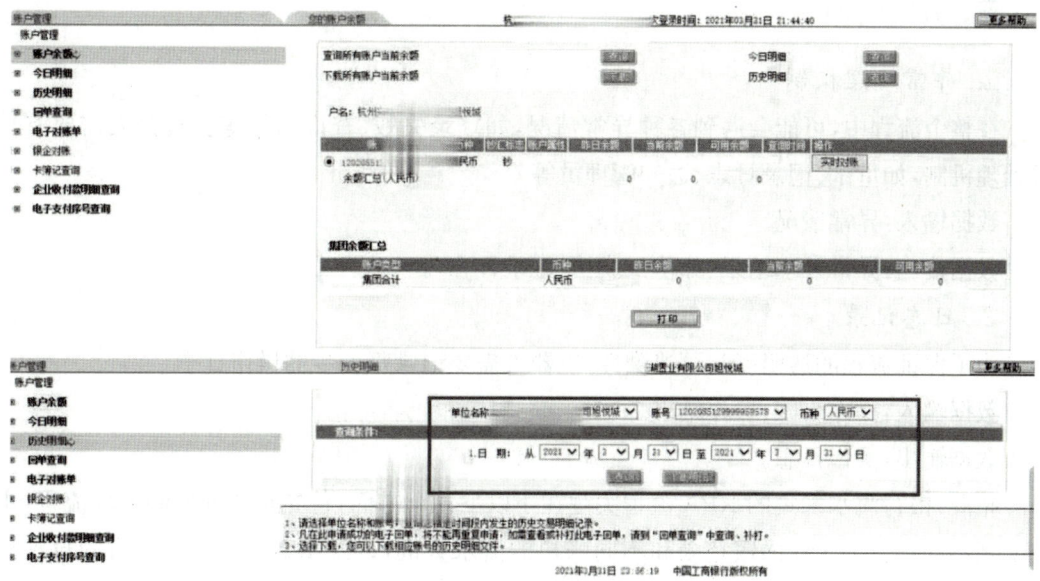

图 5-12　设置完成的查询条件

（二）模块二：下载处理

1. 执行查询并下载流水

设置好查询条件后，机器人执行查询操作，并下载查询结果。下载的文件通常是 CSV 或 Excel 格式。

数据输入：查询按钮的标识信息。

数据输出：下载的银行流水文件（CSV/Excel），如图 5-13 所示。

图 5-13　下载的银行流水文件

2. 保存下载文件

下载完成后，机器人需要将文件保存到指定的路径，以便后续的处理或审核。

数据输入：文件类型（CSV 或 Excel）、保存路径。

数据输出：成功保存的银行流水文件。

三、异常处理

1. 异常处理机制

在整个流程中，可能会遇到各种异常情况，如登录失败、查询出错等。机器人需要有异常处理机制，如重试、记录日志、通知管理员等。

数据输入：异常情况。

数据输出：异常处理结果（如重试成功、记录日志）。

2. 日志记录

为了保证流程的透明度和可追溯性，机器人需要记录每一步的操作日志。

数据输入：操作步骤、操作结果。

数据输出：操作日志。

拓展：银行流水采集的 RPA 流程关键在于以下几个方面，首先是条件控制循环流程，主要实现不同银行的企业网银登录和不同账户的流水查询，以及下载；其次是 U 盾的自动授权，这个需要在开发自定义插件来实现；最后则是在搜索账号和时间，以及按钮元素时需要明确，否则会出现无法找到匹配框而不能查询的异常。

章 节 测 试

一、单选题

1. 资金管理的常见业务流程中,下列选项中,为了提高集团资金使用效益的活动是(　　)。
   A. 资金计划与预算管理　　　　B. 资金筹集
   C. 银行存款管理　　　　　　　D. 现金管理
2. 在现金归集流程中,通常需要(　　)进行一次对账。
   A. 每日　　　B. 每周　　　C. 每月　　　D. 每季度
3. 资金支付与结算的流程中,为了确保支付过程的合规性的活动是(　　)。
   A. 采购支付　　　　　　　　　B. 工资发放
   C. 税费缴纳　　　　　　　　　D. 资金的合规性审核
4. 下列选项中,属于资金优化配置的主要目的的是(　　)。
   A. 减少资金使用　　　　　　　B. 提高资金使用效率
   C. 降低资金成本　　　　　　　D. 限制资金流动
5. 根据文档,RPA 在资金管理中可以替代(　　)工作。
   A. 数据录入和核对　　　　　　B. 信息传递
   C. 决策制定　　　　　　　　　D. 风险预警

二、多选题

1. 下列选项中,属于资金管理的常见业务流程的有(　　)。
   A. 资金计划与预算管理　　　　B. 资金筹集
   C. 银行存款管理　　　　　　　D. 现金管理
2. 下列选项中,属于资金管理环节存在的痛点的有(　　)。
   A. 手动操作繁琐　　　　　　　B. 信息传递不畅
   C. 数据准确性问题　　　　　　D. 监管难度大
3. RPA 在资金管理中的应用可以解决的问题包括(　　)。
   A. 提高工作效率　　　　　　　B. 减少人为错误
   C. 加强监管　　　　　　　　　D. 实现风险预警
4. 根据文档,现金归集流程的自动化可以带来的好处包括(　　)。
   A. 减少人工操作　　　　　　　B. 提高数据处理速度
   C. 降低出错率　　　　　　　　D. 提升监管效率
5. 银行流水采集流程中,RPA 机器人可以执行的步骤包括(　　)。

A. 插入U盾　　　　　　　　　B. 登录网银系统
C. 查询流水信息　　　　　　　D. 下载流水信息

三、判断题

1. 资金管理中的现金管理包括现金的收支、保管、盘点和银行存款的调剂。（　　）
2. 资金支付与结算流程中，企业不需要与供应商、客户等进行业务往来款项的结算。（　　）
3. 资金管理中的资金优化配置是为了降低资金成本，而不是为了提高资金使用效率。（　　）
4. RPA技术在资金管理中的应用可以有效地解决信息传递不畅的问题。（　　）
5. 资金归集流程中，RPA机器人无法自动执行对账月份的选择等信息输入查询对账数据。（　　）

四、思考题

某国有制造企业坚持技术创新，期望通过RPA技术提升资金管理的自动化水平，创新是引领发展的第一动力，同时RPA技术的应用，也将提高资金管理的效率和准确性，为企业的稳健运营和实体经济的发展提供有力支持。因此，该企业决定在资金管理方面引入RPA技术，以提高资金使用效率和风险控制能力。通过RPA的实施，企业不仅优化了资金流动的监控流程，还加强了合规性管理，体现了创新驱动发展战略在实体经济中的重要作用。请读者试着思考以下几个问题：

1. 在资金管理领域，RPA相较于其他自动化技术有哪些独特的优势？
2. 请针对资金管理领域，举例说明RPA如何提高数据处理的准确性和速度。
3. 在资金管理中，RPA如何帮助企业实现风险管理和合规性要求？
4. 请分析RPA在资金管理中与其他系统集成时可能遇到的挑战，并提出解决方案。
5. 针对资金管理领域，如何利用RPA实现资金流动的实时监控和异常检测？
6. 请举例说明RPA在资金管理中的实际应用案例，并分析其与其他领域应用的区别。
7. 如何利用RPA在资金管理中实现跨地域和跨部门的协同工作？
8. 在资金管理领域，RPA与人工智能（AI）技术有哪些潜在的融合应用场景？
9. 请谈谈您对未来RPA在资金管理领域发展趋势的看法，以及其与其他领域的融合趋势。
10. 针对资金管理领域，请设计一个基于RPA的自动化流程，并简要说明其工作原理以及与其他领域的区别。

第六章 采购到付款

本章目标

1. 了解采购到付款的常见业务流程、痛点分析。
2. 熟悉 RPA 在采购到付款的典型应用场景。
3. 从流程描述、需求分析、自动化流程设计全生命周期掌握发票验真机器人。

本章概览

本章主要介绍采购到付款环节常见业务流程,当下的痛点分析,重点介绍了 RPA 在采购与付款环节的典型应用场景,最后以发票验真流程为例,全面阐述从流程描述、流程分析、自动化流程需求评价,以及自动化流程设计的全过程。

章节导航

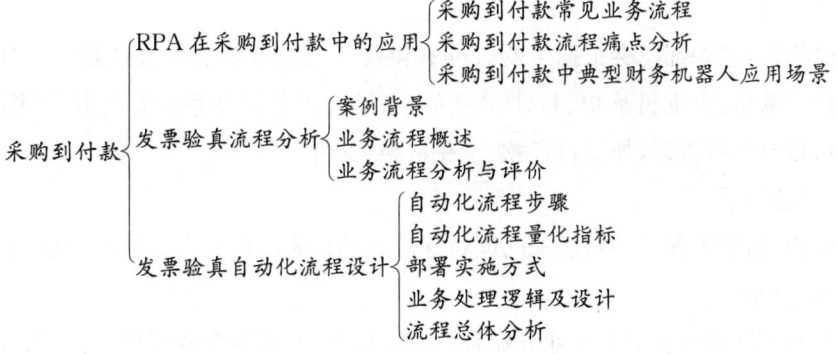

第一节 RPA 在采购到付款中的应用

一、采购到付款常见业务流程

采购到付款的常见业务流程主要包括以下几个环节,如图 6-1 所示。

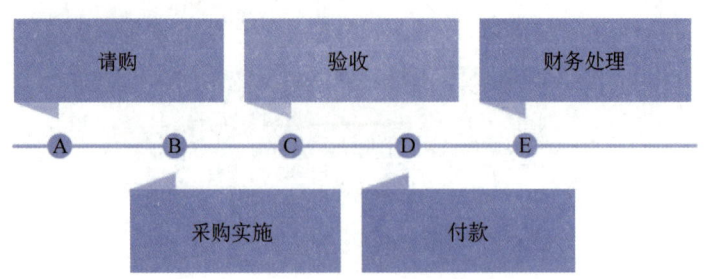

图 6-1　常见采购到付款业务流程

（一）请购

请购是采购流程的起始环节。企业内部的生产部门或仓库管理部门根据实际需要提出采购申请。请购可以根据不同的物资类型分为原材料或低值易耗品的请购、日常物料的请购，以及例外事项的请购，如大型设备或高价值资产的采购。

（二）采购实施

采购部门接收请购单后，首先进行市场询价，根据价格和质量等因素初步确定供应商。随后可能需要通过竞标或投标方式来确定最终的供应商。与供应商达成一致后，采购部门会与其签订采购合同，并编制采购订单，正式确认采购业务。

（三）验收

商品到达企业后，验收部门会根据采购订单和采购合同对商品进行质量和数量的检验。验收合格后，会形成验收单，这是商品入库和保管的依据。

（四）付款

验收合格后，采购部门会根据采购合同和供应商的付款要求准备付款。付款的流程可能包括创建付款单、审批付款单、打印付款单、出纳线下付款及系统标记付款完成等步骤。付款方式可以有多种选择，如银行存款、承兑汇票、支付宝等。

（五）财务处理

付款完成后，财务部门会对相关的应付账款或预付账款进行会计处理，确保财务记录的真实、准确和完整。

以上是从采购到付款的常见业务流程。实际操作中，根据企业规模、行业特性及管理需求，这些流程可能会有所调整和优化。

二、采购到付款流程痛点分析

在企业财务数字化转型中，采购到付款流程存在的常见痛点如图 6-2 所示。

（一）手动处理大量数据

采购部门需要手动处理大量的采购订单、发票和付款记录，工作量大，容易出错。尤其是在发票处理环节，需要人工核对订单和发票信息，耗时较长，效率低下。

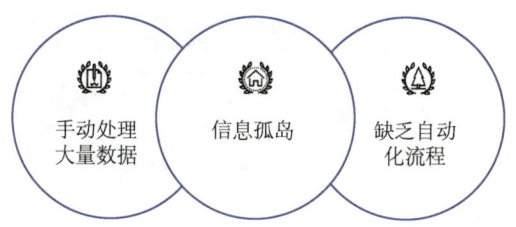

图 6-2　采购到付款流程痛点

(二) 信息孤岛

各个子公司和分支机构之间的信息孤岛现象严重,导致采购部门无法及时获取供应商的报价和库存信息,影响了采购效率。同时,由于信息不畅,也容易出现重复采购或漏采购的情况。

(三) 缺乏自动化流程

采购与付款环节缺乏自动化流程,将导致业务处理速度缓慢,供应商付款不及时,影响公司的信誉和供应商关系。特别是在付款环节,由于缺乏自动化处理,常常容易出现拖延付款的情况,会导致供应商关系紧张。

三、采购到付款中典型财务机器人应用场景

结合 RPA 特点与适用规则,采购到付款循环中有发票验真、请款单处理、采购付款处理、付款单处理等典型应用场景。

(一) 发票验真

发票验真是指对发票真实性、合规性的一系列操作。RPA 机器人会先进行企业内部的合规性检查,如开户行及账号是否有错、发票税率是否符合企业性质等。之后,机器人会登录国家税务总局,输入发票代码、发票号码、开票日期,然后填写验证码,进行真伪验证。发票验真机器人流程如图 6-3 所示。

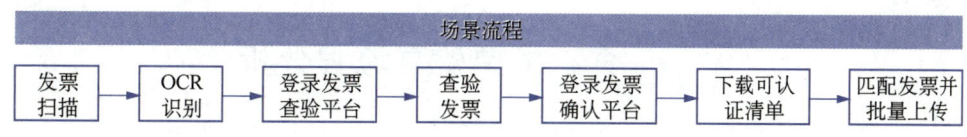

图 6-3　发票验真机器人流程

(二) 请款单处理

请款单处理业务是指通过 OCR 扫描请款单并识别相关信息,财务机器人将请款单信息输入 ERP 系统,对订单信息、发票信息、入库单信息进行匹配校验。请款单处理机器人流程如图 6-4 所示。

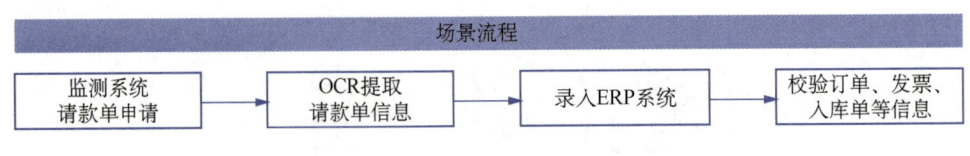

图 6-4　请款单处理机器人流程

(三) 采购付款处理

采购付款处理业务是指财务机器人自动完成审核、数据输入和付款准备,提取付款申请系统的付款信息(付款账号、户名等),并提交网银等资金付款系统进行付款操作。采购付款机器人流程如图 6-5 所示。

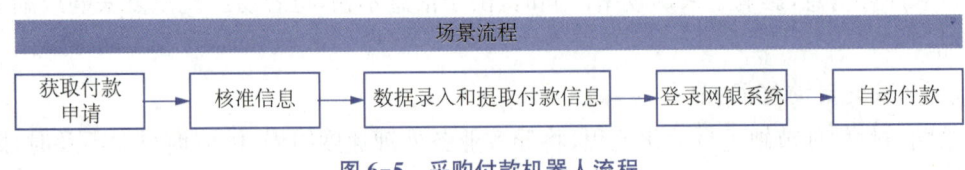

图 6-5　采购付款机器人流程

(四) 付款单处理

付款单处理业务是指 RPA 机器人整理付款单,生成记账凭证,自动提交、过账、生成财务报告,并对出现的异常费用支出做标示,生成的财务报告和分析报表自动汇报到管理层。付款单处理机器人流程如图 6-6 所示。

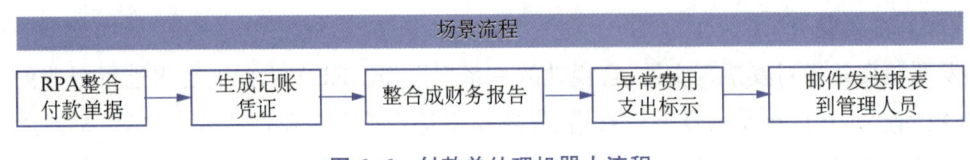

图 6-6　付款单处理机器人流程

第二节　发票验真流程分析

一、案例背景

小明:小红姐,我最近在处理公司的发票,发现有一些假发票混进来了。我想请教一下,我们应该怎么辨别真假发票呢?

小红:小明,这是一个很重要的问题。辨别真假发票需要一定的专业知识和经验。一般来说,我们可以从以下几个方面来判断发票的真伪:

(1)发票代码和号码:真发票的代码和号码是唯一的,可以通过税务局的官方网站进行查询。

(2)发票监制章:真发票上有国家税务总局的发票监制章,形状、颜色、大小等都是统一的。

(3)发票印刷质量:真发票的印刷质量较好,图案清晰,颜色鲜艳。

(4)发票开具信息和发票专用章:真发票有详细的发票开具信息和发票专用章。

小明:谢谢小红姐的指导! 但是,我们每个月都要处理大量的发票,手动验真效率不高,而且还容易出错。有没有什么自动化工具可以帮助我们呢?

小红:小明,你的想法很好。我们可以考虑引入发票验真 RPA 机器人。发票验真 RPA 机器人可以自动化处理大量的发票,提高验真的效率和准确性。它可以通过 OCR 技术识别发票上的文字和图像,然后与税务局的数据进行比对,判断发票的真伪。

小明:听起来很棒! 那我们应该怎么实施这个项目呢?

小红:首先,我们需要与 IT 团队合作,选择适合我们公司的 RPA 工具。其次,我们需要对 RPA 机器人进行训练,教会它如何识别真假发票。最后,我们将 RPA 机器人应用到实际的发票验真工作中,并进行监控和优化。

小明:好的,谢谢小红姐的建议!

小红:不客气,小明。发票验真是一个重要的工作,我们要确保公司的财务安全。如果有什么问题,随时来找我。

二、业务流程概述

(一)业务流程描述

企业日常在费用报销与采购业务中会接收到大量的增值税发票,真伪的查验关乎着会计核算的真实与企业报税的合法性。发票既是业务凭证,也是会计核算的原始依据,而发票查验需要通过发票代码、发票号码、开票日期等必要的发票信息确定发票是否存在以及判断发票真伪。

发票验真业务流程步骤如下:

(1)财务人员接收纸质发票,待验真发票票样如图 6-7 所示。

(2)打开全国增值税发票查验平台,手工输入发票的发票代码、发票号码、开票金额、开票日期,输入验证码,点击查询,平台页面及录入信息如图 6-8 所示。

(3)获取查询结果,将查询结果截图保存在本地。

(4)针对有问题的发票通知业务人员。

发票验真业务流程图如图 6-9 所示。

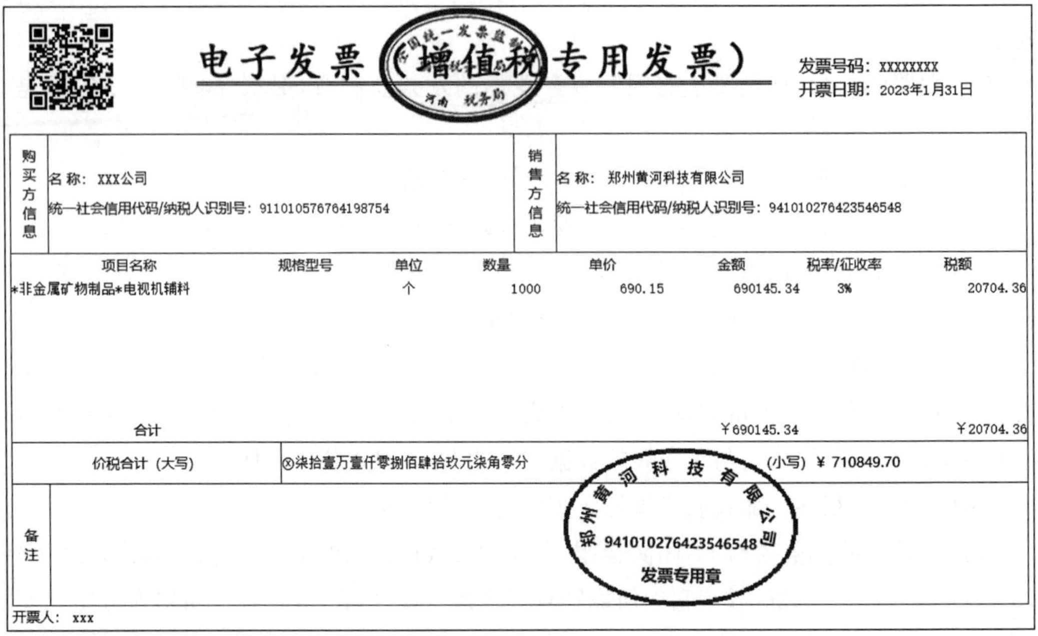

电子发票（增值税专用发票）

发票号码：XXXXXXXX
开票日期：2023年1月31日

购买方信息
名称：XXX公司
统一社会信用代码/纳税人识别号：911010576764198754

销售方信息
名称：郑州黄河科技有限公司
统一社会信用代码/纳税人识别号：941010276423546548

项目名称	规格型号	单位	数量	单价	金额	税率/征收率	税额
*非金属矿物制品*电视机辅料		个	1000	690.15	690145.34	3%	20704.36
合计					¥690145.34		¥20704.36

价税合计（大写） ⊗柒拾壹万壹仟零捌佰肆拾玖元柒角零分 （小写）¥710849.70

备注

开票人：xxx

图 6-7　待验真发票

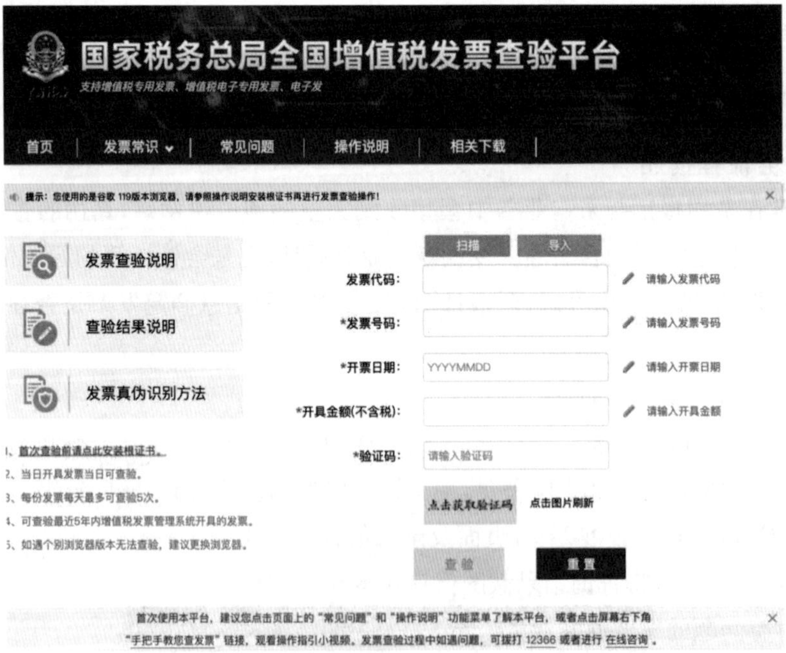

图 6-8　全国增值税发票查验平台页面及录入信息

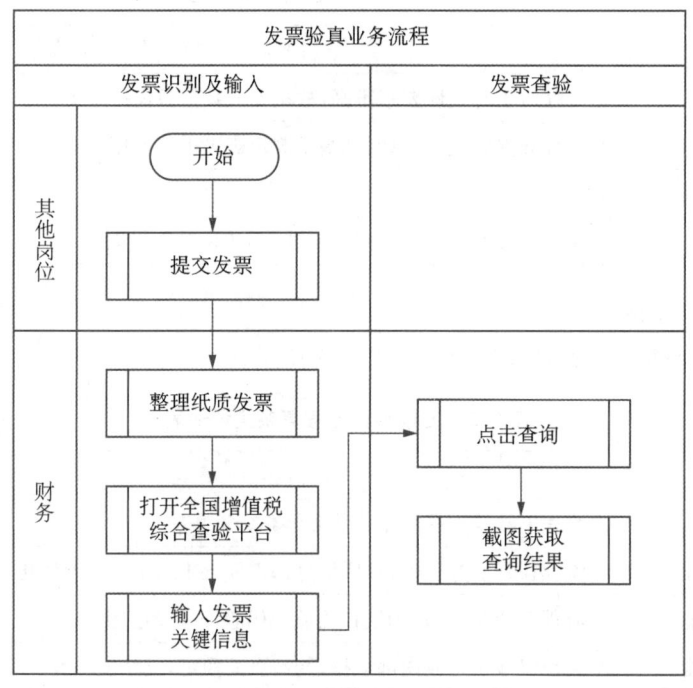

图 6-9 发票验真业务流程图

（二）痛点分析

随着业务量的提升,传统的手工查验方式一般需要 1~2 分钟才能完成 1 张发票的查验,速度慢、效率低,将财务人员的精力损耗在了重复机械的低水平劳动中。

（三）需 RPA 实现的功能

发票验真业务的操作步骤基本保持不变,且所需的全国增值税发票查验平台界面保持不变,随着企业业务规模的扩大,业务量越来越大,初步判断企业业务情况适合实施 RPA。那么引入 RPA 后,首先使用手机拍照将发票电子化；其次使用 OCR 识别提取结构化信息,存储在 Excel 文件中；再次在全国增值税发票查验平台上进行批量查验的任务；最后将查验结果保存至指定路径,实现查验流程端到端的自动化。这一过程中财务人员无需耗费太多的时间在发票的查验与归档上。

三、业务流程分析与评价

经过对流程的初步梳理后,进入 RPA 流程分析与评价环节,按照可行性评估、复杂度评估、风险性评估、流程收益方面展开。指标内容、评级标准及权重见本书附录:自动化流程需求评审表。

（一）可行性评估

发票验真流程可行性评估详细内容如表 6-1 所示。

表 6-1　发票验真流程可行性评估表

指标	内容	评级
数据量大小	本流程对于时效性要求不高,故机器人数量只需一个即可	A
业务规则清晰固定	本流程数据处理和设计,都基于固定规则进行数据生成	A
涉及非结构化数据	无	A
涉及复杂认证	登录全国增值税综合应用平台涉及 OCR 验证码识别	A

(二) 复杂度评估

发票验真流程复杂度评估详细内容如表 6-2 所示。

表 6-2　发票验真流程复杂度评估表

指标	内容	评级
业务逻辑复杂度	本流程不涉及大量数据下载和计算分析	A
是否涉及人机交互	本流程在开发过程中,发票信息都需要人工二次复核及纠正	C
是否涉及人工智能	本流程仅涉及 OCR 识别作为验证码验证登录使用	B
相关联系统复杂度	本流程仅涉及企业内部数据,网站页面稳定,复杂度一般	A

(三) 风险性评估

发票验真流程风险性评估详细内容如表 6-3 所示。

表 6-3　发票验真流程风险性评估表

指标	内容	评级
相关联系统稳定性	本流程只涉及内部共享文件,全国增值税发票综合平台,页面稳定	A
合规性风险	无	A
数据敏感性风险	企业发票数据存在一定敏感性	B
业务安全性风险	本流程替代人工进行发票的查验,不影响业务连续性	A

(四) 流程收益

发票验真流程的流程收益详细内容如表 6-4 所示。

表 6-4　发票验真流程的流程收益表

指标	内容	评级
流程人工时长	2~4 小时/人/天	B
流程节省工时	3~6 个月及以上	B
ROI 计算	2 年 100% 以下	A
业务紧急重要程度	非企业重点建设项目,非公司战略层面要求等	D

经分析,发票验真流程的量化数据处理数量为 3 000 张/月,2 分钟/票,配置 1 人。

流程人工时长＝3 000×2÷30＝200(分钟/人/天)＝3.33(小时/人/天)

流程节省工时＝流程人工时长×365＝(3.33×365)÷(12×24)＝4.22(月)

以节约的工时来计算,每月工作 30 天,每天工作 8 小时,单人月工资为 6 000 元,全年 12 个月,节约工时 3.33 小时/人/天,假设总投资为 50 000 元。

经济效益＝3.33×30×12×6 000÷(30×8)＝29 970(元/年)

投资回收期间＝50 000÷29 970≈1.66(年),则投资回收期约为 2 年。
根据以上流程现状结合标准评分点评判流程。
拓展:请扫描旁边二维码,获取现金智能规划自动化流程设计方案。

现金智能规划自动化流程设计方案

第三节 发票验真自动化流程设计

发票验真自动化流程设计环节包括自动化流程步骤,机器人流程量化指标,部署实施方式,业务处理逻辑及设计。

一、自动化流程步骤

引入 RPA 后,发票验真自动化流程可分为两大模块:发票扫描及识别与发票查验。

(一) 模块一:发票扫描及识别

(1) 财务人员接收纸质发票并使用手机扫描成图片。

(2) 使用 OCR 技术将图片中的发票信息提取成 Excel 版。

(二) 模块二:发票查验

(1) 人工对 OCR 识别的信息进行纠正与复验。

(2) 根据 Excel 中的信息在全国增值税发票查验平台中进行发票查验。

(3) 将查验结果存入指定路径。

发票验真 RPA 流程将开票场景梳理后分为 8 个步骤,其中 RPA 可介入其中 3 个步骤,包含 OCR 识别发票图片、批量查验、对发票图片命名归档,业务仅需对异常状况进行线下处理。发票验真机器人流程图如图 6-10 所示。

二、自动化流程量化指标

自动化流程量化指标包括数据量,涉及的软件、硬件、网络环境等,具体如表 6-5 所示。

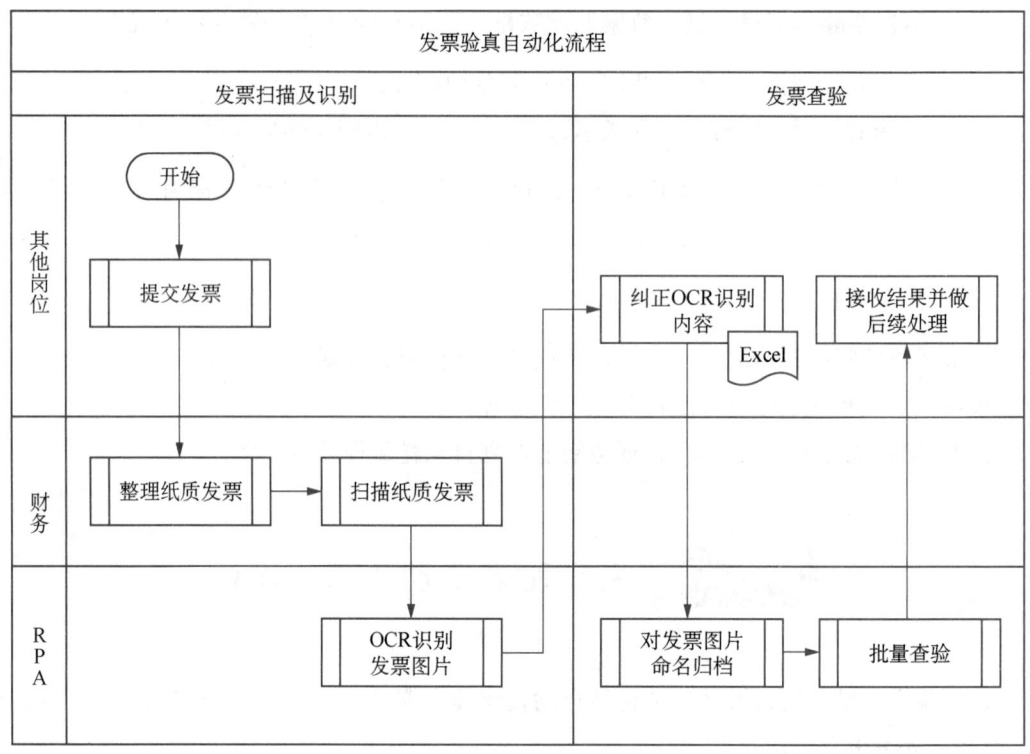

图 6-10 发票验真自动化流程图

表 6-5 发票验真流程量化指标

项目	指标	内容
数据量（模拟数据）	执行频率	按需
	数据量	3 000 张/月
	单次耗时	2 分钟/票
	每月总时长	13.3 小时/月
	人员配置	1 位
	时效性要求	最迟不可超过当日
涉及软件	组件	描述
	MS Office Excel	微软办公室套件的其中一个应用 Excel
	全国增值税发票查验平台	支持增值税专用发票、增值税电子专用发票、电子发票（增值税专用发票）、电子发票（普通发票）、增值税普通发票（折叠票）、增值税普通发票（卷票）、增值税电子普通发票（含收费公路通行费增值税电子普通发票）、机动车销售统一发票、二手车销售统一发票在线查验
涉及硬件	无	—
涉及网络环境	无	—

三、部署实施方式

针对需求分析综合考量发票验真机器人因需要上传电子发票,而且需要人工纠正,因此属于有人值守机器人,一个流程只需要 1 个机器人,且发票收集好时才启动 RPA,具体部署相关指标如表 6-6 所示。

表 6-6 发票验真机器人部署相关指标

项目	内容
Robot 类型	有人值守机器人
Robot 数量	1 个
RPA 运行模式	有人值守模式,业务在有需求时使用机器人

四、业务处理逻辑及设计

发票验真机器人流程的业务处理逻辑包括 OCR 识别发票图片、发票批量查验并归档,下面详细介绍每个处理逻辑的详细内容。

(一) OCR 识别发票图片

启动 RPA 相关机器人对发票图片进行识别与提取,生成 Excel 表格,也可使用 OCR 技术进行扫描提取,如图 6-11、图 6-12 所示。

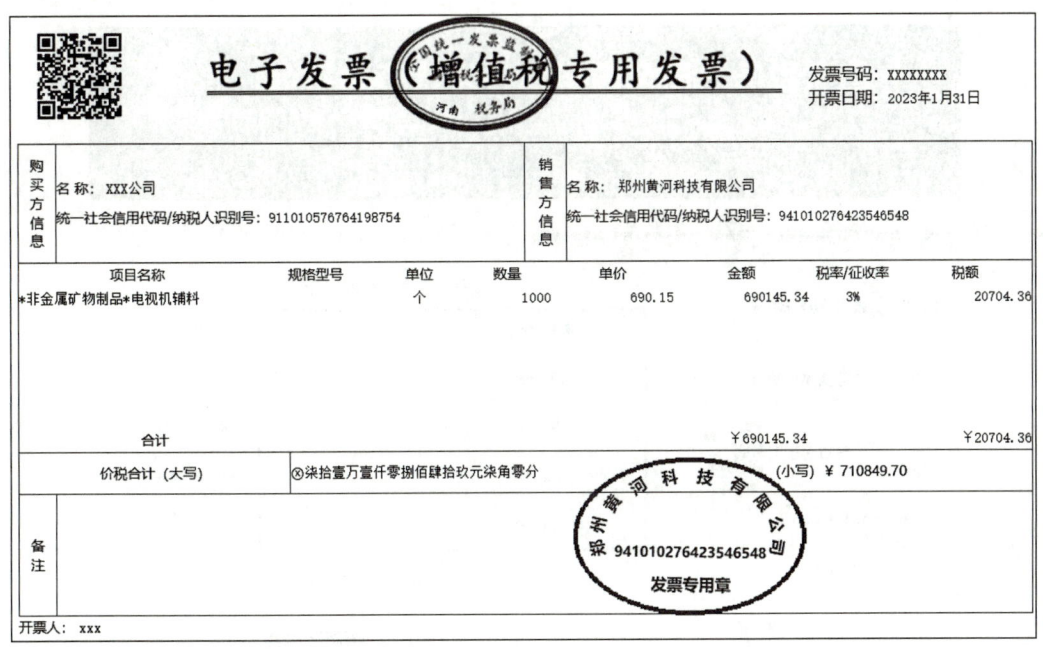

图 6-11 OCR 识别发票图片

发票类型	发票代码	发票号码	开票内容	规格	型号	单价	数量	开票金额	校验码

图 6-12 发票数据表.xlsx 打开界面

OCR 识别发票图片所需的输入与输出数据如表 6-7 所示。

表 6-7 OCR 识别发票图片输入、输出数据

项目	输入内容	文件/输入描述	目的
输入	发票图片	发票图片 分为增值税专用发票与增值税普通发票	用于发票 OCR，数据电子化后便于进行查验
输出	发票列表 （电子档）	.xlxs 文件 利用 OCR 技术识别出的发票数据列表，其中可能存在错漏，还待人工复核	用于后续人工复核与批量查验

（二）使用全国增值税查验官方平台对发票进行批量查验

登录全国增值税发票查验平台，将发票数据表格内的数据逐一进行查验，如图 6-13 所示，以图片＋文字形式记录平台返回的查验结果，如图 6-14 所示。其中所需的输入与输出数据如表 6-8 所示。

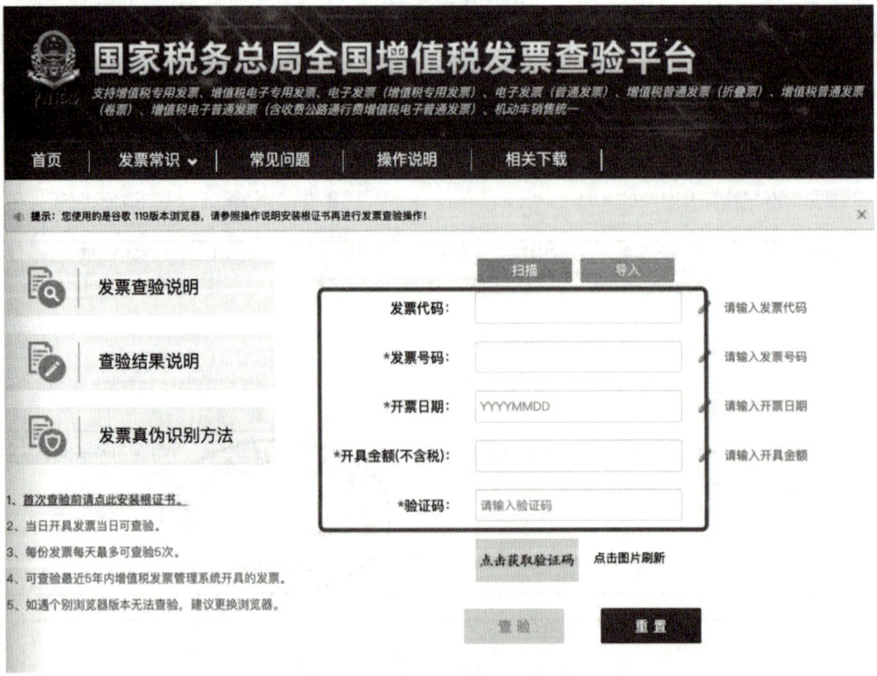

图 6-13 发票查验输入数据

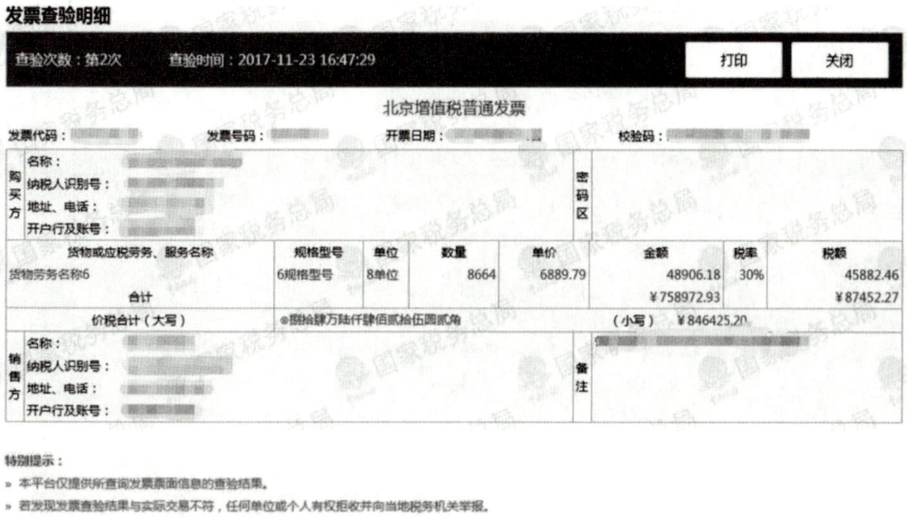

图 6-14 返回查验结果

表 6-8 查验并归档输入、输出数据

项目	输入内容	文件/输入描述	目的
输入	全国增值税发票查验平台官方网址 发票数据	网页网址 发票代码、发票号码、开篇金额、开篇日期等	用于发票查验
输出	查验结果（图片＋文字）	.png/.jpg 格式 查验结果	存储

五、流程总体分析

在发票验真场景，其核心环节在于如何实现纸质发票的电子化与如何进行批量查验以及最终查验结果如何返回给业务系统。业界已经有很多成熟的软件可以实施这 2 个环节，但 RPA 依旧有其不可替代的优点。其一在于 RPA 贴近一线需求，可快速构建开发，因为发票验真的结果信息不能成为信息孤岛，最终要回归到企业的日常财务运作中，而传统软件在查验完成后要么由人工进行数据搬运，要么进行定制化开发，其上线周期与需求满足度不好保证。其二在于 RPA 技术自主可控，成本低廉。各软件供应商利益关联，在部署时往往有一系列捆绑服务与功能，一旦基于此平台进行后续业务与软件接口开发后，替换成本较高。各位读者在遇到类似产品选择决策时，不妨利用 RPA 的类似胶水黏合剂的效用，将各大业务系统连接，提高数据的集成度与业务的自动化效率。

章 节 测 试

一、单选题

1. 采购到付款流程中,采购部门接收请购单后进行的第一步活动是( )。
   A. 市场询价　　　　　　　　　B. 签订采购合同
   C. 编制采购订单　　　　　　　D. 与供应商进行谈判
2. 采购到付款的流程中,验收部门根据( )文件对商品进行质量和数量的检验。
   A. 采购订单和采购合同　　　　B. 财务报表和银行对账单
   C. 供应商报价单和库存清单　　D. 运输单据和发票
3. 下列选项中,属于发票验真机器人识别发票上文字和图像的技术是( )。
   A. OCR(光学字符识别)　　　　B. RFID(射频识别)
   C. NLP(自然语言处理)　　　　D. ML(机器学习)
4. 采购付款流程中,财务部门准备付款后,需要进行的操作是( )。
   A. 系统标记付款完成　　　　　B. 打印付款单
   C. 出纳线下付款　　　　　　　D. 以上所有操作
5. 根据文档,RPA在采购与付款流程中的应用优势不包括( )。
   A. 提高数据处理的速度和准确性　　B. 实现跨地域和跨部门的协同工作
   C. 完全替代人工进行所有操作　　　D. 提升客户满意度

二、多选题

1. 下列选项中,属于采购到付款流程中环节的有( )。
   A. 请购　　　　　　　　　　　B. 采购实施
   C. 验收　　　　　　　　　　　D. 付款
2. 下列选项中,属于采购到付款流程的痛点的有( )。
   A. 手动处理大量数据　　　　　B. 信息孤岛
   C. 缺乏自动化流程　　　　　　D. 付款方式单一
3. 采购到付款中,典型的财务机器人场景包括( )。
   A. 发票验真业务　　　　　　　B. 请款单处理
   C. 采购付款处理　　　　　　　D. 付款单处理
4. 发票验真流程中,RPA机器人可以自动化处理的步骤包括( )。
   A. 接收纸质发票　　　　　　　B. 登录全国增值税发票查验平台
   C. 输入发票信息进行查询　　　D. 获取并保存查询结果

5. 采购到付款流程中,RPA 技术帮助企业实现风险管理和合规性要求的途径包括(　　)。
   A. 自动化数据录入减少错误　　　　B. 及时更新供应商报价和库存信息
   C. 自动执行合规性检查　　　　　　D. 实现付款的自动化和及时性

三、判断题

1. 采购到付款流程中的请购环节是根据企业内部需求提出的采购申请。（　）
2. 在采购到付款流程中,验收合格后的商品可以直接入库,无需进一步的处理。（　）
3. RPA 技术可以完全替代人工进行采购到付款的所有操作,无需任何人工干预。（　）
4. 采购付款流程中,RPA 可以帮助企业实现更高效的付款处理和供应商关系管理。（　）
5. 发票验真流程中,RPA 机器人无法自动完成发票的查验,需要人工复核。（　）

四、思考题

某国有企业在采购与付款环节引入了 RPA 技术,以提高工作效率和准确性,该企业在实施过程中,不仅关注技术层面的改进,还注重培养员工的社会主义核心价值观。企业鼓励员工积极参与 RPA 的学习和应用,通过技术创新提升个人能力,体现了对员工创新精神的培养;RPA 的引入使得采购与付款流程更加透明,减少了人为操作的空间,确保了每一笔交易的公平性;在 RPA 的实施过程中,企业强调诚信守法的重要性,通过自动化流程的规范性,加强员工的法治意识和诚信意识;通过 RPA 优化采购与付款流程,企业能够更快响应市场需求,提供更高质量的服务,体现了服务社会的宗旨。请读者试着思考以下几个问题:

1. 请简述 RPA 在采购与付款流程中的应用优势。
2. 在采购流程中,RPA 可以替代或协助哪些人工操作?请举例说明。
3. 在付款流程中,RPA 如何提高效率、降低错误率和节省成本?请结合具体场景进行分析。
4. 请阐述 RPA 在采购与付款流程中的实施步骤,以及如何确保 RPA 顺利地融入现有的业务体系。
5. 针对一家企业,假设其采购与付款流程存在以下问题:审批流程缓慢、数据录入错误率高、付款周期较长。请运用 RPA 技术,提出相应的解决方案。
6. 在实施 RPA 的过程中,可能会遇到哪些挑战和风险?请提出相应的应对措施。
7. 请谈谈您对未来 RPA 在采购与付款领域发展趋势的看法,以及如何为企业创造更多价值。

第七章

订单到收款

学习目标

1. 了解订单到收款的常见业务流程、痛点分析。
2. 熟悉RPA在订单到收款的典型应用场景。
3. 从流程描述、需求分析、自动化流程设计全生命周期掌握发票开具机器人。

本章概览

本章主要介绍订单到收款环节常见业务流程和当下的痛点分析,重点介绍RPA在订单到收款环节的典型应用场景,最后以发票开具流程为例,全面阐述从流程描述、流程分析、自动化流程需求评价,以及自动化流程设计的全过程。

章节导航

订单到收款
- RPA在订单到收款中的应用
  - 订单到收款常见业务流程
  - 订单到收款流程痛点分析
  - 订单到收款类中典型财务机器人应用场景
- 发票开具流程分析
  - 案例背景
  - 业务流程概述
  - 业务流程分析与评价
- 发票开具自动化流程设计
  - 自动化流程步骤
  - 自动化流程量化指标
  - 部署实施方式
  - 业务处理逻辑及设计
  - 流程总体分析

第一节　RPA在订单到收款中的应用

一、订单到收款常见业务流程

订单到收款是企业在销售过程中从接收客户订单到完成收款的全过程,常见业务流程包括以下几个环节,如图 7-1 所示。

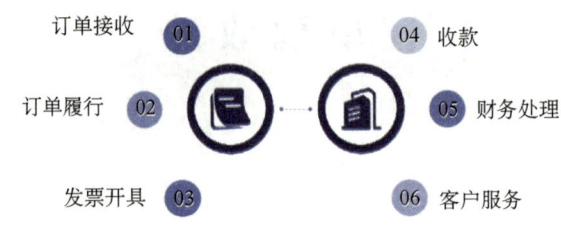

图 7-1　订单到收款的常见流程

(一) 订单接收

销售部门接收客户订单,并将订单信息录入企业订单管理系统。在录入过程中,销售人员需要核对订单内容,确保准确无误。销售部门对录入的订单进行审核和确认,检查订单内容的完整性、准确性以及客户信息的真实性。如有需要,销售人员会与客户进行沟通,进一步确认订单的详细信息,如数量、价格、交货时间等。

(二) 订单履行

企业根据订单内容组织生产、采购、库存管理等环节,确保订单的顺利实施。生产部门根据订单要求进行生产计划安排,采购部门根据订单需求进行原材料采购,库存管理部门确保订单所需商品的库存充足。

(三) 发票开具

企业在订单完成后,根据订单内容开具发票,并将发票发送给客户。发票上需详细标明商品名称、数量、金额等信息,以便客户核对。

(四) 收款

企业通过银行转账、支付宝、微信支付等方式收取客户的款项。销售人员需密切关注收款情况,对未按时收到款项的情况,及时与客户沟通,了解原因并通过催款等方式进行跟进。

(五) 财务处理

企业对收到的款项进行财务处理,包括确认收入、核对应收账款等。财务部门将收到的款项记录到财务系统中,并对相关账款进行核销,确保财务数据的准确性和完整性。

(六) 客户服务

在整个订单到收款的过程中,企业需要随时响应客户的咨询、投诉等问题,保证客户满意度。客户服务部门需密切关注客户反馈,对于客户提出的问题及时给予解答和解决,以提高客户满意度。

二、订单到收款流程痛点分析

在财务数字化转型升级中,结合订单到收款环节,下面将详细阐述存在的痛点,如图 7-2 所示。

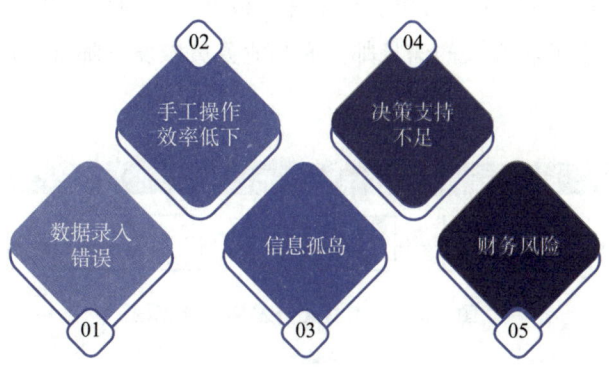

图 7-2 订单到收款流程痛点

（一）数据录入错误

在订单录入、确认、履行以及财务处理等环节，人工操作可能导致数据录入错误，影响订单处理效率和准确性。这些错误可能包括误将订单信息录入到错误的客户账户、错误的产品代码或价格等，从而导致订单处理延误或错误。

（二）手工操作效率低下

发票开具、催款等环节涉及大量手工操作，耗费人力且效率低下，容易导致处理不及时。例如，在发票开具过程中，工作人员需要手动核对订单信息、填写发票、盖章等，这些繁琐的步骤耗费大量时间和劳动力。

（三）信息孤岛

各业务环节的信息系统之间可能存在孤岛现象，导致数据无法实时共享，增加了人工核对和操作的工作量。例如，销售部门可能使用一个系统管理订单，而财务部门使用另一个系统进行财务处理，这两个系统之间缺乏有效的数据交换和集成，导致工作人员需要手动核对和录入数据。

（四）决策支持不足

由于数据无法实时共享和分析，企业在订单处理、财务决策等方面的决策支持不足，可能影响企业运营效率。例如，企业可能无法及时了解订单趋势、客户偏好等关键信息，从而无法作出快速而准确的决策。

（五）财务风险

在财务数字化转型升级过程中，可能出现系统安全性和数据资产保护不足的问题，导致财务风险。例如，数据泄露、未经授权的访问、系统故障等，都可能对企业的财务状况和声誉造成负面影响。

三、订单到收款类中典型财务机器人应用场景

（一）订单优化与发票开具

RPA 采集电子订单数据，并通过 OCR 技术识别纸质订单，登录 ERP 订单系统录入相

关数据，并对有变更需求的订单作订单变更处理。根据完成的订单数据信息，抓取销售开票数据，核对后自动开票，并将相关的信息邮件通知业务员做发票邮寄。订单优化与发票开具流程如图 7-3 所示。

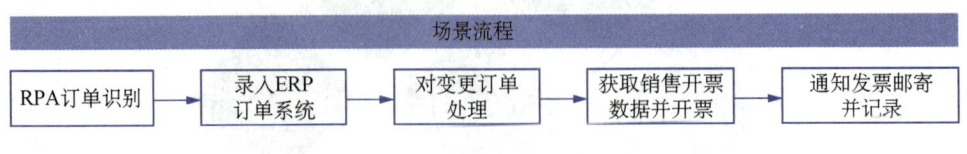

图 7-3　订单优化与发票开具流程

（二）返利管理

RPA 登录 ERP 系统搜索返利相关文件，将应收账会计提供的返利申请 Excel 数据录入系统，生成对应申请编号，并通知相关核对人，待核对审批通过后，自动登录 ERP 系统，修改表单状态。返利管理流程如图 7-4 所示。

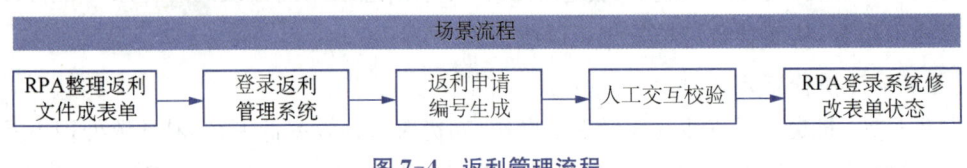

图 7-4　返利管理流程

（三）收款核销

RPA 自动登录网银，从银行系统获取来款数据并整理，然后登录到财务系统内公司模块自动进行数据比对，将符合的来款自动认领到对应的公司名下，并通知相关负责人进行人工核对，确认后，自动同步数据到账务系统进行收款核销。收款核销流程如图 7-5 所示。

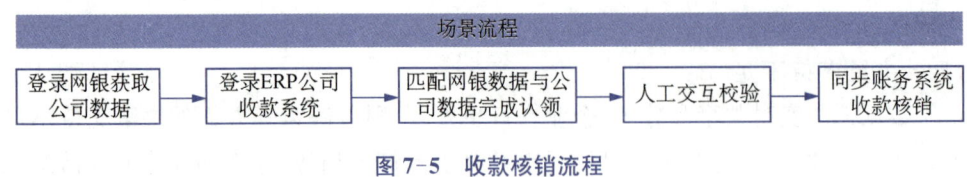

图 7-5　收款核销流程

第二节　发票开具流程分析

一、案例背景

小明正在手动为一份订单开具发票，过程中显得有些疲惫和忙碌。这时，小红走过来，关切地询问小明的工作情况。

小红:小明,我看你最近一直在忙于开具发票,是不是遇到了什么困难?

小明:小红姐,确实如此。最近订单量比较大,我需要为每个订单手动开具发票,不仅耗时而且容易出错。有时候我会在填写发票时漏掉一些订单,或者填写错误,这严重影响了工作进度。

小红:我了解你的困扰。现在有一种解决方案可以帮助你解决这个问题,那就是引入发票开具 RPA 机器人。它可以自动从订单系统中提取订单信息,然后为你开具发票,最后再发送给客户。整个过程都不需要你手动操作,可以大大节省你的时间和精力。

小明:听起来很不错,但是实施这个 RPA 机器人会不会很复杂?我们需要投入很多资源吗?

小红:实施发票开具 RPA 机器人并不复杂,而且投入的资源相对较少。它可以帮助你提高工作效率,减少人为错误,提升客户满意度。我们只需要对现有流程进行一些优化和调整,然后对 RPA 机器人进行简单的配置和培训,就可以开始使用了。

小明:那太好了!引入发票开具 RPA 机器人可以让我更专注于其他重要的财务工作,提高整体工作效率。我非常期待这个改变。

小红:好,我会尽快安排相关部门实施,确保发票开具 RPA 机器人能够顺利运行。相信它会给我们的工作带来很大的便利和提升。

二、业务流程概述

(一)业务流程描述

发票开具(以蓝字数电发票为例)业务流程步骤如下。

(1) 根据 OA 系统审核通过的开票申请表执行开票工作,开票申请表示例如图 7-6 所示。

	A	B	C	D	E	F	G	H	I	
1	申请编号	申请部门	是否回执	购方单位	纳税识别号	地址&电话	开户行&账号	发票序号	开票内容	开票金
2										
3										
4										
5										
6										
7										

图 7-6 开票申请表示例

(2) 进入电子税务局网站并登录,如图 7-7 所示。

(3) 登录成功后,点击"我要办税—开票业务—蓝字发票开具",进入电子发票服务平台,点击"立即开票"进入开票功能,选择要开具发票的票种(电子发票/纸质发票),如有差额征税等情况,需据实选择。设置后,点击"确定"按钮,发票界面如图 7-8 所示。

(4) 可在开票成功界面点击"查看发票"或"发票下载"进行发票查看与下载,并记录在开票记录表中,如图 7-9 所示。

图 7-7　电子税务局网站登录

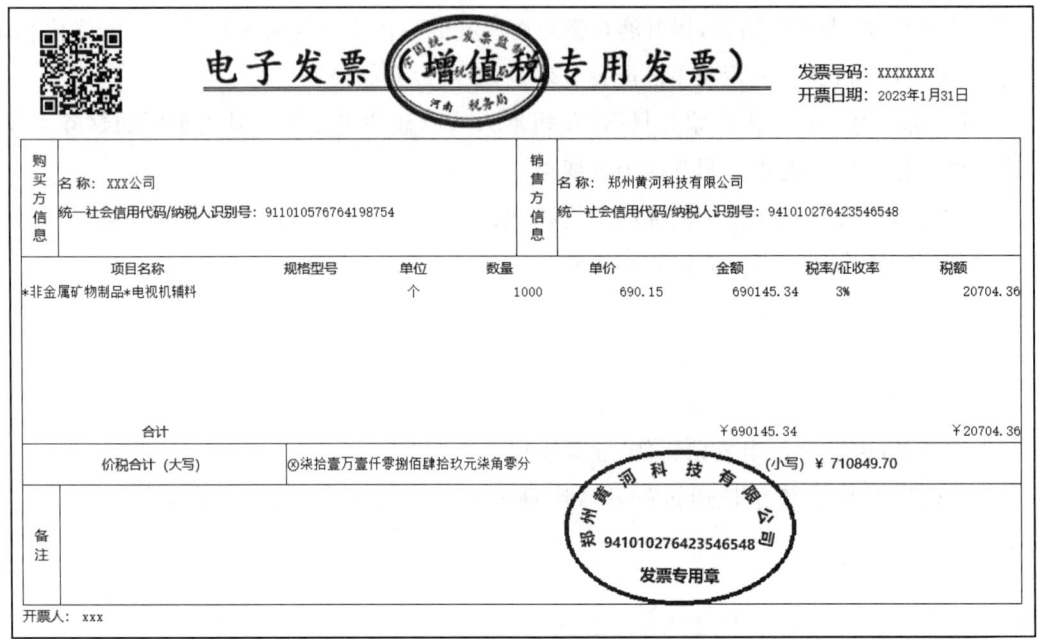

图 7-8　发票界面

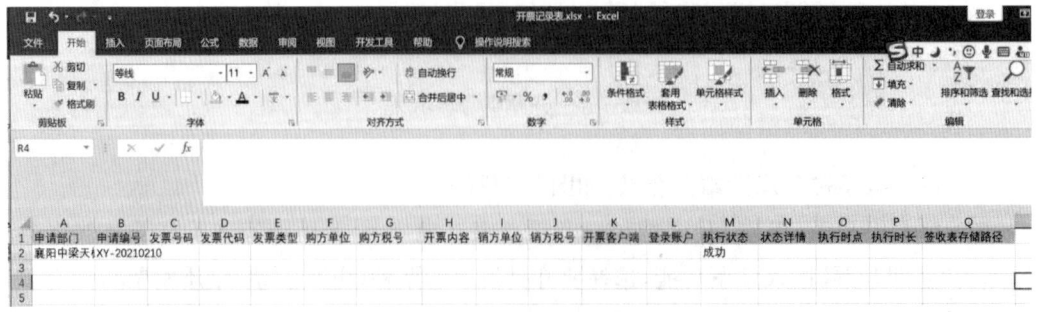

图 7-9　开票记录表

发票开具业务流程图如图 7-10 所示。

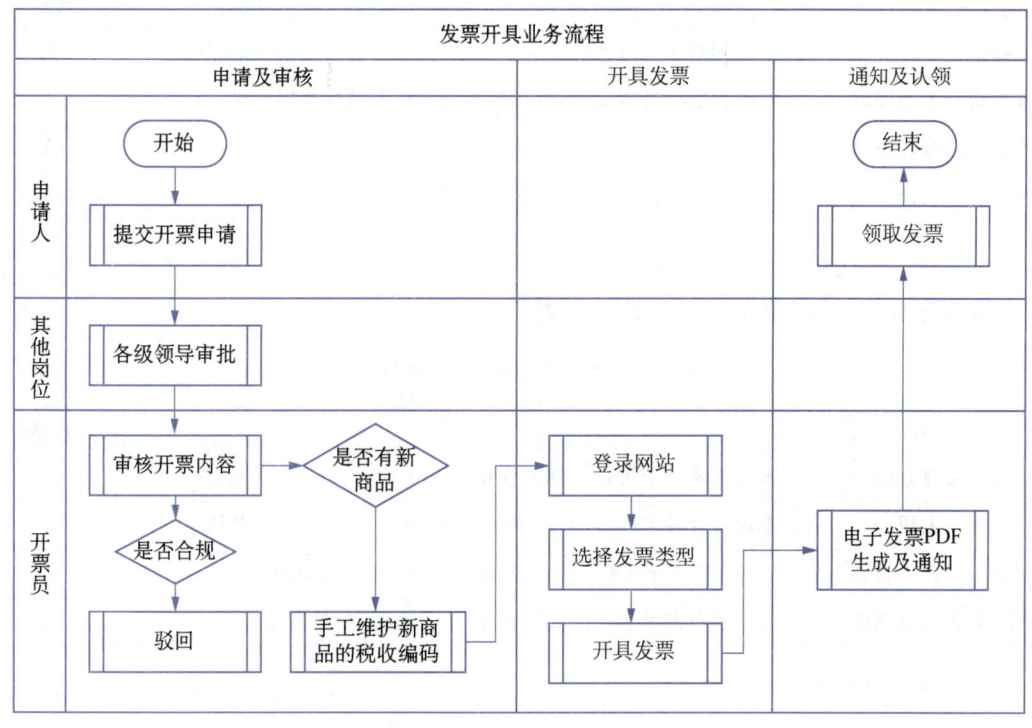

图 7-10 发票开具业务流程图

（二）业务痛点分析

在交易量上升后，企业每月可能需对外开具几百甚至上千张发票，在发票的申请、开具、领取、归档等各个环节都需耗费大量操作时间，一旦开错发票还需寄回作废冲销，极大降低日常业务的处理效率。

（三）RPA 方案

发票开具 RPA 流程可以从 OA（办公协同）系统中自动提取开票申请表进行审核，并通过税务局官网进行发票批量开具工作，最后以邮件形式返还申请人开票结果，实现开票流程端到端的自动化。业务仅需对异常的例外情况进行手工处理，无需投入过多精力在发票环节的处理上。

三、业务流程分析与评价

经过对流程的初步梳理后，进入 RPA 流程分析与评价环节，按照可行性评估、复杂度评估、风险性评估、流程收益等方面展开。具体指标内容、评级标准及权重见本书附录：自动化流程需求评审表。

（一）可行性评估

发票开具流程可行性评估详细内容如表 7-1 所示。

表 7-1 发票开具流程可行性评估表

指标	内容	评级
数据量大小	本流程对于时效性的要求不高,故机器人数量只需一个即可	A
业务规则清晰固定	本流程数据处理和设计,都基于固定规则进行数据生成	A
涉及非结构化数据	无	A
涉及复杂认证	登录全国增值税综合应用平台涉及 OCR 验证码识别	A

(二)复杂度评估

发票开具流程复杂度评估详细内容如表 7-2 所示。

表 7-2 发票开具流程复杂度评估表

指标	内容	评级
业务逻辑复杂度	本流程不涉及大量数据下载和计算分析	A
是否涉及人机交互	本流程在开发过程中,发票信息都需要人工二次复核及纠正	C
是否涉及人工智能	本流程仅涉及 OCR 识别作为验证码验证登录使用	B
相关联系统复杂度	本流程仅涉及企业内部数据,网站页面稳定,复杂度一般	A

(三)风险性评估

发票开具流程风险性评估详细内容如表 7-3 所示。

表 7-3 发票开具流程风险性评估表

指标	内容	评级
相关联系统稳定性	本流程只涉及内部共享文件,全国增值税发票综合平台,页面稳定	A
合规性风险	无	A
数据敏感性风险	企业发票数据存在一定敏感性	B
业务安全性风险	本流程替代人工进行发票的查验,不影响业务连续性	A

(四)流程收益

发票开具流程的流程收益详细内容如表 7-4 所示。

表 7-4 发票开具流程的流程收益表

指标	内容	评级
流程人工时长	2~4 小时/人/天	B
流程节省工时	3~6 个月及以上	B
ROI 计算	2 年 100% 以下	A
业务紧急重要程度	非企业重点建设项目,非公司战略层面要求等	D

经分析,发票开具流程的量化数据处理数量为 3 000 张/月,2 分钟/票,配置 1 人。

流程人工时长＝3 000×2÷30＝200(分钟/人/天)＝3.33(小时/人/天)

流程节省工时＝流程人工时长×365＝(3.33×365)÷(12×24)＝4.22(月)

以节约的工时来计算,每月工作 30 天,每天工作 8 小时,单人月工资为 6 000 元,全年 12 个月,节约工时 3.33 小时/人/天,假设总投资为 50 000 元。

经济效益＝3.33×30×12×6 000÷(30×8)＝29 970(元/年)

投资回收期间＝50 000÷29 970≈1.66(年),则投资回收期约为 2 年。

根据以上流程现状结合标准评分点评判流程。

拓展:请扫描旁边二维码,获取财务指标分析机器人自动化流程设计方案。

财务指标分析机器人自动化流程设计方案

第三节　发票开具自动化流程设计

发票开具自动化流程设计环节包括自动化流程步骤、量化指标、部署实施方式及业务详细设计点。

一、自动化流程步骤

引入 RPA 后,发票开具自动化流程可分为三大模块:开票申请及审核、发票开具、发票归档及通知。本 RPA 流程将开票场景梳理后分为 8 个步骤,其中 RPA 可介入其中 3 个步骤,包含开票申请及审核、发票开具、发票归档及通知,发票开具自动化流程图如图 7-11 所示。

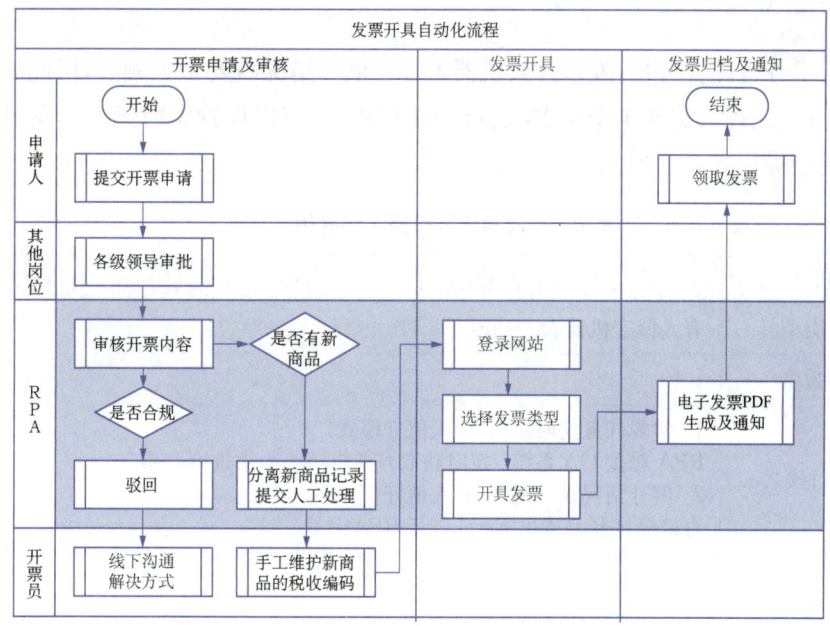

图 7-11　发票开具自动化流程图

二、自动化流程量化指标

自动化流程量化指标包括数据量,涉及的软件、硬件、网络环境等,具体如表 7-5 所示。

表 7-5 发票开具流程量化指标

项目	指标	内容
数据量 (模拟数据)	执行频率	按需
	数据量	1 000 张/月
	单次耗时	3 分钟/票
	每月总时长	46.6 小时/月
	人员配置	1 位
	时效性要求	最迟不可超过当日
涉及软件	组件	描述
	某 OA	协同办公系统
	MS Office Excel	微软办公室套件的其中一个应用 Excel
	税务局网站	
涉及硬件	组件	描述
	无	—
涉及网络环境	OA 仅能在公司内网使用	—

三、部署实施方式

针对需求分析综合考量,发票开具机器人存在例外情况需要手工触发,因此属于有人值守机器人,一个流程只需要 1 个机器人,对于常规任务,可以设置定时运行。发票开具机器人部署相关指标如表 7-6 所示。

表 7-6 发票开具机器人部署相关指标

项目	内容
Robot 类型	有人值守机器人
Robot 数量	1 个
RPA 运行模式	1. 常规任务定时运行(无人值守模式) RPA 对接 OA 系统,定时获取开票申请表附件进行开票 2. 例外情况手工触发(有人值守模式) 直接提供开票清单 Excel 进行 RPA 开票

四、业务处理逻辑及设计

发票开具业务流程共包括以下三个模块:开票申请及审核、发票开具、发票归档及通知。

(一)模块一:开票申请及审核

本模块的流程步骤包括以下内容。

1. 审核开票内容

对开票申请作最终审核,步骤如下:

(1)登录 OA 系统。输入账号、密码、验证码后点击"登录"。

(2)导航进入待审批页面(仅开票申请会流转至 RPA 账号中)。

(3)逐一下载开票申请单进行审核(含首次审核与最后一次审核的记录)。

(4)根据如下标准审核或者补充数据:①新增商品,此部分例外记录通知开票员(新增商品需人工判断赋码)。②审核发票类型及金额,标记判断是否需要发票拆分。③审核申请表勾稽关系,即数量、单价、税率、税额、金额、汇总的值是否一致。④审核备注是否符合要求。⑤审核销方信息,提交人是否有权限申请该单位发票。⑥审核购方信息是否与税务登记信息一致。

2. 驳回

上述第(4)步骤的④~⑥项审核不通过的情况,需进行如下操作:

(1)在 OA 系统操作驳回申请,要求重新提交。

(2)邮件通知开票员与申请人进行沟通。

3. 分离新商品记录

上述第(4)步骤的第①项新商品出现的情况,需进行如下操作:

(1)不进行驳回,也不将该申请单进行开票动作,等待人工介入。

(2)标记新商品的记录,并邮件通知开票员在开票软件中进行新增商品的操作。

(3)开票员操作完后可重启本模块继续开票。

开票申请及审核所需的输入及输出数据如表 7-7 所示。

表 7-7 开票申请及审核输入、输出数据

项目	输入内容	文件/输入描述	目的
输入	开票申请表	.xlsx 文件 从 OA 系统中下载的待审核的开票申请表	审核完毕后才能提交至发票开具模块
输出	开票申请表(已处理)	.xlsx 文件 其内所有的发票申请均已通过审核并且无新增商品	提交至开票软件中进行正式开票
	开票申请表(待介入)	.xlsx 文件 开票申请表内存在新增商品记录,需人工介入处理完成后再由 RPA 进行批量开具	业务应根据此表在税控软件中进行商品 & 税收分类编码的维护

(二) 模块二：发票开具

本模块的流程步骤包括以下内容。

1. 登录开票平台

根据销售方，并选择开票员账户登录。操作步骤如下：

勾选操作员，输入证书口令和用户密码后点击"登录"。

2. 选择开票类型

根据开票申请表，选择增值税专用发票或增值税普通发票。操作步骤如下：

在主界面点击"发票开具"按钮，选择发票类型进入对应录入窗口。

3. 发票开具

在软件页面上进行开票操作。操作步骤如下：

(1) 判断软件的"含税"开关是否打开，避免根据申请表输入的价格信息含义不一致。

(2) 如处于"不含税"状态，需点击打开，如处于"含税"状态，则无需操作。

(3) 在信息全部输入完成后，依次点击"打印"—"不打印"按钮，完成开票。

发票开具所需的输入及输出数据如表 7-8 所示。

表 7-8 发票开具输入、输出数据

项目	输入内容	文件/输入描述	目的
输入	开票申请表（已处理）	.xlsx 文件 其内所有的发票申请均已通过审核并且无新增商品	正式开票的数据来源
输出	正式发票清单	已在税控软件中开具完成的专用发票或普通发票	在下一环节中需打印盖章后需返回给开票申请人

(三) 模块三：发票归档及通知

本模块的流程步骤包括以下内容。

电子发票 PDF 生成及通知，按申请表内的记录逐一输出 PDF 文件并发送至申请人邮箱。操作步骤如下：

(1) 点击"主页"—"发票查询"。

(2) 根据发票清单输入发票号码。

(3) 点击发票详情，查看电子发票，另存为 PDF。

(4) 从发票清单处获取申请人邮箱，批量发送。

发票归档及通知所需的输入及输出数据如表 7-9 所示。

表 7-9 发票归档及通知输入、输出数据

项目	输入内容	文件/输入描述	目的
输入	正式发票清单	已在税控软件中开具完成的专用发票或普通发票	根据发票类型的不同进行打印盖章或直接发送通知

(续表)

项目	输入内容	文件/输入描述	目的
输出	纸质发票	纸质票据	在盖章后需返回给开票申请人
	电子发票	PDF 文件	可直接邮箱发送给开票申请人

五、流程总体分析

在发票开具 RPA 流程中，我们设定了一个模拟情景，使用 OA 系统、国家税务总局官网、邮件实现端到端的流程自动化。但其实根据企业管理模式及规模的不同，用户可以根据实际情况将流程链条的各个环节进行替换。例如，在开票审核与通知环节可以使用微信、QQ、线下表单等形式等。只要有针对性地进行流程标准化以及梳理分支情况，任何企业都可以实现自有的开票自动化流程。

章 节 测 试

一、单选题

1. 在订单到收款的流程中,属于销售人员接收客户订单并录入企业订单管理系统的步骤是(   )。
   A. 订单接收   B. 订单履行   C. 发票开具   D. 收款
2. 企业在订单完成后进行的下一步操作是(   )。
   A. 订单优化   B. 发票开具
   C. 客户服务   D. 财务处理
3. 下列选项中,属于企业收取客户款项的方式是(   )。
   A. 银行转账   B. 支付宝
   C. 微信支付   D. 所有以上方式
4. 订单到收款流程中,不属于企业需要关注的痛点的是(   )。
   A. 数据录入错误   B. 手工操作效率低下
   C. 信息系统之间的数据孤岛 D. 员工满意度
5. 根据文档,RPA在订单到收款流程中可以替代或协助的人工操作是(   )。
   A. 发票开具   B. 订单录入
   C. 收款确认   D. 所有以上操作

二、多选题

1. 下列选项中,属于订单到收款流程中环节的有(   )。
   A. 订单接收   B. 订单履行
   C. 发票开具   D. 收款
2. 下列选项中,属于订单到收款流程的痛点的有(   )。
   A. 数据录入错误   B. 手工操作效率低下
   C. 信息孤岛   D. 决策支持不足
3. 下列选项中,属于订单到收款类典型财务机器人应用场景的有(   )。
   A. 订单优化与发票开具   B. 返利管理
   C. 收款核销   D. 客户服务
4. 实施RPA的过程中,可能会遇到的挑战和风险包括(   )。
   A. 技术集成问题   B. 数据安全问题
   C. 用户接受度   D. 成本控制

5. 下列选项中,属于 RPA 技术在订单与收款领域未来发展趋势的有(　　)。
   A. 技术融合　　　　　　　　B. 业务流程优化
   C. 人工智能应用　　　　　　D. 成本效益分析

三、判断题

1. 订单到收款流程中的手工操作效率低下是由于缺乏自动化工具导致的。(　)
2. RPA 技术可以提高订单处理的速度,但无法提升数据处理的准确性。(　)
3. 在订单到收款流程中,RPA 可以帮助企业实现实时监控和异常检测。(　)
4. 企业在实施 RPA 时,不需要考虑数据安全和隐私保护的问题。(　)
5. 通过 RPA 技术,企业可以在订单到收款的各个环节实现自动化,从而提升整体工作效率。(　)

四、思考题

某电子商务公司在订单到收款环节引入 RPA 技术,以提高订单处理速度和准确性,同时加强员工的社会主义核心价值观教育。企业鼓励员工积极参与 RPA 的学习和应用,通过技术创新提升个人能力,体现了对创新精神的培养;RPA 的引入使得订单处理和收款流程更加透明,减少了人为操作的空间,确保了每一笔交易的公平性;在 RPA 的实施过程中,企业强调诚信守法的重要性,通过自动化流程的规范性,加强员工的法治意识和诚信意识;通过 RPA 优化订单到收款流程,企业能够更快响应市场需求,提供更高质量的服务,体现了服务社会的宗旨。请读者试着思考以下几个问题:

1. 在订单处理环节,RPA 可以用于哪些具体场景?请举例说明。
2. 在收款环节,RPA 如何提高效率?请列举至少 3 种可能的实现方式。
3. 请简述 RPA 在订单与收款环节中的主要优势。
4. 实施 RPA 时,可能会遇到哪些挑战?如何解决这些挑战?
5. 请谈谈您对未来 RPA 在订单与收款环节发展趋势的看法。
6. 在订单与收款环节,如何衡量 RPA 实施的效果?请提出至少 3 种衡量指标。
7. 请举例说明,如何在订单与收款环节中,将 RPA 与其他技术(如 AI、大数据等)相结合,以提高整体效率。
8. 在订单与收款环节中,如何确保 RPA 的安全性和可靠性?
9. 在培训 RPA 操作人员时,应重点培养哪些技能和能力?

第八章 费 用 报 销

学习目标

1. 了解费用报销的常见业务流程、痛点分析。
2. 熟悉 RPA 在费用报销的典型应用场景。
3. 从流程描述、流程分析、自动化流程设计全生命周期掌握报销付款业财系统核对机器人。

本章概览

本章主要介绍费用报销环节常见业务流程和当下的痛点分析,重点介绍 RPA 在费用报销环节的典型应用场景,最后以报销付款业财系统核对自动化机器人流程为例,全面阐述从流程描述、流程分析、自动化流程需求评价,以及自动化流程设计的全过程。

章节导航

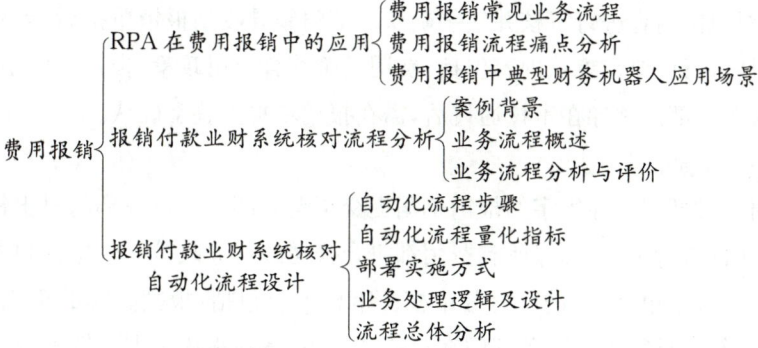

第一节 RPA 在费用报销中的应用

一、费用报销常见业务流程

费用报销是公司财务管理中的一项重要工作,涉及员工差旅费、日常办公费用、业务招待费用等多个方面。一个完整的费用报销流程通常包括的内容如图 8-1 所示。

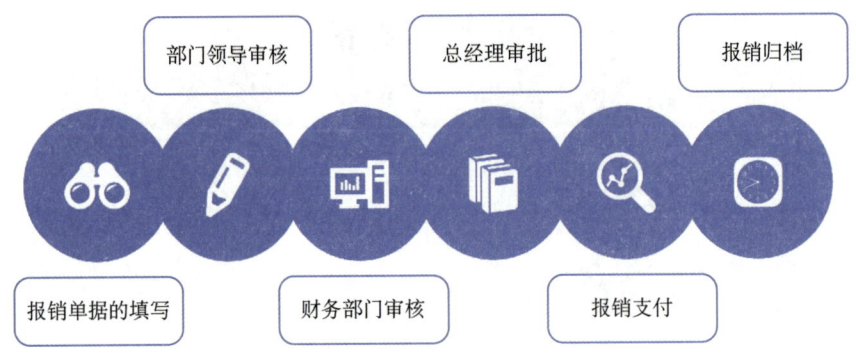

图 8-1　费用报销常见业务流程

（一）报销单据的填写

报销人需根据费用性质填写对应的报销单据,如差旅费报销单、日常费用报销单等,填写时应详尽清晰,包括费用金额、事由、时间、报销人等信息,并附上相应的发票或收据。报销人需根据实际发生的费用选择相应的报销单据,如差旅费报销单、日常费用报销单等。填写报销单据时,应详细描述费用的事由、时间、地点等信息,并确保信息准确无误。报销人需附上相应的发票或收据,以便财务部门进行审核。如有多个报销项目,应分别列出并计算总额。

（二）部门领导审核

报销人将填好的报销单据提交给部门领导进行审核,部门领导需确认费用发生的真实性及合理性,对报销内容进行审核并签字确认。部门领导收到报销单据后,需对费用发生的真实性、合理性进行审核。审核内容包括：费用是否符合公司政策、报销金额是否正确、报销事由是否合理等。部门领导在审核通过后,需在报销单据上签字确认。

（三）财务部门审核

报销人将经过部门领导签字的报销单据提交至财务部门。财务部门对报销金额的正确性、票据的合法性进行审核,确保所有费用都符合公司的财务政策和规定。财务部门收到经部门领导签字的报销单据后,进行财务审核。审核内容包括：报销金额的正确性、票据的合法性、费用是否符合预算等。财务部门在审核通过后,需在报销单据上签字确认。

（四）总经理审批

报销人将财务部门审核通过的报销单据提交给总经理。总经理对费用的合理性进行最终的审批,确认是否准予报销。财务部门将审核通过的报销单据提交给总经理。总经理对费用的合理性进行最终的审批,确认是否准予报销。总经理在审批通过后,需在报销单据上签字确认。

（五）报销支付

一旦报销单据获得总经理的批准,财务部门将按照批准的金额支付报销款项。财务部门根据总经理的批准,按照批准的金额支付报销款项。支付款项后,财务部门需在报销单据上加盖"已支付"章,以示凭证。

(六)报销归档

所有报销完毕的单据需进行归档,以备后续的审计和查询。归档时应确保单据齐全、有序,便于日后查找。

针对不同类型的费用,如差旅费、业务招待费等,还可能涉及更具体的操作流程。例如,差旅费报销可能需要出差人员提前提交出差申请,获得批准后才能进行差旅费的借支和报销。而业务招待费用报销,则可能需要事前申请,获得相关领导的批准后,才能进行费用的报销。

二、费用报销流程痛点分析

费用报销业务流程中常见的痛点如图 8-2 所示。

图 8-2 费用报销流程痛点

(一)报销流程繁琐复杂且周期长

传统的费用报销流程通常涉及多个环节,如填写报销单、粘贴发票、提交审批、财务核算等,流程繁琐,容易出错。由于报销流程复杂,审批环节多,报销周期较长,有时甚至需要数周或数月时间,影响员工的工作效率和企业资金的正常运转。

(二)报销凭证管理困难

报销凭证包括原始发票、费用清单等,这些凭证容易丢失、损坏,而且不易整理和查找,给报销工作带来困难。

(三)费用预算控制不力

在费用报销过程中,企业往往难以对费用预算进行有效控制,容易出现预算超支现象,导致企业成本上升。

(四)财务核算误差

由于报销凭证不齐全、信息不准确等原因,财务部门在核算费用时容易出现误差,影响企业财务数据的准确性。

(五) 合规风险

费用报销过程中，如果报销凭证不符合国家法律法规要求，或报销内容与实际业务不符，可能导致企业面临合规风险。

三、费用报销中典型财务机器人应用场景

结合 RPA 特性，费用报销环节中目前比较典型的财务机器人应用场景如图 8-3 所示。

图 8-3　费用报销中典型财务机器人应用场景

(一) 报销单据整合

RPA 对各类的发票数据源进行自动识别，采用 OCR 辅助技术，自动将电子发票与纸质发票和单据自动识别，分类汇总并分发传递，并生成合规报销单，登录对应系统发起审核申请。报销单据整合流程如图 8-4 所示。

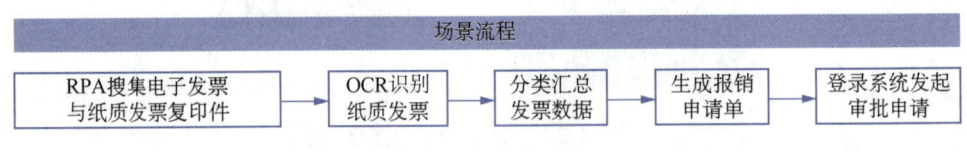

图 8-4　报销单据整合流程

(二) 费用报销审核

RPA 登录报销系统，按设定的逻辑规则、报销审核规则，校验发票真伪，检查发票是否重复报销，进行预算控制及报销标准审查，整合数据形成合规检查结果，对于有问题的申请，自动邮件通知申请人，最终生成财务检查结果数据报表。费用报销审核流程如图 8-5 所示。

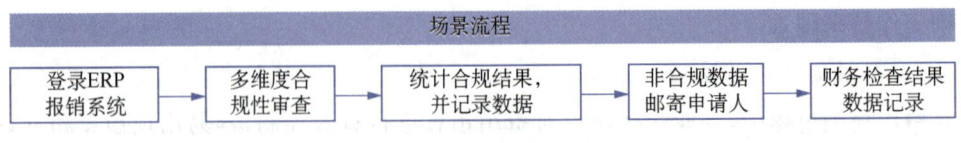

图 8-5　费用报销审核流程

第二节　报销付款业财系统核对流程分析

一、案例背景

小明正在财务部门办公室核对报销单据,小红走过来。

小红:小明,你这边报销单据核对得怎么样了?进度如何?

小明:小红姐,我这边还在核对,但是发现有一些报销单据的信息和凭证不一致,需要进一步核实,所以进度比较慢。

小红:这样啊,那我们需要加快进度,否则会影响整个财务流程。你有没有什么好的解决办法?

小明:小红姐,我觉得我们可以考虑引入 RPA 机器人,自动进行报销单据和凭证的核对,这样既能提高效率,又能减少人工错误。

小红:你能详细介绍一下吗?

小明:当然可以。RPA 机器人,即报销付款业财系统核对 RPA 机器人,是一种能够模拟人类用户操作计算机软件的自动化工具。它能够自动读取报销单据和凭证的信息,进行核对,然后给出核对结果。这样既能减少人工操作,提高效率,又能减少人为错误,保证财务数据的准确性。

小红:听起来不错,那你觉得需要怎么实施呢?

小明:首先,我们需要选择合适的 RPA 机器人供应商,根据我们的需求进行定制开发。其次,我们需要对员工进行培训,让他们了解如何使用 RPA 机器人。最后,我们就可以开始使用 RPA 机器人进行报销单据和凭证的核对了。

小红:好的,那你尽快去了解一下。

二、业务流程概述

(一)业务流程描述

费用报销业务中的一个重要环节是报销付款业财系统核对。企业在发生报销付款行为时,需要核对报销系统和 ERP 系统的未付款信息,核对一致则进行付款操作,否则须告知相关业务员。

报销付款业财系统核对业务流程步骤如下。

1. 导出报销系统未付款数据

(1)登录报销系统,进入财务审核模块。

(2)筛选出未付款数据,导出并按人员汇总,保存为 Excel 文件 A。

2. 导出 ERP 系统未付款数据

（1）登录 ERP 系统，进入核算维度余额表。

（2）筛选出未付款数据，导出并按人员汇总，保存为 Excel 文件 B。

3. 核对未付款金额

核对未付款金额分以下情形处理：

（1）核对 A、B 汇总表，若数据一致，将应付金额填入银行批量付款模板，将 A、B 汇总表和付款模板发送至相关人员邮箱。

（2）核对 A、B 汇总表，若数据不一致，将 A、B 汇总表通过邮箱发送给相关人员检查。

报销付款业财系统核对业务流程图如图 8-6 所示。

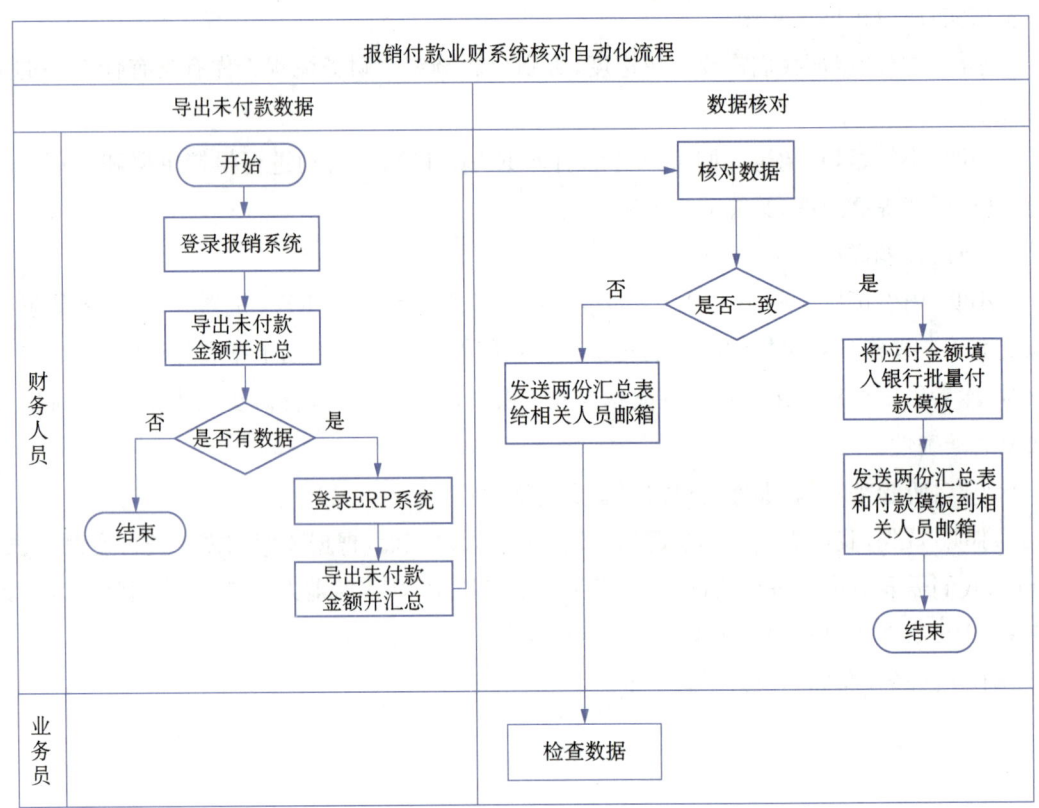

图 8-6　报销付款业财系统核对业务流程图

（二）痛点分析

在报销数据增多后，企业每月需不定时核对报销系统和 ERP 系统的未付款信息，对核对结果作相应的处理，其中在系统操作和核对数据正确性等环节都需耗费大量操作时间，效率低且易出错。

（三）需 RPA 实现的功能

报销付款业财系统核对 RPA 流程可以自动登录报销系统导出未付款金额按人员汇总，

并登录 EPR 系统导出未付款金额按人员汇总,将两者进行汇总核对,若结果一致则将应付金额填入银行批量付款模板,将汇总结果和付款模板发送至相关人员邮箱,若不一致,发送邮箱给相关人员检查。业务员仅需对异常情况进行处理,无需在核对数据上耗费太多时间。由此可见,RPA 可以完全替代财务人员工作。

三、业务流程分析与评价

经过对流程的初步梳理后,进入 RPA 流程分析与评价环节,按照可行性评估、复杂度评估、风险性评估、流程收益方面展开。具体指标内容、评级标准及权重见本书附录:自动化流程需求评审表。

(一)可行性评估

报销付款业财系统核对流程可行性评估详细内容如表 8-1 所示。

表 8-1　报销付款业财系统核对流程可行性评估表

指标	内容	评级
数据量大小	本流程只有 1 个,故机器人数量只需一个即可	A
业务规则清晰固定	本流程数据处理和设计,基于固定规则进行数据生成	A
涉及非结构化数据	无	A
涉及复杂认证	登录报销系统及 ERP 系统,认证复杂度一般	A

(二)复杂度评估

报销付款业财系统核对流程复杂度评估详细内容如表 8-2 所示。

表 8-2　报销付款业财系统核对流程复杂度评估表

指标	内容	评级
业务逻辑复杂度	本流程的数据比对逻辑比较简单	A
是否涉及人机交互	本流程在两份数据核对需要人工检查	C
是否涉及人工智能	本流程不涉及	A
相关联系统复杂度	本流程仅涉及企业内部系统且系统稳定,复杂度一般	A

(三)风险性评估

报销付款业财系统核对流程风险性评估详细内容如表 8-3 所示。

表 8-3　报销付款业财系统核对流程风险性评估表

指标	内容	评级
相关联系统稳定性	本流程只涉及报销系统与 ERP 系统,页面稳定	A
合规性风险	无	A

(续表)

指标	内容	评级
数据敏感性风险	企业报销数据不敏感	A
业务安全性风险	本流程替代人工进行数据的下载与核对,不影响业务连续性	A

(四)流程收益

报销付款业财系统核对流程的流程收益详细内容如表 8-4 所示。

表 8-4　报销付款业财系统核对流程的流程收益表

指标	内容	评级
流程人工时长	8.33 小时/人/天,为 4 小时/人/天	A
流程节省工时	10.56 个月,为 6 个月以上	A
ROI 计算	年 100%以下	A
业务紧急重要程度	非企业重点建设项目,非公司战略层面要求等	D

经分析,报销付款业财系统核对流程的量化数据处理数量为 1 000 张/月,5 分钟/票,配置 1 人。

流程人工时长=1 000×5÷30=500(分钟/人/天)=8.33(小时/人/天)

流程节省工时=流程人工时长×365=(8.33×365)÷(12×24)=10.56(月)

以节约的工时来计算,每月工作 30 天,每天工作 8 小时,单人月工资为 6 000 元,全年 12 个月,节约工时 8.33 小时/人/天,假设总投资为 50 000 元。

经济效益=8.33×30×12×6 000÷(30×8)=74 970(元/年)

投资回收期间=50 000÷74 970≈0.67(年),则投资回收期在 1 年内。

根据以上流程现状结合标准评分点评判流程。

拓展:请扫描旁边二维码,获取成本费用数据维护机器人自动化流程设计方案。

成本费用数据维护机器人自动化流程设计方案

第三节　报销付款业财系统核对自动化流程设计

报销付款业财系统核对自动化流程设计环节包括自动化流程步骤、自动化流程量化指标、部署实施方式、业务处理逻辑及设计。

一、自动化流程步骤

(一)流程步骤描述

报销付款业财系统核对自动化流程图如图 8-7 所示。

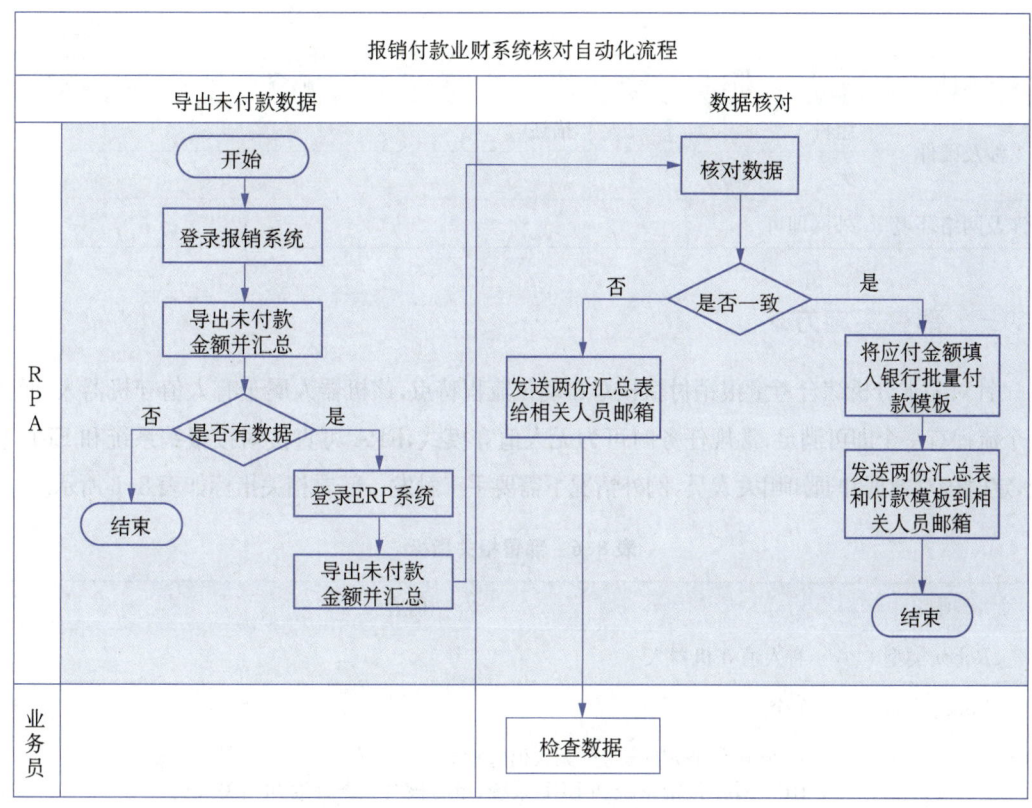

图 8-7　报销付款业财系统核对自动化流程图

二、自动化流程量化指标

自动化流程量化指标包括数据量，涉及软件、硬件及网络环境内容如表 8-5 所示。

表 8-5　流程量化指标表

项目	指标	内容
数据量 （模拟数据）	执行频率	按需
	数据量	1 000 条/月
	单次耗时	5 分钟/条
	每月总时长	10.56 个月
	人员配置	1 位
	时效性要求	每月
涉及软件	组件	描述
	某 OA	协同报销系统
	MS Office Excel	微软办公室套件的其中一个应用 Excel
	税务局网站	战略性企业管理软件

（续表）

项目	指标	内容
涉及硬件	组件	描述
	无	—
涉及网络环境	外网即可	—

三、部署实施方式

针对需求分析综合考量报销付款核对自动化流程特点，该机器人属于有人值守机器人，而且一个流程有一个即可满足，常规任务时可为无人值守模式，RPA 可直接对接报销系统和 ERP 系统，定时核对数据并通知相关人员，例外情况下需要手工触发。部署相关指标如表 8-6 所示。

表 8-6 部署相关指标

项目	内容
Robot 类型	有人值守机器人
Robot 数量	1 个
RPA 运行模式	1. 常规任务定时运行（无人值守模式） RPA 对接报销系统和 ERP 系统，定时核对数据并通知相关人员 2. 例外情况手工触发（有人值守模式） 直接启动 RPA
备注	确保报销系统和 ERP 系统的可用性

四、业务处理逻辑及设计

报销付款业财系统核对 RPA 流程将抓取分析场景梳理后分为 9 个步骤，其中 RPA 可介入其中 8 个步骤，覆盖导出和分析数据两个阶段，业务仅需对部分例外情况与线下操作进行处理。

（一）模块一：导出报销系统未付款数据

登录报销系统，筛选出未付款数据，导出并按人员汇总，保存为 Excel 文件。报销系统界面如图 8-8 所示，导出报销系统未付款输入、输出数据如表 8-7 所示。

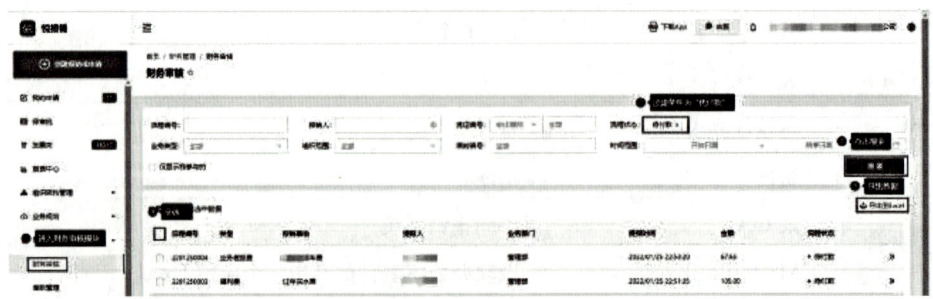

图 8-8 报销系统界面

表 8-7　导出报销系统未付款输入、输出数据

项目	输入内容	文件/输入描述	目的
输入	配置表	.xlsx 文件 提供报销和 ERP 系统的登录账号	提供报销和 ERP 系统的登录账号
输出	未付款数据	.xlsx 文件	核对未付款信息的数据来源

(二)模块二:导出 ERP 系统未付款数据

登录 ERP 系统,筛选出未付款数据,导出并按人员汇总,保存为 Excel 文件 B,登录 ERP 系统,进入核算维度余额表界面,如图 8-9 所示。设置过滤条件,导出数据示例,如图 8-10、图 8-11 所示,导出 ERP 系统未付款输入数据如表 8-8 所示。

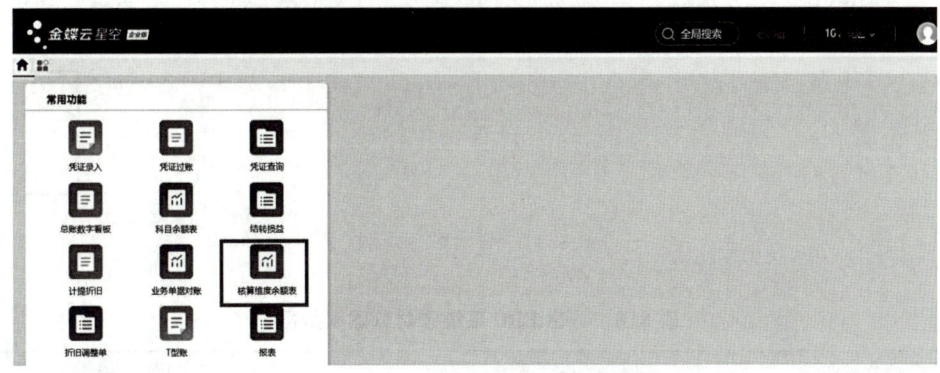

图 8-9　核算维度余额表界面

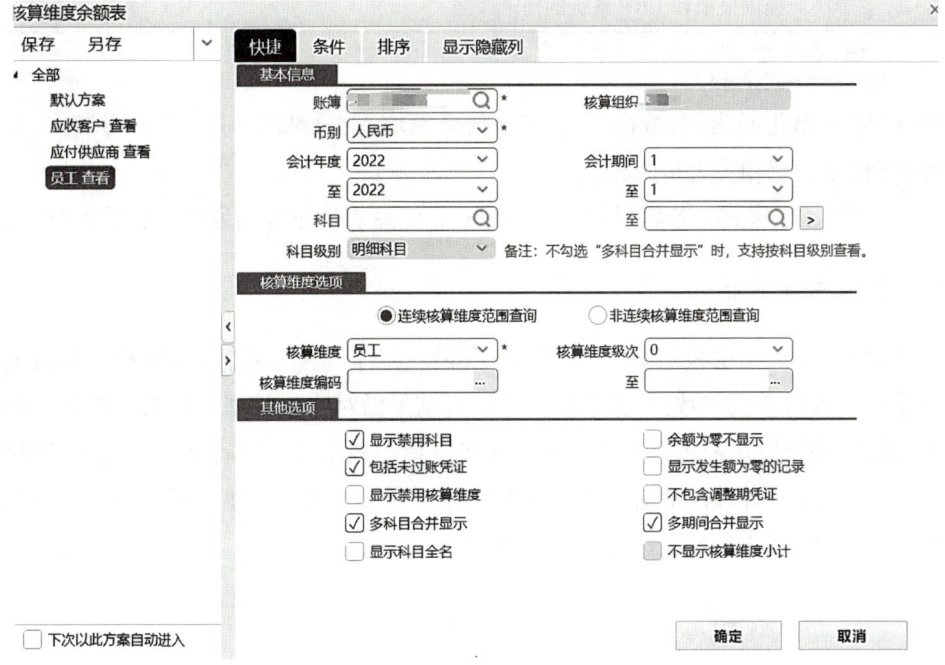

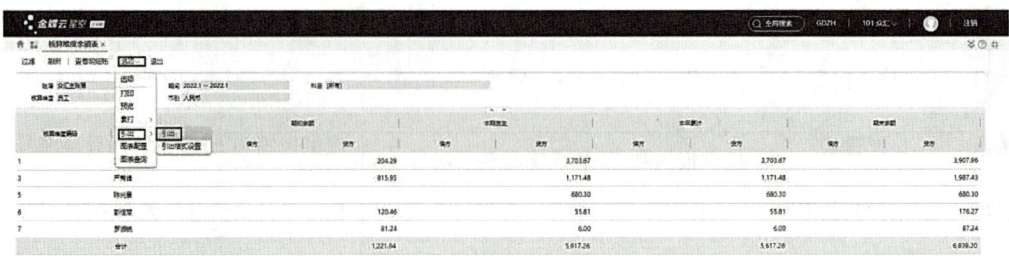

图 8-10　过滤条件设置页面

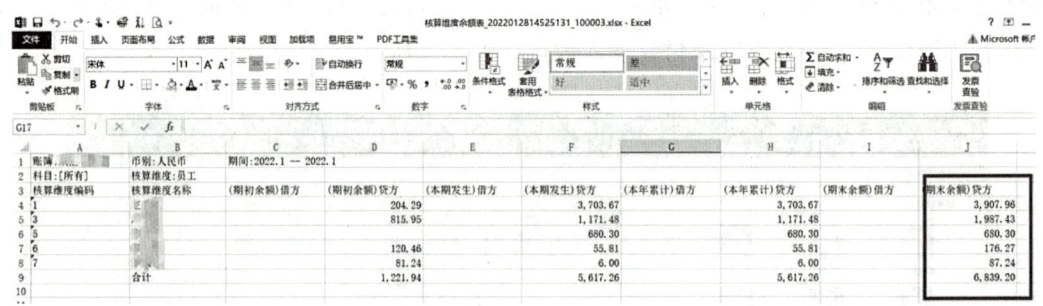

图 8-11　导出数据示例

表 8-8　导出 ERP 系统未付款输入数据

编号	输入内容	文件/输入描述	目的
1	配置表	.xlsx 文件 提供报销和 ERP 系统的登录账号	提供报销和 ERP 系统的登录账号

(三)模块三:数据核对

(1) 核对 A、B 汇总表,若数据一致,将应付金额填入银行批量付款模板,并将 A、B 汇总表和付款模板发送至相关人员邮箱。

(2) 核对 A、B 汇总表,若数据不一致,将 A、B 汇总表通过邮箱发送给相关人员检查。

五、流程总体分析

在报销付款业财系统核对 RPA 流程中,我们设定了一个模拟情景,自动核对报销系统和 ERP 系统的未付款报销数据,并根据两种核对结果做对应的处理。但根据各企业使用的系统和数据的多样性,用户可以根据实际情况将流程的各个环节进行修改。例如,导出未付款报销数据,可以选择钉钉、微信、OA 等协同办公系统的数据;在导出 EPR 未付款数据,可以选择用友、鼎捷等 ERP 系统,银行的付款模板也可自定义。

章 节 测 试

一、单选题

1. 费用报销流程中,属于报销单据应填写信息的是( )。
   A. 费用金额和事由
   B. 费用金额、事由、时间、报销人等信息
   C. 仅附上发票或收据
   D. 部门领导的签字
2. 报销单据的审核中,负责审核的角色是( )。
   A. 财务人员　　　B. 部门领导　　　C. 总经理　　　D. 审计人员
3. 费用报销流程中,财务部门审核的主要内容是( )。
   A. 费用的真实性　　　　　　　B. 费用的合理性
   C. 费用金额的正确性和票据的合法性　　D. 报销人的职位级别
4. 费用报销流程中,总经理审批的主要目的是( )。
   A. 确认报销流程的合规性　　　B. 确认费用的合理性
   C. 确认报销单据的完整性　　　D. 确认财务部门的审核结果
5. 费用报销流程中,报销归档的主要目的是( )。
   A. 便于后续审计和查询　　　　B. 确认报销流程的完成
   C. 提供报销凭证的备份　　　　D. 通知报销人报销成功

二、多选题

1. 下列选项中,属于费用报销流程中涉及的凭证包括( )。
   A. 原始发票　　　B. 费用清单　　　C. 电子收据　　　D. 报销申请表
2. 下列选项中,属于费用报销流程的痛点的有( )。
   A. 报销流程繁琐复杂　　　　　B. 报销凭证管理困难
   C. 费用预算控制不力　　　　　D. 财务核算误差
3. 下列选项中,属于费用报销类典型财务机器人应用场景的有( )。
   A. 报销单据整合　　　　　　　B. 费用报销审核
   C. 收款核销　　　　　　　　　D. 发票开具
4. RPA在费用报销流程中的主要作用包括( )。
   A. 自动识别和分类发票数据　　B. 减少人工操作,提高效率
   C. 减少人为错误　　　　　　　D. 提升客户满意度

5. 实施RPA费用报销解决方案时,应考虑的关键因素包括(　　)。
   A. 流程的标准化　　　　　　　　B. 数据的安全性和隐私保护
   C. 用户的接受度和培训　　　　　D. 技术的稳定性和可靠性

三、判断题

1. 费用报销流程中的手工操作可以通过RPA技术得到显著简化。（　）
2. 报销单据的填写不需要附上相应的发票或收据。（　）
3. 部门领导在费用报销流程中不负责审核报销内容的真实性和合理性。（　）
4. 总经理审批是费用报销流程中的最终步骤。（　）
5. 费用报销流程中的归档工作对于保证财务数据的准确性和完整性至关重要。（　）

四、思考题

某大型国有企业为了提高费用报销的效率和透明度,决定引入RPA技术。该企业在实施RPA的过程中,不仅关注技术层面的改进,还注重培养员工的社会主义核心价值观。通过RPA,企业建立了一套标准化的费用报销流程,所有员工都必须按照这一流程提交报销申请,这强化了员工的纪律性和规矩意识;RPA确保了每一笔费用报销都按照同样的标准和规则进行审核,避免了人为的偏袒或歧视,体现公平正义的原则;企业在实施RPA的同时,开展了诚信教育活动,强调报销的诚信性,提醒员工不得虚报费用,这有助于树立员工的诚信守法意识。RPA的应用显著提高了报销流程的效率,减少了员工在报销上的时间浪费,使他们能够将更多的时间和精力投入到工作中,体现了效率和节约的价值观。请读者试着思考以下几个问题:

1. 请简述RPA在费用报销流程中的主要作用是什么?
2. 在费用报销中,RPA可以自动完成哪些传统人工操作?请举例说明。
3. 如何利用RPA技术提高费用报销的效率和准确性?
4. 请分析RPA在费用报销中可能遇到的挑战和解决方案。
5. 在实施RPA费用报销解决方案时,应考虑哪些关键因素以确保项目的成功?
6. 请举例说明RPA在费用报销中的实际应用案例,并分析其效果。
7. 如何结合云计算、大数据等技术,进一步优化RPA在费用报销中的应用?
8. 请谈谈您对未来RPA在费用报销领域发展趋势的看法。
9. 针对费用报销,请设计一个基于RPA的自动化流程,并简要说明其工作原理。

第九章

总 账 到 报 表

1. 了解总账到报表的常见业务流程、痛点分析。
2. 熟悉 RPA 在总账到报表的典型应用场景。
3. 从流程描述、需求分析、自动化流程设计全生命周期掌握银企对账机器人。

本章概览

本章主要介绍总账到报表环节常见业务流程和当下的痛点分析,重点介绍 RPA 在总账到报表环节的典型应用场景,最后以银企对账机器人流程为例,全面阐述从流程描述、流程分析、自动化流程需求评价,以及自动化流程设计的全过程。

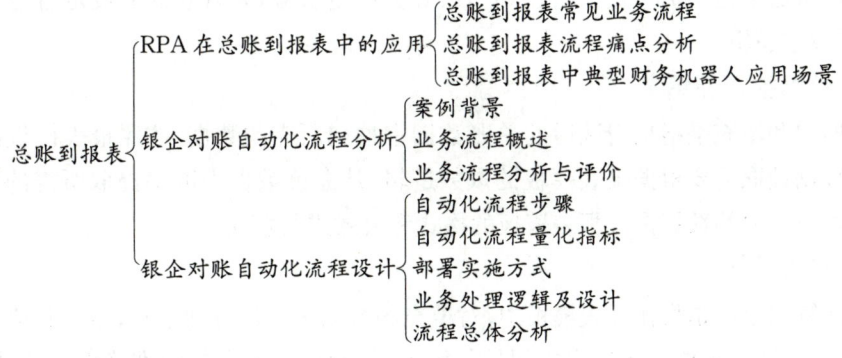

第一节 RPA 在总账到报表中的应用

一、总账到报表常见业务流程

总账到报表过程中常见业务流程详细内容如下,如图 9-1 所示。

图 9-1　总账到报表常见业务流程

（一）准备总账数据

财务部门需要对各类会计凭证、账簿进行整理，确保数据的准确性和完整性。此外，财务部门还需对总账数据进行归档，以便后续查询和核对。

（二）数据核对和清洗

财务共享服务中心应对收集到的总账数据进行核对和清洗。核对主要包括核对账务数据的准确性、完整性、一致性等方面。清洗主要包括数据格式的统一、异常值的处理、缺失值的填充等。

（三）制定报表模板

在制定报表模板时，需要充分考虑企业的财务报告要求、业务特点及报表使用者的需求。报表模板通常包括资产负债表、利润表、现金流量表等，并且它需要设定合适的报表格式、公式和取数逻辑。

（四）数据抽取和填充

数据抽取和填充是指从清洗后的总账数据中抽取所需的数据，按照报表模板的要求进行填充。数据抽取需要根据报表模板的取数逻辑，从总账数据中准确提取所需的数据。数据填充需要将提取的数据按照报表模板的格式和公式进行填充。

（五）报表计算和生成

报表计算和生成是指在报表模板中，对填充的数据进行计算和汇总，生成相应的财务报表。在生成报表时，需要关注报表之间的勾稽关系，确保报表数据的准确性。此外，还需对报表进行格式调整和美化，以便于阅读和分析。

（六）报表发布和报送

经过审核和修订的财务报表，按照规定的时间节点进行发布和报送。报表发布后，相关责任人需要对报表进行解读和分析，为企业的决策提供依据。

二、总账到报表流程痛点分析

数字化转型过程中，总账到报表环节的痛点如图 9-2 所示。

图 9-2　总账到报表环节痛点

（一）数据准确性问题

在总账到报表的过程中，数据准确性是非常关键的。然而，由于总账数据可能存在错误或遗漏，如会计处理错误、系统自动取数错误等，这会导致报表数据不准确。此外，数据输入的错误、不完整的记录、未记录的交易等也可能导致数据准确性问题。

（二）数据提取和填充困难

在数据提取和填充过程中，可能会遇到各种问题，如数据格式不统一、数据缺失、数据异常等。这些问题可能会导致数据提取和填充困难，进而影响报表的生成。此外，数据也可能因为存储位置、存储格式等问题而难以提取。

（三）报表模板设计不合理

报表模板设计不合理可能会导致报表数据不准确、不完整，或者报表格式不便于阅读和分析。例如，报表模板中可能漏掉了一些重要的数据指标，或者报表格式过于复杂，导致阅读困难。

（四）报表审核流程复杂

报表审核流程可能涉及多个部门和人员，如财务部门、审计部门、高管等。这会导致审核效率低下，影响报表的及时发布。此外，不同部门可能有不同的利益诉求，可能会导致报表数据被篡改。

（五）缺乏有效的数据分析

报表生成后，如果缺乏有效的数据分析，可能导致报表无法为企业的决策提供有力的支持。例如，报表中可能包含大量的数据，但是缺乏深入的分析和解读，导致数据无法转化为有用的信息。

（六）系统问题

财务软件或系统可能出现故障或错误，导致数据提取、报表生成等过程出现问题。例如，系统可能因为硬件故障、软件升级等问题而无法正常运行。

三、总账到报表中典型财务机器人应用场景

总账到报表环节的典型应用场景如图 9-3 所示。

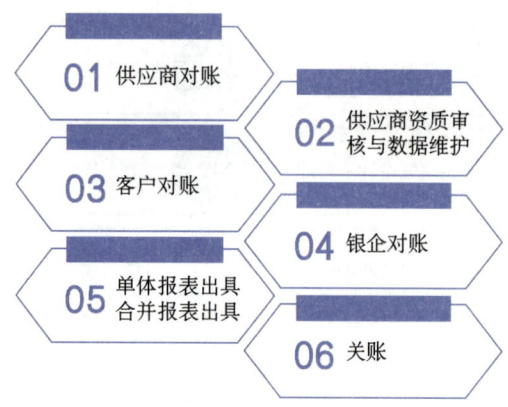

图 9-3　总账到报表中典型财务机器人应用场景

（一）供应商对账

设置好对账触发时间，RPA 机器人登录财务模块，查询供应商信息并生成 Excel 表单，RPA 机器人自动逐项向供应商发送对账邮件提醒，完成对账提醒，并自动完成订单状态查询、发货状态查询，如图 9-4 所示。

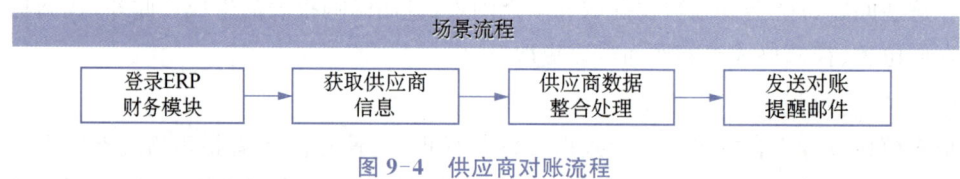

图 9-4　供应商对账流程

（二）供应商资质审核与数据维护

RPA 自动将供应商提供的资料信息上传至系统中，比如获取营业执照影像并识别指定位置上的字段信息，填写信息到供应商主数据管理系统，上传相关附件、RPA 自动、定期审核供应商资质信息并反馈结果信息，如图 9-5 所示。

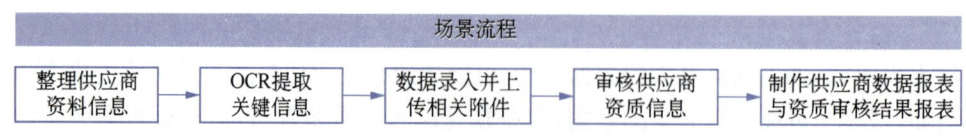

图 9-5　供应商资质审核与数据维护流程

（三）客户对账

RPA 获取应收与实收数据，按照账号、打款备注等信息进行自动对账，向存在对账差异的客户发送对账提醒邮件，对于对账没问题的进行自动账务处理，如图 9-6 所示。

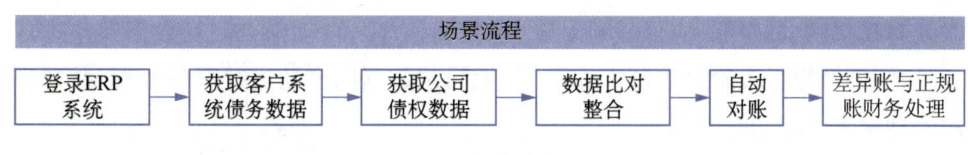

图 9-6　客户对账流程

(四) 银企对账

每个对账周期，RPA 机器人自动登录柜面管理系统，或者网银的对账账单数据列表，提取列表中的公司账号与账户上的余额，自动进行对账，将对账结果录入余额调节表。重复执行所有列表项内的公司对账，如图 9-7 所示。

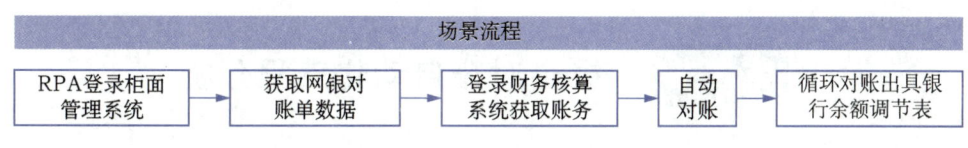

图 9-7　银企对账流程

(五) 单体报表出具与合并报表出具

1. 单体报表出具

RPA 自动完成数据汇总、合并抵销、邮件数据催收、系统数据导出等工作，自动整合分列数据并处理，自动生成模板化的单体报表，如图 9-8 所示。

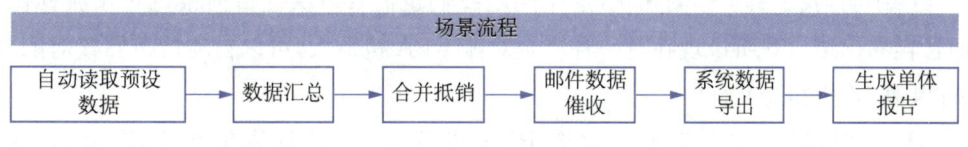

图 9-8　单体报表出具流程

2. 合并报表出具

RPA 自动从 ERP 等系统内导出汇率数据和合并数据的处理与计算，计算出期末余额并对结果进行检查。自动监测邮箱，获取子公司的月报文件并发出催收提醒，进行数据汇总，根据抵销规则合并抵销分录，根据所有数据，生成月合并报表，如图 9-9 所示。

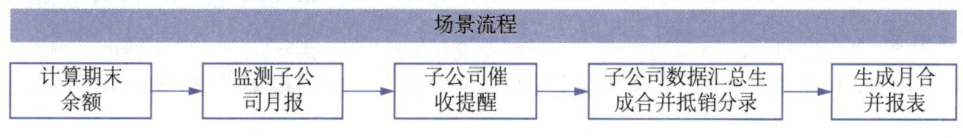

图 9-9　合并报表出具流程

(六) 关账

期末，RPA 自动进行各项关账，按设定规则进行（现金盘点、银行对账、销售收入确认、应收账款对账、关联方对账、应付款项对账、存货确认等),自动筛查问题数据并整理成对应报表,发送问题数据报表给对应负责人员,若无问题数据则自动进行账务处理,并整理成所需要的各种报表,如图 9-10 所示。

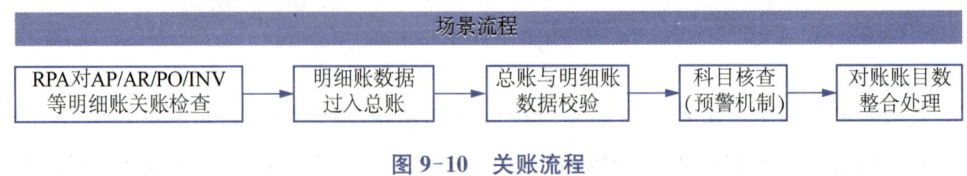

图 9-10 关账流程

第二节 银企对账自动化流程分析

一、案例背景

企业财务部门的会计小明和财务经理小红正在讨论对账的问题。

小明:经理,最近我们的银行对账工作有点繁琐,有些账目总是对不上,您看有什么好的解决办法吗?

小红:小明,我了解了你的困扰,这个问题我们也需要解决。目前银行对账流程比较复杂,而且容易出错。我听说现在有一种银企对账 RPA 机器人,可以自动帮我们核对账目,准确率非常高,你觉得怎么样?

小明:经理,我之前也听说过这个 RPA 机器人,但是具体怎么实施,我还是有些疑惑。

小红:这个你不用担心,我们可以自己实施这个 RPA 机器人。它可以帮助我们自动核对银行流水和公司账务记录,提高对账效率和准确性,减轻我们的工作负担。

小明:听起来很不错,那我们应该怎么实施这个 RPA 机器人呢?

小红:我们需要先评估我们的对账流程和需求,然后选择合适的 RPA 工具。接下来,我们可以培训相关人员,让他们掌握 RPA 的使用方法。在实施过程中,我们需要密切关注数据安全和隐私保护。

小明:好的,那我马上去了解相关情况。期待这个 RPA 机器人能帮助我们解决对账问题。

小红:我相信有了这个 RPA 机器人,我们的对账工作会变得轻松很多。你尽快去办理相关事宜吧。

于是,小明在财务经理小红的建议下,决定在企业内部实施银企对账 RPA 机器人,以提高对账效率和准确性。

二、业务流程概述

(一) 业务流程描述

在财务领域经常需要对银行账户交易流水与企业交易记账流水进行核对，目的是检测出不一致的流水，以便及时处理、避免损失，这是管控财务风险的必不可缺的重要手段之一。对账的常用方法是根据交易摘要、日期和客户号等信息，比对银行和企业双方的借贷金额是否一致，即有借必有贷、借贷必相等，以及银行账户余额和企业的日记账余额是否一致。

业务流程步骤如下：

(1) 登录银行网站，获取银行对账单，对账单如图 9-11 所示。

日期	摘要	凭证种类	凭证号码	借方	贷方	余额	对方账号	对账户名	流水号	对账结果
20171101	期初余额			0	0	2922420.08				
20171105	现金存入			0	50000	2972420.08				
20171108	转账汇款			15429	0	2956991.08				
20171108	扣缴纳增值税			56000	0	2900991.08				
20171108	扣缴纳个人所得税			852.73	0	2900138.35				
20171108	扣缴纳地方税费			6720	0	2893418.35				
20171110	汇款入账			0	145775.46	3039193.81				
20171115	支付工资			119385.27	0	2919808.54				
20171115	扣缴纳社会保险费			54479	0	2865329.54				
20171115	扣缴纳工会经费			3044	0	2862285.54				
20171115	扣缴纳公积金			31400	0	2830885.54				
20171118	取现			30000	0	2800885.54				
20171120	汇款入账			0	206255.54	3007141.08				
20171121	利息			0	737.47	3007878.55				
20171125	现金存入			0	68092	3075970.55				
20171130	汇款入账			0	99884.07	3175854.62				
20171130	水电费			19176	0	3156678.62				
20171130	电话费			2670	0	3154008.62				
20171130	转入			0	599400	3753408.62				
20171130	转账汇款			300000	0	3453408.62		艾斯电器有限公司		
20171130	手续费			15		3453393.62				
20171130	转账汇款			200000	0	3253393.62		佛山龙腾贸易有限公司		
20171130	手续费			15		3253378.62				

图 9-11 银企对账中银行对账单示例(部分)

(2) 在企业 SAP 系统中下载银行日记账，日记账如图 9-12 所示。

明细科目_币别	日期	凭证字号	摘要	对方科目	业务编号	借方本位币金额	贷方本位币金额	余额方向	本位币余额	对账结果
明细科目：(100201)银行存款－交通银行币	2017/11/01		期初余额			0	0	借	2922420.08	
明细科目：(100201)银行存款－交通银行币	2017/11/05	记-4	存现	库存现金		50000	0	借	2972420.08	
明细科目：(100201)银行存款－交通银行币	2017/11/08	记-8	支付货款	应付账款－艾斯电器有限公司		0	15429	借	2956991.08	
明细科目：(100201)银行存款－交通银行币	2017/11/08	记-9	缴纳增值税	应交税费－未交增值税		0	56000	借	2900991.08	
明细科目：(100201)银行存款－交通银行币	2017/11/08	记-10	缴纳个人所得税	应交税费－应交个人所得税		0	852.73	借	2900138.35	
明细科目：(100201)银行存款－交通银行币	2017/11/08	记-11	缴纳地方税费	应交税费－城市维护建设税		0	6720	借	2893418.35	
明细科目：(100201)银行存款－交通银行币	2017/11/10	记-14	销售汇总	主营业务收入－饮料酒水		145775.46	0	借	3039193.81	
明细科目：(100201)银行存款－交通银行币	2017/11/15	记-28	支付工资	应付职工薪酬－短期薪酬(工资)		0	119385.27	借	2919808.54	
明细科目：(100201)银行存款－交通银行币	2017/11/15	记-29	缴纳社会保险费	应付职工薪酬－短期薪酬（医疗保险）		0	54479	借	2865329.54	
明细科目：(100201)银行存款－交通银行币	2017/11/15	记-30	缴纳工会经费	应付职工薪酬－工会经费		0	3044	借	2862285.54	
明细科目：(100201)银行存款－交通银行币	2017/11/15	记-31	缴纳公积金	应付职工薪酬－短期薪酬（住房公积金）		0	31400	借	2830885.54	
明细科目：(100201)银行存款－交通银行币	2017/11/18	记-33	取现	库存现金		0	30000	借	2800885.54	
明细科目：(100201)银行存款－交通银行币	2017/11/20	记-34	销售汇总	主营业务收入－饮料酒水		206255.54	0	借	3007141.08	
明细科目：(100201)银行存款－交通银行币	2017/11/21	记-47	银行利息收入	财务费用－利息收入		737.47	0	借	3007878.55	
明细科目：(100201)银行存款－交通银行币	2017/11/25	记-49	存现	库存现金		68092	0	借	3075970.55	
明细科目：(100201)银行存款－交通银行币	2017/11/30	记-57	销售汇总（23号已	主营业务收入－饮料酒水		99884.07	0	借	3175854.62	
明细科目：(100201)银行存款－交通银行币	2017/11/30	记-69	水电费	管理费用－水电费		0	19176	借	3156678.62	
明细科目：(100201)银行存款－交通银行币	2017/11/30	记-70	电话费	管理费用－电话费		0	2670	借	3154008.62	
明细科目：(100201)银行存款－交通银行币	2017/11/30	记-85	其他货币资金转入	其他货币资金－支付宝		599400	0	借	3753408.62	
明细科目：(100201)银行存款－交通银行币	2017/11/30	记-86	支付货款	应付账款－艾斯电器有限公司		0	300015	借	3453393.62	

图 9-12 银企对账中银行日记账示例(部分)

(3) 比较银行账户余额和企业的日记账余额是否一致，一致则流程结束，若不一致则根据交易摘要、日期和客户号等信息，比对银行和企业双方的借贷金额不一致的记录，生成银行存款余额调节表，如图 9-13 所示。

摘要	日期	凭证号	金额	摘要	日期	凭证号	金额
银行存款日记账余额				银行对账单余额			
加:银行已收,企业未收				加:企业已收,银行未收			
减:银行已付,企业未付				减:企业已付,银行未付			
调节后余额				调节后余额			

图 9-13　银企对账中银行存款余额调节表示例

(二) 痛点分析

基于上述场景,传统的财务人员使用银企对账软件进行人工查询调出流水记录进行核对,效率较低。而机器人完全按照程序对账,相比传统人工的方式,数据处理效率高、准确率高,可以在很大程度上帮助企业财务处理时节省数据处理人工成本,挖掘数据价值,推动企业数字化变革。

(三) 需 RPA 实现的功能

银企对账 RPA 流程可以配置数据源连接、对账月份、对账规则等,每日获取 ODS 对账数据后自动进行对账处理,并通过邮件形式给经办人发送问题清单,财务经办人员仅需对异常的例外情况进行手工处理,无需投入过多精力在核对工作上。

三、业务流程分析与评价

经过对流程的初步梳理后,进入流程分析与评价环节,按照可行性评估、复杂度评估、风险性评估、流程收益方面展开。具体指标内容、评级标准及权重见本书附录:自动化流程需求评审表。

（一）可行性评估

银企对账流程可行性评估详细内容如表 9-1 所示。

表 9-1　银企对账流程可行性评估表

指标	内容	评级
数据量大小	本流程对于时效性的要求不高，故机器人数量只需一个即可	A
业务规则清晰固定	本流程数据处理和设计，都基于固定规则进行数据生成	A
涉及非结构化数据	无	A
涉及复杂认证	登录网银系统、财务核算系统，认证复杂度一般	A

（二）复杂度评估

银企对账流程复杂度评估详细内容如表 9-2 所示。

表 9-2　银企对账流程复杂度评估表

指标	内容	评级
业务逻辑复杂度	本流程不涉及大量数据下载，计算较简单	A
是否涉及人机交互	本流程不涉及人机交互	A
是否涉及人工智能	本流程不涉及人工智能	A
相关联系统复杂度	本流程仅涉及网银系统与内部系统，系统页面稳定，复杂度一般	A

（三）风险性评估

银企对账流程风险性评估详细内容如表 9-3 所示。

表 9-3　银企对账流程风险性评估表

指标	内容	评级
相关联系统稳定性	本流程只涉及内部共享文件，网银系统与内部系统，系统稳定	A
合规性风险	无	A
数据敏感性风险	企业银行数据存在一定敏感性	B
业务安全性风险	本流程替代人工进行银企对账，不影响业务连续性	A

（四）流程收益

银企对账流程的流程收益详细内容如表 9-4 所示。

表 9-4　银企对账流程的流程收益表

指标	内容	评级
流程人工时长	2～4 小时/人/天	B
流程节省工时	3～6 个月及以上	B

指标	内容	评级
ROI 计算	2年 100%以下	A
业务紧急重要程度	非企业重点建设项目,非公司战略层面要求等	D

(续表)

经分析,银企对账流程的量化数据处理数量为 3 000 张/月,2 分钟/票,配置 1 人。

流程人工时长＝3 000×2÷30＝200(分钟/人/天)＝3.33(小时/人/天)

流程节省工时＝流程人工时长×365＝(3.33×365)÷(12×24)＝4.22(月)

以节约的工时来计算,每月工作 30 天,每天工作 8 小时,单人月工资为 6 000 元,全年 12 个月,节约工时 3.33 小时/人/天,假设总投资为 50 000 元。

经济效益＝3.33×30×12×6 000÷(30×8)＝29 970(元/年)

投资回收期间＝50 000÷29 970≈1.66(年),则投资回收期约为 2 年。

根据以上流程现状结合标准评分点评判流程级。

拓展:请扫描旁边二维码,获取费用报销生成总账凭证自动化流程设计方案。

费用报销生成总账凭证自动化流程设计方案

第三节　银企对账自动化流程设计

银企对账自动化流程设计环节包括自动化流程步骤、自动化流程量化指标、部署实施方式、业务处理逻辑及设计。

一、自动化流程步骤

银企对账业务流程共包括以下三个模块:流程配置、对账与通知。

银企对账自动化流程图如图 9-14 所示。银企对账 RPA 流程将银企对账场景梳理后分为以下几个步骤,其中 RPA 可介入其中 8 个步骤,覆盖流程配置、对账、通知 3 个阶段,业务仅需对部分例外情况与线下操作进行处理。

二、自动化流程量化指标

自动化流程量化指标包括数据量、涉及的软件、硬件、网络环境等,具体如表 9-5 所示。

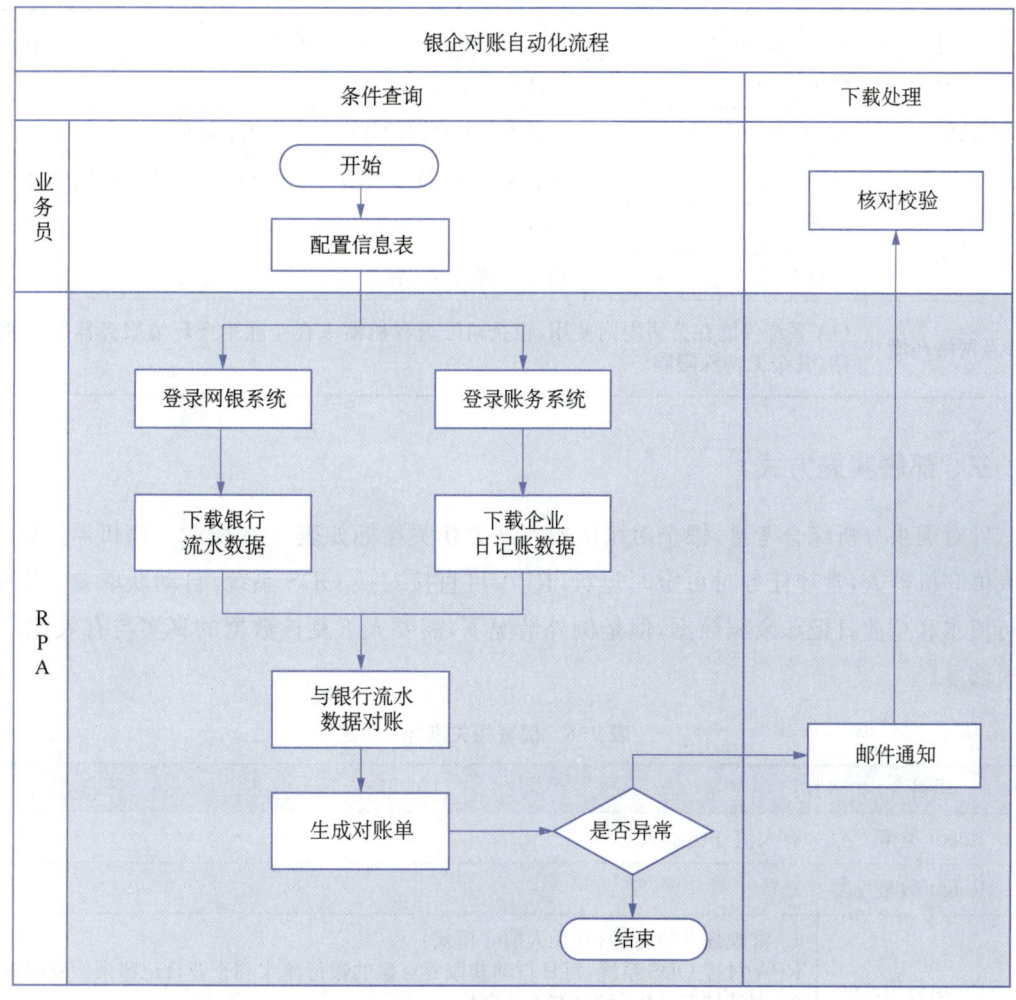

图 9-14 银企对账自动化流程图

表 9-5 银企对账流程量化指标

项目	指标	内容
数据量 （模拟数据）	执行频率	按需
	数据量	不限
	单次耗时	1 秒以内
	每月总时长	不限
	人员配置	1 位
	时效性要求	T-1 日

(续表)

项目	指标	内容
涉及软件	组件	描述
	MS Office Excel	微软办公室套件的其中一个应用 Excel
	ORACLE	甲骨文发行的数据库存储软件 instance g11.0 以上版本
涉及硬件	组件	描述
	银行 U 盾	启动下载流水工作
涉及网络环境	OA 系统仅能在公司内网使用,银企对账流程机器人在企业生产环境服务器部署使用,其余无特殊限制	

三、部署实施方式

针对需求分析综合考量,银企对账机器人部署相关指标如表 9-6 所示。该机器人属于有人值守机器人,常规任务时可定时运行,RPA 可直接对接 ODS 系统,自动获取要对账的银行流水和企业日记账余额数据,但是例外情况下,需要人工复核数据的真实与有效性,并及时修复。

表 9-6 部署相关指标

项目	内容
Robot 类型	有人值守机器人
Robot 数量	1 个
RPA 运行模式	1. 常规任务定时运行(无人值守模式) RPA 对接 ODS 系统,每日自动获取要对账的银行流水和企业日记账余额数据等 2. 例外情况手工触发(有人值守模式) 复核数据的真实和有效性,核查问题原因,并进行修复

四、业务处理逻辑及设计

银企对账自动化流程共包括以下三个模块:条件查询、对账处理、处理结果及通知,下面详细介绍每个模块详细的 RPA 操作步骤及数据输入、输出内容。

(一) 模块一:条件查询

根据银企对账通知选择点击待对账或者自行选择对账月份等信息输入查询对账数据。

(1) RPA 从指定目录获取银行流水数据,与资金管理类的银行流水采集步骤一致。

(2) 登入账务系统获取企业内部日记账数据,如图 9-15 所示。

(二) 模块二:对账处理

对账处理模块主要是将已选择或者自动匹配的待对账数据进行自动对账操作处理。开

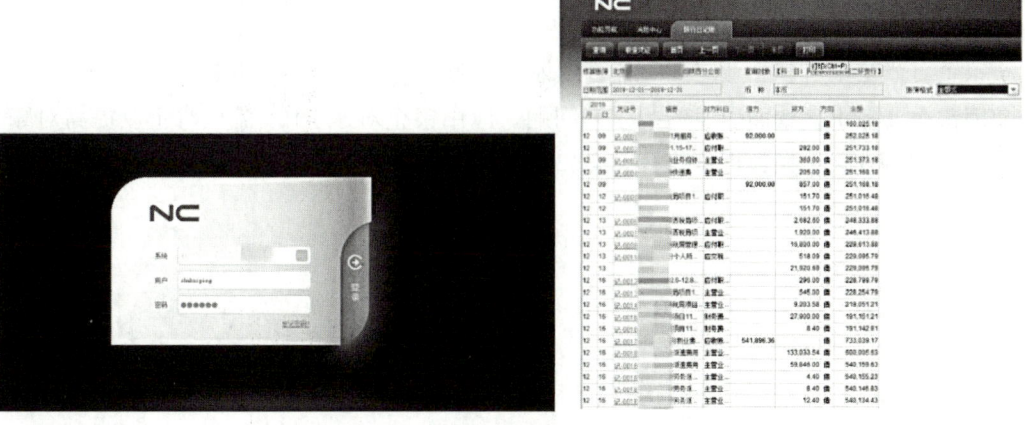

图 9-15 账务系统及日记账页面(示例)

启对账处理，按获取的数据记录逐一进行余额相符和借贷金额匹配判断。余额相符处理：如相符则标识待审批阶段。余额不相符处理：若不相符则标识人工处理。数据比对界面如图 9-16 所示。

日期	摘要	凭证种类	凭证号码	借方	贷方	余额	对方账号	对账户名	流水号	对账结果
20171101	期初余额			0	0	2922420.08				
20171105	现金存入			0	50000	2972420.08				
20171106	转账汇款			15429	0	2956991.08				
20171108	扣缴纳增值税			56000	0	2900991.08				
20171108	扣缴纳个人所得税			852.73	0	2900138.35				
20171108	扣缴纳地方税费			6720	0	2893418.35				
20171110	汇款入账			0	145775.46	3039193.81				
20171115	支付工资			119385.27	0	2919808.54				
20171115	扣缴纳社会保险费			54479	0	2865329.54				
20171115	扣缴纳工会经费			3044	0	2862285.54				
20171115	扣缴纳公积金			31400	0	2830885.54				
20171118	取现			30000	0	2800885.54				
20171120	汇款入账			0	206255.54	3007141.08				
20171121	利息			0	737.47	3007878.55				
20171125	现金存入			0	68092	3075970.55				
20171130	汇款入账			0	99884.07	3175854.62				
20171130	水电费			19176	0	3156678.62				
20171130	电话费			2670	0	3154008.62				
20171130	转入			0	599400	3753408.62				
20171130	转账汇款			300000	0	3453408.62		艾斯电器有限公司		
20171130	手续费			15		3453393.62				
20171130	转账汇款			200000	0	3253393.62		佛山龙腾贸易有限公司		
20171130	手续费			15		3253378.62				

明细科目_币别	日期	凭证字号	摘要	对方科目	业务编号	借方本位币金额	贷方本位币金额	余额方向	本位币余额	对账结果
明细科目：(100201)银行存款－交通银行汀	2017/11/01		期初余额			0	0	借	2922420.08	
明细科目：(100201)银行存款－交通银行汀	2017/11/05	记-4	存现	库存现金		50000	0	借	2972420.08	
明细科目：(100201)银行存款－交通银行汀	2017/11/06	记-8	支付货款	应付账款－艾斯电器有限公司		0	15429	借	2956991.08	
明细科目：(100201)银行存款－交通银行汀	2017/11/06	记-9	缴纳增值税	应交税费－未交增值税		0	56000	借	2900991.08	
明细科目：(100201)银行存款－交通银行汀	2017/11/06	记-10	缴纳个人所得税	应交税费－应交个人所得税		0	852.73	借	2900138.35	
明细科目：(100201)银行存款－交通银行汀	2017/11/06	记-11	缴纳地方税费	应交税费－城市维护建设税		0	6720	借	2893418.35	
明细科目：(100201)银行存款－交通银行汀	2017/11/10	记-14	销售汇总	主营业务收入－饮料酒水		145775.46	0	借	3039193.81	
明细科目：(100201)银行存款－交通银行汀	2017/11/15	记-28	支付工资	应付职工薪酬－短期薪酬(工资)		0	119385.27	借	2919808.54	
明细科目：(100201)银行存款－交通银行汀	2017/11/15	记-29	缴纳社会保险费	应付职工薪酬－短期薪酬（医疗保险）		0	54479	借	2865329.54	
明细科目：(100201)银行存款－交通银行汀	2017/11/15	记-30	缴纳工会经费	应付职工薪酬－工会经费		0	3044	借	2862285.54	
明细科目：(100201)银行存款－交通银行汀	2017/11/15	记-31	缴纳公积金	应付职工薪酬－短期薪酬（住房公积金		0	31400	借	2830885.54	
明细科目：(100201)银行存款－交通银行汀	2017/11/18	记-33	取现	库存现金		0	30000	借	2800885.54	
明细科目：(100201)银行存款－交通银行汀	2017/11/20	记-34	销售汇总	主营业务收入－饮料酒水		206255.54	0	借	3007141.08	
明细科目：(100201)银行存款－交通银行汀	2017/11/21	记-47	银行利息收入	财务费用－利息收入		737.47	0	借	3007878.55	
明细科目：(100201)银行存款－交通银行汀	2017/11/25	记-49	存现	库存现金		68092	0	借	3075970.55	
明细科目：(100201)银行存款－交通银行汀	2017/11/30	记-57	销售汇总（23号已	主营业务收入－饮料酒水		99884.07	0	借	3175854.62	
明细科目：(100201)银行存款－交通银行汀	2017/11/30	记-69	水电费	管理费用－水电费		0	19176	借	3156678.62	
明细科目：(100201)银行存款－交通银行汀	2017/11/30	记-70	电话费	管理费用－电话费		0	2670	借	3154008.62	
明细科目：(100201)银行存款－交通银行汀	2017/11/30	记-85	其他货币资金转入1	其他货币资金－支付宝		599400	0	借	3753408.62	
明细科目：(100201)银行存款－交通银行汀	2017/11/30	记-86	支付货款	应付账款－艾斯电器有限公司		0	300015	借	3453393.62	

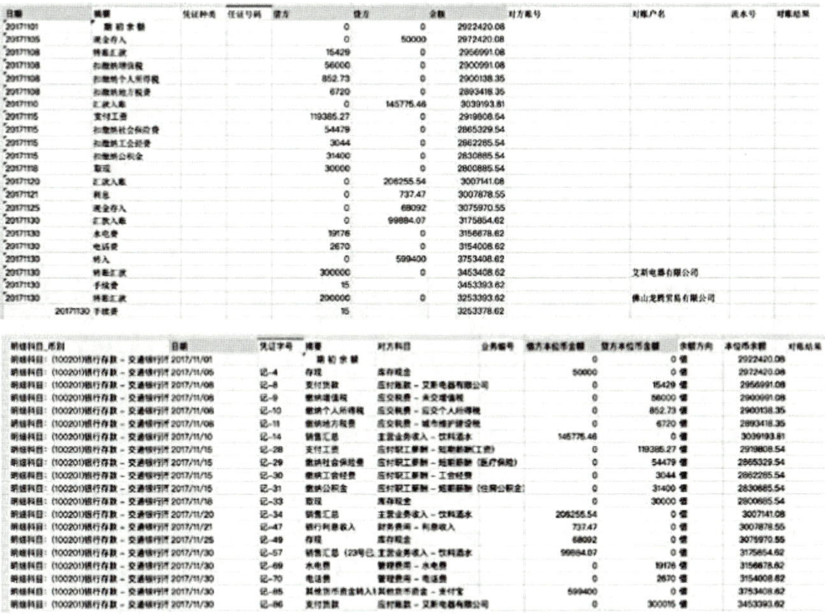

图 9-16 两份数据比对

(三) 模块三:结果处理及通知

每日自动对账完成后，对账无误清单进入每月复核阶段，对于问题清单需通知财务人员人工核查和干预，每月复核，对账结果清单生成月对账单，进入按月复核阶段，并使用邮件推送问题清单至财务经办人员邮箱。

五、流程总体分析

银企对账是银行和企业之间财务管理最重要的一个节点,在财务领域可以发现、纠正和避免因银企账务不一致而引发的一系列问题。应用银企对账 RPA 流程对企业提高对账效率、减少人工失误、挖掘数据价值方面会起到有效作用。

章 节 测 试

一、单选题

1. 总账到报表的流程中,属于财务部门首先需要进行的活动的是( )。
   A. 数据核对和清洗　　　　　　B. 准备总账数据
   C. 制定报表模板　　　　　　　D. 数据抽取和填充

2. 总账到报表的流程中,生成财务报表的环节是( )。
   A. 数据核对和清洗　　　　　　B. 数据抽取和填充
   C. 报表计算和生成　　　　　　D. 报表发布和报送

3. 根据文档,RPA 在总账到报表的应用中可以自动完成的操作是( )。
   A. 供应商对账　　　　　　　　B. 客户对账
   C. 银企对账　　　　　　　　　D. 所有以上操作

4. 总账到报表的流程中,通常需要人工进行的环节是( )。
   A. 数据核对　　　　　　　　　B. 数据抽取
   C. 报表生成　　　　　　　　　D. 报表发布

5. 根据文档,不属于总账到报表环节的痛点的是( )。
   A. 数据准确性问题　　　　　　B. 数据提取和填充困难
   C. 报表模板设计不合理　　　　D. 缺乏有效的数据分析

二、多选题

1. 下列选项中,属于总账到报表的常见业务流程的有( )。
   A. 准备总账数据　　　　　　　B. 数据核对和清洗
   C. 制定报表模板　　　　　　　D. 数据抽取和填充

2. 根据文档,总账到报表环节的痛点包括( )。
   A. 数据准确性问题　　　　　　B. 数据提取和填充困难
   C. 报表模板设计不合理　　　　D. 报表审核流程复杂

3. 总账到报表中,典型的财务机器人应用场景包括( )。
   A. 供应商对账　　　　　　　　B. 供应商资质审核与数据维护
   C. 客户对账　　　　　　　　　D. 银企对账

4. 总账到报表的流程中,应用 RPA 可以提高效率和准确性的环节有( )。
   A. 数据核对　　　　　　　　　B. 数据抽取
   C. 报表生成　　　　　　　　　D. 报表发布

5. 根据文档,RPA 在总账到报表中可能遇到的挑战包括( )。
   A. 数据源的多样性　　　　　　B. 数据格式的不统一
   C. 数据缺失　　　　　　　　　D. 数据异常

三、判断题

1. 总账到报表的流程中,数据核对和清洗是为了确保数据的一致性和准确性。（　）
2. 在总账到报表的流程中,RPA 技术无法处理数据格式不统一的问题。（　）
3. 报表模板设计不合理可能会导致报表数据不准确或不完整。（　）
4. 财务软件或系统可能出现的故障或错误不会影响总账到报表的流程。（　）
5. 根据文档,RPA 技术在总账到报表的应用中可以显著提高工作效率并减少人为错误。（　）

四、思考题

某中型企业为了提高财务报告的质量和效率,决定在总账到报表的环节引入 RPA 技术。企业在实施过程中,注重将社会主义核心价值观融入工作流程和企业文化中。企业通过 RPA 建立了一套规范化的财务报告流程,确保每一步骤都严格按照财务规则执行,体现了对责任和规范的重视,RPA 的应用确保了数据的准确录入和处理,减少了财务报告中的错误和遗漏,体现了诚信守法的企业文化。自动化的流程显著提高了财务报告的编制速度,使得财务团队能够更高效地完成工作,体现了对效率的追求。及时准确的财务报告为企业管理层提供了有效的决策支持,帮助企业更好地适应市场变化,体现了服务企业和社会的宗旨。请读者试着思考以下几个问题:

1. RPA 技术在总账和报表中的应用有哪些优势和劣势?
2. 如何利用 RPA 技术提高总账和报表的准确性和效率?
3. 在总账和报表中实施 RPA 技术时,可能遇到哪些挑战和风险?应如何应对?
4. 请举例说明 RPA 技术在总账和报表中的具体应用场景。
5. 如何评估 RPA 技术在总账和报表中的投资回报率?
6. 在总账和报表中实施 RPA 技术时,应如何选择合适的流程和任务进行自动化?
7. RPA 技术在总账和报表中的应用是否可能导致部分员工的失业?如何解决这一问题?
8. 请简述 RPA 技术在总账和报表中的应用对企业的长远影响。
9. 在总账和报表中实施 RPA 技术时,应如何确保数据安全和隐私保护?
10. RPA 技术在总账和报表中的应用是否有助于提高企业的竞争力?请阐述理由。

流程开发与部署篇

第十章

财务机器人开发
——以华为 WeAutomate 为例

本章目标

1. 了解财务机器人开发流程。
2. 掌握华为 WeAutomate 的结构与功能。
3. 掌握利用华为 WeAutomate 设计器开发财务机器人。

本章概览

本章主要介绍财务机器人的开发流程，华为 WeAutomate 的功能、基本使用方法，并以实际的财务机器人场景为例，介绍如何使用华为 WeAutomate 开发。

章节导航

```
                          ┌ 华为 WeAutomate 的简介
                          │ 华为 WeAutomate 的发展历程
            ┌ 华为 WeAutomate  ┤ 华为 WeAutomate 取得的成效
            │ 的简介与结构      │ 华为 WeAutomate 的结构
            │                  └ 华为 WeAutomate 的生态策略
财务机器人开发 ┤ 华为 WeAutomate  ┌ 华为 WeAutomate 的简介、设计界面与预置控件
            │ 的功能与使用      ┤ 华为 WeAutomate Assistant/Robot 与 Management Center 的
            │                  └ 简介及功能
            └ 财务机器人开发实践 ┌ 软件配置
                                └ 开发步骤
```

第一节　华为 WeAutomate 的简介与结构

作为全球领先的通信设备供应商，华为在 RPA 领域也拥有深厚的技术积累和应用经验。华为 WeAutomate 是华为推出的一款智能 RPA 平台，集成了流程设计、自动化执行、智能决策等功能，能够为企业提供全方位的流程自动化解决方案。华为 WeAutomate 具有的

特色包括：①强大的流程设计能力，支持拖拽式流程设计，让流程设计更加简单易用。②高效的自动化执行能力，能够实现快速、准确的流程执行。③智能决策功能，能够根据业务需求进行智能决策，进一步优化流程。华为 WeAutomate 已在金融、制造、物流等多个行业得到了广泛的应用。华为 WeAutomate 作为华为旗下的 RPA 软件，可以实现"发现→设计→运行→管理→协作→运营&运维"的全生命周期管理。本章将深入介绍华为 WeAutomate 的应用结构与具体功能，以帮助您全面了解及运用华为 WeAutomate 实现企业流程自动化。

一、华为 WeAutomate 的简介

2015 年，华为首次引入了 RPA，将其应用于全球约 20 个区域和交付运维共享交付中心。这项技术主要用于性能告警、数据统计等方面，旨在提升客户服务质量和工作效率。通过数字机器人在无线话统优化领域的运用，涵盖作业、搬运和指令三类机器人，这项技术实现了从现网 KPI 监控、分类处理到问题排查作业全流程的自动化处理。这一自动化处理不仅降低了人工操作的频次和时间，还在网络问题实时监控和自动优化方面取得了显著成效，有效缩短了网络问题的响应时间，提高了客户服务满意度。然而，由于电信行业软件应用场景与通用商业软件有所不同，许多 RPA 供应商未能满足华为在运营商网络软件方面的各类要求。例如，运营商网络软件的对话框可能包含动态信息，如 IMSI、MSISDN、小区信息、时间等。而当时的 RPA 供应商并不支持动态窗口信息的抓取，这导致很多场景无法通过 RPA 来提升服务质量。基于此，华为从 2017 年开始自研 RPA，选择了相对于 Java 和 C♯ 更为简单易用的 Python 作为开发语言，以及使用了 Springboot 框架来开发流程设计、运行、管理的端到端全自动化平台。

作为自主研发的 RPA，华为的 RPA 在运作时支持华为专有的 CV（计算机视觉）、OCR（光学字符识别），以提供强大的 UI 自动化能力，从而有效提升了自动化效率。华为 RPA 的技术栈则选用跨平台方案，兼容 Windows、Linux 等多种平台的操作运行。此外，在安全能力上，华为拥有多项技术专利，以保障在多类应用场景中的稳定性能。

二、华为 WeAutomate 的发展历程

华为 WeAutomate 的发展历程大概可分为四个阶段。

（一）初创期：2017 年—2018 年年初

华为 WeAutomate 起初从零自研 RPA 执行器，通过屏幕坐标的自动化和 XML 实现 RPA 流程处理，并构建管理中心和设计器雏形。此阶段，华为自研 RPA 已在全球 100 多家代表处支持客户服务场景中使用，通过各类电信软件和多场景的大量使用，逐渐提升 RPA 软件质量。

（二）发展期：2018 年中后期—2019 年年初

在发展期，华为自研 RPA 设计器，实现通过拖拉拽的方式完成 RPA 流程的编排，并支持流程录制；同时投资低代码开发平台（ADC），提供模型编排、服务编排、流程编排、页面编

排、集成编排等端到端编排能力,并与 RPA 集成,加快了业务开发效率。在此阶段,华为内部多个职能部门使用了约 1 万个数字机器人,如财经、HR、制造、供应链等部门,实现了诸多公司内部流程末端的自动化处理,提升了处理效率。

(三) 探索期:2019 年中后期—2020 年

在经过华为内部不同职能部门的使用磨合,RPA 设计器、执行器和管理中心在稳定性和安全性上已具备商用能力,并开始面向政企,赋能各行各业。华为在与客户和伙伴的交流和实践中发现,除了流程自动化的挑战,客户还面临着信息化程度不高以及智能化水平不足的问题。单纯的 RPA 产品无论是从能力还是架构上都无法有效打通企业数字化转型的'最后 1 公里'。于是华为开始将已运用在运营商领域的成熟的 AI 和大数据能力引入,增加大数据流处理和批处理编排能力,并将 AI 能力集成到 RPA 设计器中,如 OCR、NLP 等 AI 算法模型,技术上达到了开箱即用。

(四) 成熟期:2021 年至今

华为 WeAutomate 产品升级为超级自动化平台,聚焦政务、财务领域,通过"自动化+"的方式,将 RPA 与低代码、AI、大数据开发平台整合,能够构筑更强的智能自动化能力和场景解决方案。同时面向 Office 办公人员,华为 WeAutomate 提供了以业务中心视角开发的设计器 StudioE,进一步降低使用门槛,通过更简单、更直观的业务编排方式,使更多的用户能快速上线应用。

三、华为 WeAutomate 取得的成效

发展至今,华为 WeAutomate 在实际工作中取得了显著的应用成果。在过去的 5 年里,华为 RPA 服务于大型国有企业的数字化改革,提升了政府政务服务水平,推动了高水平智慧医疗服务建设等方面。在不同行业、不同领域,华为 WeAutomate 都发挥着关键作用。

(一) 效率层面

"数字员工"概念是华为 WeAutomate 经过了一系列流程设计和部署的最终形态。通过"数字员工"能够有效解决工作中数据堆积、工作压力大、时间成本高等问题,提高流程运转的时效性、准确性以及科学性。

以政府工作为例,数字化劳动力投入后,能够实现一体化的项目表格填报,通过自动匹配相同字段,显著减少了人工录入信息的工作量,取而代之的是系统自动填写数据。此外,"数字员工"还能协助工作人员完成表格填报、整理生成主表并进行自动发送。原本需要 5 天完成的工作现在仅需 5 小时,整体表格梳理工作更加高效,数据准确率几乎达到 100%。

以医疗机构为例,药剂仓库的发票收集和整理需要耗费大量的人力和时间。通过引进"数字员工",医疗机构可实现无人看守的仓库发票验真和对比工作,将原来 200 张发票入库需要 6~7 小时的时间缩短至仅需"数字员工"处理 20 分钟。整项工作处理时间缩短远超过 80%,大幅提高了业务效率及数据准确性。医疗机构运用华为"数字员工"所取得的成效示意如图 10-1 所示。

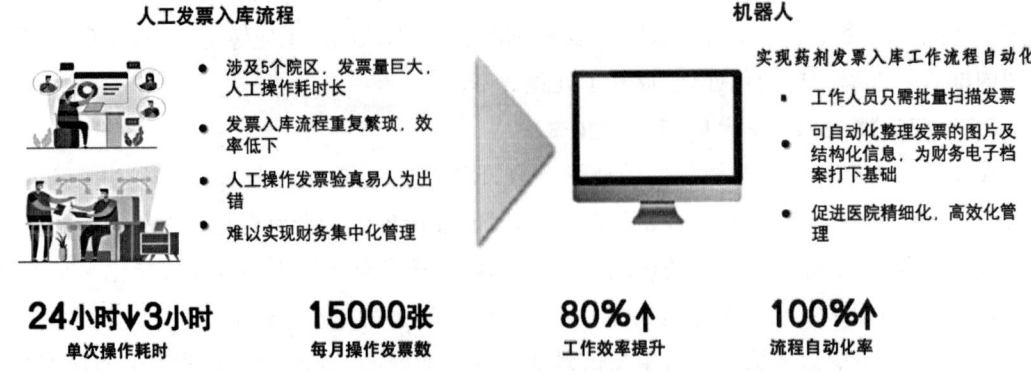

图 10-1　医疗机构运用华为"数字员工"所取得的成效

（二）收益层面

在衡量 RPA 项目投资与收益时，我们经常会使用 ROI（投资回报率）这一关键指标进行评判。据 2020 年度 Forrester 对四家采用华为 WeAutomate 的企业进行调查研究显示，华为 WeAutomate 的 ROI 为 116%。在考虑风险因素的情况下，华为 WeAutomate 能够为企业在产品设计检查效率、制造流程效率、物流、单据信息核对等方面带来收益，累计创收超 1 800 万元。研究中还发现了存在的非量化收益，包括华为 WeAutomate 能够提升员工的体验感以及员工留存率、减少自身产品的质量问题、提升产品交付速度，以及在流程创新的途中不断为组织带来变革。

四、华为 WeAutomate 的结构

华为 WeAutomate 的结构包括 Studio（机器人流程设计器）、Management Center（机器人管理中心）和 Assistant/Robot（机器人执行器），它们之间的关系可以类比为电影编剧、导演和演员的关系。Studio 根据需求设计和实现 RPA 自动化流程（类似于编剧设定场景和对白），Assistant/Robot 负责执行 Studio 设计好的自动化流程（类似于演员完成根据剧本完成表演），Management Center 负责调度和编排各个自动化流程（类似于导演现场调度演员的表演）。

RPA 主要专注于处理那些涉及标准数字输入的流程，这些流程具有高度手动性、重复性、基于规则的特点，并且系统异常率相对较低。对于传统的工作流自动化工具，软件开发人员会使用内部应用程序编程接口（API）或专用语言生成一系列操作，作为自动化任务或者后端系统的接口。相反，RPA 系统通过观察用户在应用程序的图形用户界面（GUI）中执行该任务，然后通过直接在 GUI 中重复这些任务来执行自动化操作。一方面，这可以降低在没有 API 的产品中使用自动化的障碍。另一方面，业务的快速发展和迭代使基于 API 的开发方式很难跟上业务发展的需求。与 API 集成的开发方式相比，使用 RPA 可显著提高开发速度，其发展进步可谓是数量级的飞跃。当然，RPA 在实施中也存在一些风险。例如，

RPA 为现有软件提供了一个更为复杂的维护环境,在某些场景下,部分应用使用图形用户界面来部署 RPA 流程并不是最高效和稳定的。总体来说,RPA 被认为是数字化转型最有效的方法之一,RPA 解决方案可看作虚拟机器人劳动力,其操作管理由业务线(仅由 IT 支持)进行,就像人工劳动力一样。

华为 WeAutomate 端侧软件 Studio、Assistant/Robot 一般独立单机部署和使用,能够实现轻量级的用户操作自动化及机器人调度运行。其中华为 WeAutomate 设计器提供图形化机器人脚本编排能力,支持录制和回放,封装上通过 Electron 将 nodeJS 实现的 WEB 应用打包成桌面应用;华为 WeAutomate RPA Assistant/Robot 软件架构保持一致,一套软件支持两种运行模式,助手程序提供运行页面,同时和设计器复用同一套执行程序。

华为 WeAutomate 的主要用户是客户或合作伙伴的流程开发人员、业务管理员与系统管理员;其中流程开发人员通过设计器对目标应用进行录制、编排与回放等,并通过执行器/连接器、管理中心在其他 PC 机、服务器上进行部署和调度。华为 WeAutomate 三件套与周边系统/人员的关系如图 10-2 所示。

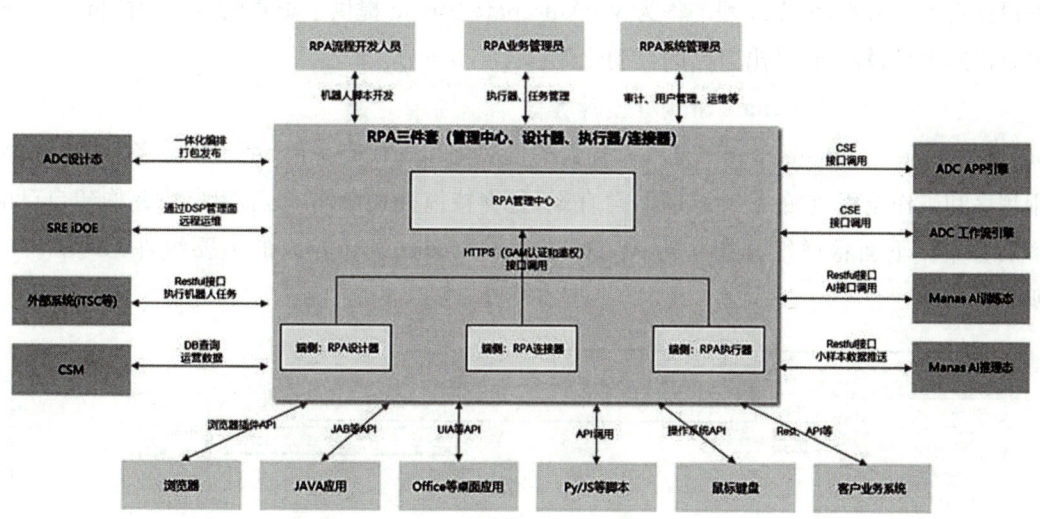

图 10-2　RPA 三件套与周边系统/人员的关系

五、华为 WeAutomate 的生态策略

要助力各大政企实现数字化转型,不仅需要过硬的技术和优秀的落地能力,更需要携手产业上下游的伙伴,共同打造优质服务帮助客户实现业务价值,聚焦提供具备竞争力的产品及套件,坚持"被集成"的生态策略,通过赋能生态,由合作伙伴面向海量客户提供端到端业务咨询、开发及运营服务。目前华为已建立完整的伙伴支撑体系,涵盖伙伴认证、伙伴赋能、联合拓展、伙伴激励全生命周期,未来会持续加大对合作伙伴的投入力度,将最新、最具优势的资源和支持带给合作伙伴,帮助伙伴在与华为 WeAutomate 的合作中获得更多的成长和

收益。华为 WeAutomate 的生态伙伴已呈现百花齐放的状态,包括具有行业影响力的德勤咨询及普华永道,具有聚焦实施能力的软通动力、中软国际、神州数码、德成技术等,新发展的伙伴有翰智、西辰软件、元年科技等。

第二节　华为 WeAutomate 的功能与使用

华为 WeAutomate 包含 Studio、Assistant/Robot 及 Management Center,下面将详细介绍其功能与使用方法。在应用华为 WeAutomate 时,Studio 的重要程度最高,因此将详细介绍。

一、华为 WeAutomate 的简介、设计界面与预置控件

(一) 华为 WeAutomate Studio 简介

华为 WeAutomate Studio 是一款可视化的智能自动化设计工具,用户可以通过它来轻松设计自动化流程,无需编程。华为 WeAutomate Studio 提供了丰富的组件和模板,让用户可以快速上手,轻松设计出自己的自动化流程。

(二) 华为 WeAutomate Studio 设计界面

华为 WeAutomate Studio 是一款强大的自动化和低代码平台,用于创建各种类型的应用程序和工作流程,它的设计界面非常直观,且支持拖拽式操作,便于用户快速构建自己的解决方案。下面将详细介绍华为 WeAutomate Studio 设计界面的主要组件,如图 10-3 所示。

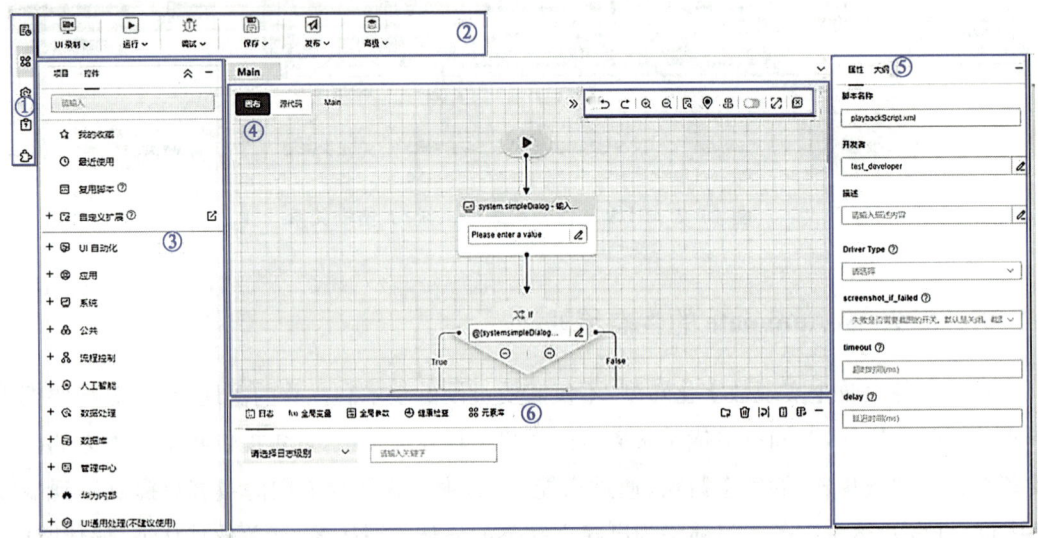

图 10-3　WeAutomate Studio 设计界面

1. 区域①:菜单栏区域

菜单栏区域主要包括"开始""设计""设置""帮助"和"扩展管理"五个一级菜单。这些菜单的主要功能如下:

(1) 开始:Studio 的欢迎页面,主要用于打开已有项目、导入已录制好的脚本、创建项目、查看最近编辑过的项目以及直接通过模板新建项目。

(2) 设计:Studio 的流程设计页面,主要用于开发 RPA 业务流程,并进行调试验证。

(3) 设置:Studio 的设置页面,主要用于设置 Studio 的常规、许可证、Web 驱动、管理中心、快捷键、编排模式等配置。用户可根据实际场景需要,设置 Studio 的相关信息。

(4) 帮助:Studio 的帮助中心页面,主要用于打开帮助文档、进入论坛、查看 ILearning 课程等。用户在使用 Studio 的过程中,可查看对应的帮助信息以及论坛信息,获取所需知识和帮助。

(5) 扩展管理:Studio 的扩展包管理页面,主要用于查看已安装的扩展包、安装所需的扩展包等。

2. 区域②:工具栏区域

工具栏区域主要包括"UI 录制""运行""调试""保存""发布""高级"等按钮。这些按钮的主要功能如下:

(1) UI 录制:单击该按钮可以启动录制器,用户在录制 Web/本地 Windows/本地 Java 应用程序操作的同时,Studio 会自动将对应的操作转换为 RPA 执行器的执行脚本。

(2) 运行:单击该按钮可以回放或执行已录制好的脚本,用户在 Studio 中回放已录制好的脚本以便查看流程是否正确。

(3) 调试:单击该按钮可以调试已录制好的脚本,用户在 Studio 中通过调试脚本以验证脚本是否可执行,以及分析和解决脚本在执行中的问题。

(4) 保存:单击该按钮可以保存已录制好的脚本,用户在 Studio 中保存脚本以防录制信息丢失。

(5) 发布:单击该按钮可以将已录制和调试好的脚本发布到机器人管理中心或本地磁盘。

(6) 高级:单击该按钮可以在项目内搜索子模块或检查项目和脚本,用户可通过搜索功能快速定位到对应的源代码位置对应的控件,或通过检查项目和脚本了解。

3. 区域③:项目和控件展示区域

项目和控件展示区域主要用于展示项目和可用控件的相关信息,用户在 Studio 中开发时可以将所需的控件拖拽至画布区域。区域:画布和源代码编辑区域,主要用于开发 RPA 业务流程。

4. 区域④:画布工具区域

画布工具区域主要包括"撤销""恢复""放大""缩小""概览""定位到开始节点""自动布局""启用自动布局""收起侧边栏""清空"等按钮。用户在画布中开发 RPA 流程时,可根据需要选择对应的工具进行操作。这些按钮的主要功能如下：

（1）撤销：回到上一步操作的状态。

（2）恢复：当停留在之前的操作时，单击恢复可以回到之前操作的下一步，直至所做的操作是最新的。

（3）放大、缩小：对画布中的工作流进行放大和缩小。

（4）概览：查看画布的整体缩略图。

（5）定位到开始节点：将开始节点定位到画布中间位置。

（6）自动布局：让工作流显示在画布的正中间并自动整理流程线路。

（7）启用自动布局：自动让工作流显示在画布的正中间和整理流程线路。

（8）收起侧边栏：收起画布两边的侧边栏。

（9）清空：清空当前画布上的所有控件。

5. 区域⑤：属性区域

在画布中单击某一控件时，用户可选择"属性"页签查看和编辑控件相关属性，抑或选择"大纲"页签查看该控件的功能描述、参数以及使用示例说明。

6. 区域⑥：调试区域

调试区域用户在运行或调试脚本时，可在该区域查看脚本的运行日志，设置调试脚本所需的全局变量和全局参数，对脚本进行健康检查，抑或查看脚本相关的元素。

（三）华为 WeAutomate Studio 预置控件

华为 WeAutomate Studio 中会预置用户常用的控件列表，用户在开发 RPA 流程中可根据需求灵活取用，控件的类别及功能列表如表 10-1 所示，用户可以根据自己的需求，选择合适的组件来设计自动化流程。

表 10-1　控件类别及功能列表

控件类别	控件功能
UI 自动化	针对 Web 应用、桌面应用和基于图像应用可使用的控件，如打开网页、鼠标单击、图片比对等
应用	针对 Excel 表格、Word 文档、邮件可使用的控件，如 Excel 表格读取、打开 Word、删除邮件等
系统	针对剪贴板、时间处理、操作系统等可使用的控件，如保存到剪贴板、截图等
公共	针对文本处理、调用等可使用的控件，如正则搜索、调用 C# 等
流程控制	针对流程控制、异常处理等可使用的控件，如退出循环、抛出异常等
人工智能	针对 Manas 引擎、EI-OCR 等可使用的控件，如图像识别、智能分类识别等
数据处理	针对二维数据处理、二维码、数学运算等可使用的控件，如获取表格数据、生成二维码、数学运算等
数据库	针对关系型数据库、非关系型数据库等可使用的控件，如连接数据库、向 MongoDB 插入数据等

(续表)

控件类别	控件功能
管理中心	针对管理中心中队列操作、人机协同等可使用的控件,如写入数据、创建人机协同任务等
华为内部	针对消息可使用的控件,如发送短信、语音电话等
UI 通用处理	针对网页等可使用的控件,如追加文本等

二、华为 WeAutomate Assistant/Robot 与 Management Center 的简介及功能

华为 WeAutomate Assistant/Robot 作为一个助手工具,随时待命执行编排好的流程。华为 WeAutomate Assistant/Robot 可以执行本地计算机的自动化流程包,也可以接收华为 WeAutomate Management Center 的命令执行相应的自动化流程包。

华为 WeAutomate Management Center 作为一个集成作业调度管理中心,统一管理机器人流程资产、连接器、执行器等资源,调度机器人执行任务、监视流程执行状态和统一敏感信息安全加密等,同时能够为开发提供低代码 APP 开发能力,方便设计人机交互场景。连接器,即用于远程连接执行器的机器。无人值守类型执行器执行机器人任务前,连接器会远程连接至执行器完成屏幕解锁操作,连接器需安装于华为 WeAutomate Management Center。

RPA 管理中心具有云化管理中心(OC)和轻量化管理中心(OP)两种形态,OC(On Cloud)是由华为统一搭建,用户申请权限后即可使用。OP(On Premises)则需用户自行搭建配置并维护。

华为 WeAutomate Management Center 的主要功能包含集中调度、管理和监控所有 Assistant/Robot 的平台;存储可重用组件、资产,以及进行任务管理和配置执行器;提供低代码 App 开发平台,方便设计人机交互场景。

第三节 财务机器人开发实践

本节将通过华为 WeAutomate 实现场景,利用 Web 录制的技术,录制一个能够登录华为技术支持网站下载华为资料电子文档管理软件 ICSLite 到本地 D:\file 目录下并解压的流程,并能成功回放,具体实现步骤如下。

一、软件配置

在华为 HiLens 控制台下载设计器和执行器后,需要对产品进行激活,激活完成后才能够正常运行华为 WeAutomate 工具。

(一)申请许可

(1)打开 Studio 设计器后,点击"设置",再点击设置主页中的"许可"页签,复制本机 ESN,许可证设置模块如图 10-4 所示。

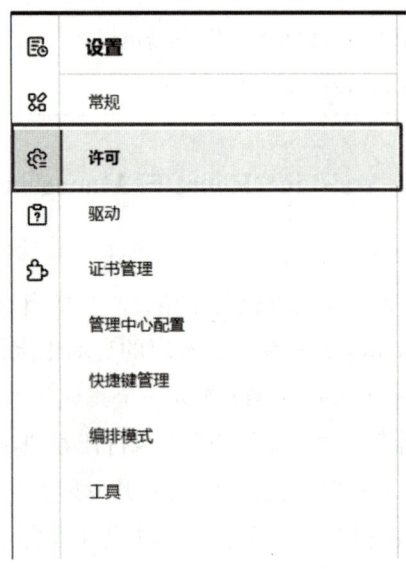

图 10-4 许可证设置模块

(2)返回华为 RPA 工具下载页面,点击"试用激活",在弹窗页面粘贴已复制的本机 ESN,点击"获取 License"进行下载,文件格式为 bin 格式。

(3)返回 Studio 设计器申请页面,点击导入许可文件按钮并选择刚刚下载的 License 文件,页面显示为已导入许可证,则表示 License 已导入成功,具体如图 10-5 所示。

图 10-5 软件配置

(二)Web 驱动配置

考虑到后续的实际运用过程当中需要在浏览器中执行流程,因此需要提前安装相应的浏览器插件,具体方式如下:

(1) 在华为 WeAutomate Studio 中单击"设置"下方的"驱动"模块，可以根据自己的需要选择对应的浏览器插件进行下载。

(2) 下载完成之后，单击"导入驱动"导入刚刚下载的驱动版本即可，具体如图 10-6 所示。

图 10-6　Web 驱动配置

二、开发步骤

完成软件配置之后，即可在项目模块构建自己的流程。本部分的 Web 录制功能是最基础、最简单的流程制作技术。简单来讲，Web 录制是通过录制用户的界面操作，并将录制环节中的各种操作节点转化为相应的流程模块，从而实现 RPA 流程的自动编写。运用 Web 录制的具体操作方式如下。

（一）创建项目

(1) 通过软件左上角竖向菜单栏的"开始"按钮打开主页，点击"新建项目"开始创建项目。

(2) 输入项目名称，中英文均可，建议使用有意义的项目名称，以方便后续的项目跟踪和使用。

(3) 输入保存路径，此处的路径为工程目录的上级目录。（注意不要手动创建工程目录并配置在保存路径中，这只会导致软件在手动创建的工程目录下再创建一个子目录作为工程目录）

(4) 点击创建可以创建一个工程监理工程，具体开发步骤如图 10-7 所示。

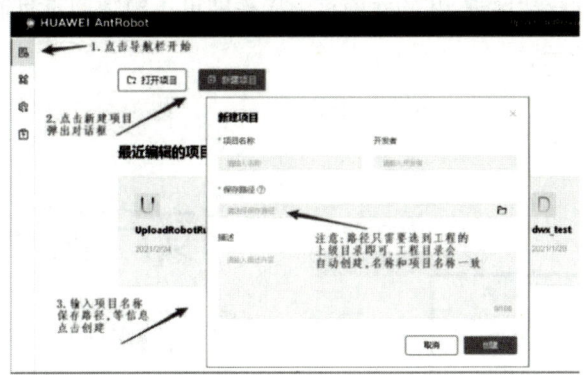

图 10-7　开发步骤

(二) 录制自动化流程

(1) 选择控件"创建文件/目录",本地创建 D:\file 目录,在控件路径中输入"D:\file",如图 10-8 所示。注意:接下来下载的路径需要同样更换为 D:\file,否则下载的内容将不在此文件目录之下。

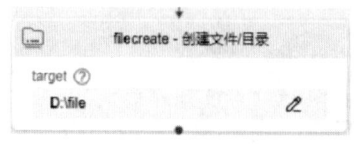

图 10-8　创建文件控件

(2) 首先,选择左上角"UI 录制",再选择"录制并生成功能块(Ctrl+R)",如图 10-9 所示,从而进入录制界面。

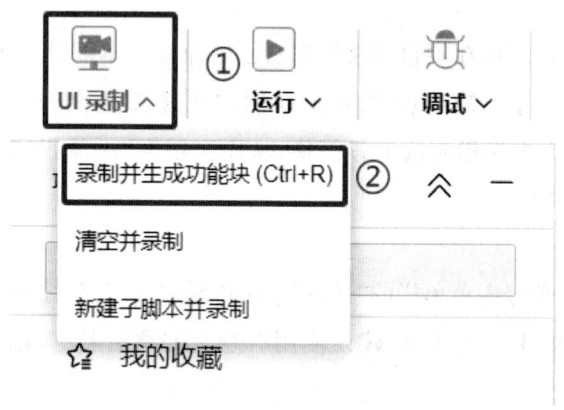

图 10-9　UI 录制模块控件

其次,进入"录制器"后,点击"启动浏览器"按键,输入"http://support.huawei.com/",按下回车键后,进入华为企业产品技术支持网站。

再次,接着点击"继续"按键,开始在网页中操作即可。跟随网页页面点击"软件下载"按钮,具体如图 10-10 所示。

图 10-10　点击"软件下载"以进入下载页面

然后,在产品搜索栏中,搜索"ICSLite"。需要注意的是,此时需要在跳出的输入框中输入而非在原搜索栏输入。输入完成后,点击右侧搜索,即可找到相应的软件应用。在新界面中点击红色字体的"ICSLite"进入下载界面。

最后,在新界面中点击"立即下载"即可。完成以上步骤后,回到"录制器"界面,点击"保存"即可生成相应的流程,Web 录制相应结果如图 10-11 所示。

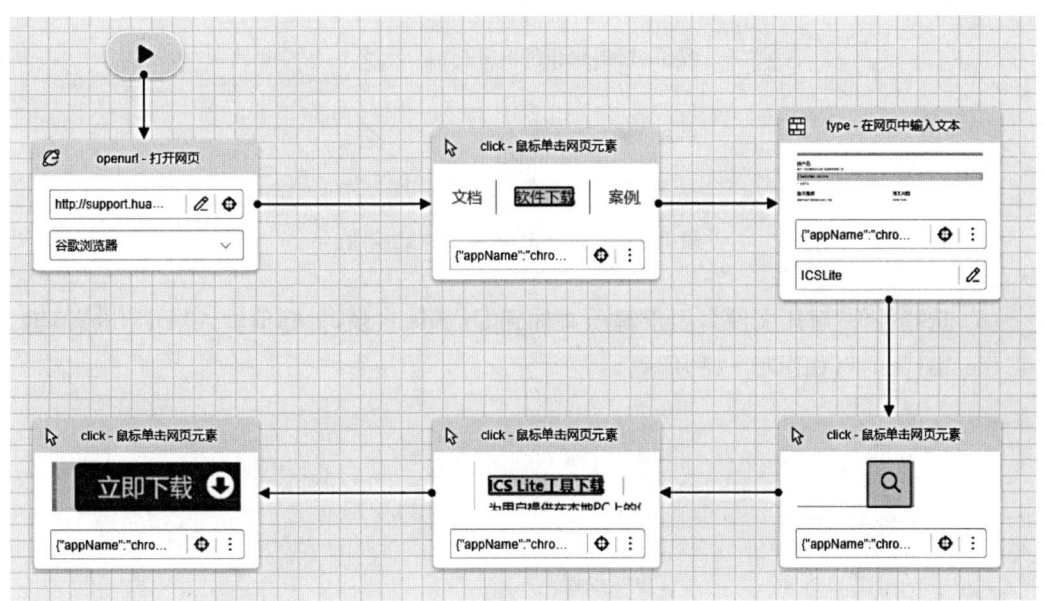

图 10-11　Web 录制相应结果

(3) 选择控件"关闭当前窗口",关闭当前打开的浏览器窗口,如图 10-12 所示。

图 10-12　关闭当前窗口控件

(4) 选择控件"列出目录下的文件",以全路径列出目录下的文件,返回为一个 list,如图 10-13 所示。注意:list 可在 Studio 右侧属性中进行查看,本部分中 list 的具体名称为"fileList_ret"。

图 10-13　以全路径列出目录下的文件控件

（5）选择控件"运行 Python 表达式"，Python 中的 eval 表达式，将上一步列出的 list 根据索引取出具体值，如图 10-14 所示。其中 @{fileList_ret}[0] 为上文下载文件的路径，eval_ret 表示为存储变量。

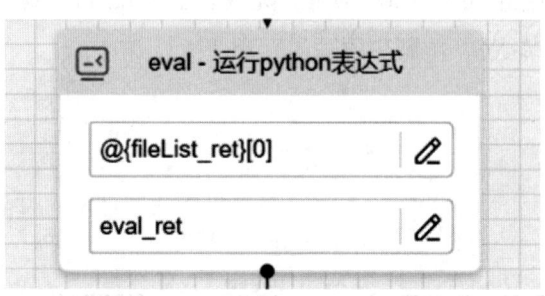

图 10-14　运行 Python 表达式控件

（6）选择控件"解压文件"，用于解压文件到 D:\file 目录，目标值输入"D:\file"值输入"@{file_list_ret}"，如图 10-15 所示。

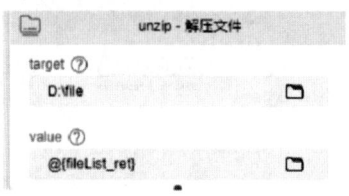

图 10-15　解压文件控件

（7）完成以上所有步骤之后，将各个控件用"→"连接，即可运行整个流程，从而得到解压后的 ICSLite 文件。

章 节 测 试

一、单选题

1. 华为 WeAutomate 的发展历程大概可分为（　　）阶段。
   A. 两个　　　　　B. 三个　　　　　C. 四个　　　　　D. 五个
2. 下列组件中，属于华为 WeAutomate 中负责调度和编排各个自动化流程的是（　　）。
   A. Studio　　　　　　　　　　　B. Management Center
   C. Assistant/Robot　　　　　　　D. Connector
3. 华为 WeAutomate 中，用于创建各种类型的应用程序和工作流程的设计界面是（　　）。
   A. Studio 界面　　　　　　　　　B. Management Center 界面
   C. Assistant/Robot 界面　　　　　D. Connector 界面
4. 华为 WeAutomate 中，允许用户无需编程即可设计自动化流程的功能是（　　）。
   A. 拖拽式流程设计　　　　　　　B. 低代码开发平台
   C. 模型编排　　　　　　　　　　D. 流程录制
5. 华为 WeAutomate 中，聚焦政务、财务领域，并通过"自动化＋"的方式整合了 RPA 与低代码、AI、大数据开发平台的版本是（　　）。
   A. 初创期版本　　　　　　　　　B. 发展期版本
   C. 探索期版本　　　　　　　　　D. 成熟期版本

二、多选题

1. 下列选项中，属于华为 WeAutomate 的主要用户的有（　　）。
   A. 流程开发人员　　　　　　　　B. 业务管理员
   C. 系统管理员　　　　　　　　　D. IT 支持人员
2. 下列选项中，属于华为 WeAutomate 的结构部分的有（　　）。
   A. Studio　　　　　　　　　　　B. Management Center
   C. Assistant/Robot　　　　　　　D. Connector
3. 下列选项中，属于华为 WeAutomate 的功能的有（　　）。
   A. 流程设计　　　　　　　　　　B. 自动化执行
   C. 智能决策　　　　　　　　　　D. 低代码开发
4. 下列选项中，属于华为 WeAutomate 在实际工作中取得的成效的有（　　）。
   A. 效率提升　　　　　　　　　　B. 收益增加
   C. 员工满意度提高　　　　　　　D. 产品交付速度提升

5. 下列选项中,属于华为 WeAutomate 的生态策略的有(　　)。
   A. 伙伴认证　　　B. 伙伴赋能　　　C. 联合拓展　　　D. 伙伴激励

三、判断题

1. 华为 WeAutomate 的设计器提供图形化机器人脚本编排能力,支持录制和回放。　(　)
2. 华为 WeAutomate 的 Robot 执行器负责执行 Studio 设计好的自动化流程。　(　)
3. 华为 WeAutomate 的 Management Center 仅用于调度各个自动化流程,不涉及流程的编排。　(　)
4. 华为 WeAutomate 在成熟期阶段才开始聚焦政务、财务领域。　(　)
5. 华为 WeAutomate 的生态策略强调"被集成",通过赋能生态,由合作伙伴面向海量客户提供服务。　(　)

四、思考题

某国有银行为了提高财务管理的效率和准确性,决定开发一款财务机器人。在开发过程中,银行注重将社会主义核心价值观融入项目中,培养员工的责任感和创新能力。

项目团队积极采用最先进的 RPA 技术,不断优化财务机器人的功能,体现了创新驱动发展战略的实施。开发过程中,IT 部门、财务部门和业务部门紧密合作,共同解决开发中遇到的问题,展现了集体主义的力量。银行对财务机器人的性能和安全性进行了严格的测试和审查,确保产品的质量,体现了对客户和社会的高度负责。财务机器人的投入使用,极大提高了银行的财务管理效率,为客户提供了更高质量的服务,体现了服务社会的宗旨。请读者试着思考以下几个问题:

1. 请列举几种常见的 RPA 开发工具,并简要介绍它们的特点和优势。
2. 在进行 RPA 开发时,如何选择合适的开发工具?请给出你的建议。
3. 请解释 RPA 开发中的"流程设计"和"自动化规则"是什么?它们在 RPA 开发中起什么作用?
4. 在 RPA 开发过程中,如何确保开发出的机器人能够稳定、高效地运行?请列举一些方法和技巧。
5. 在实际应用中,RPA 可能会遇到哪些挑战和问题?请给出你的看法。
6. 请谈谈你在 RPA 开发过程中遇到的一个问题,以及你是如何解决这个问题的。
7. 如何评估一个 RPA 项目的成功与否?请给出你的观点。

第十一章

数据处理自动化

学习目标

1. 了解数据处理自动化概述。
2. 掌握华为 WeAutomate 在数据处理自动化场景的应用。
3. 掌握 RPA 在数据处理中的开发与应用。

本章概览

本章主要介绍了数据处理自动化的内容,华为 WeAutomate 在数据处理自动化的常见场景,以及通过案例详细阐述了 RPA 在数据处理中的开发与应用,帮助学生更好地理解 RPA 技术如何助力企业实现数据处理的自动化、智能化和高效化。

章节导航

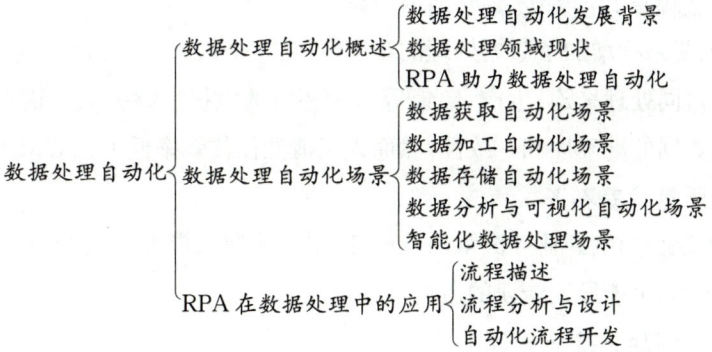

第一节 数据处理自动化概述

一、数据处理自动化发展背景

随着数字化转型的深入推进,数据处理自动化成为提高企业运营效率、降低成本的关键手段。然而,传统的数据处理方式在面临海量数据、复杂业务流程的挑战时,往往显得力不从心。RPA作为一种新型的自动化技术,逐渐成为解决数据处理痛点的利器。目前在企业运营过程中,数据处理涉及诸多环节,如数据采集、清洗、存储、分析等。这些环节往往需要人工介入,而且容易出错。传统的自动化工具,如脚本、批处理等,虽然能够减轻一部分工作负担,但在处理复杂业务流程时,仍然存在诸多局限。而RPA作为一种基于模拟人类用户操作的自动化技术,能够更好地应对复杂业务流程的挑战。

随着大数据、人工智能等技术的发展,数据处理领域出现了一些新的趋势。一方面,数据处理与业务流程紧密结合,要求自动化工具具备更强大的业务处理能力;另一方面,数据处理与数据分析、数据挖掘等技术的融合,使得自动化工具需要具备更强的数据处理能力。RPA作为一种具备高度智能和灵活性的自动化技术,能够很好地适应这些变化,满足数据处理领域的新需求。

二、数据处理领域现状

数字化时代,数据已成为重要的生产要素之一,在"数据即资产"的环境下,企业面临着海量数据的处理压力,目前企业在数据处理方面存在以下问题。

(一)数据量大,人工处理速度慢,容易出错

随着数据量的增加,人工处理速度难以满足需求,而且容易出错。例如,在电商行业,"双11"期间订单量激增,人工处理速度无法满足业务需求。当财务人员需要处理大量的财务报表数据时,人工处理往往需要耗费大量时间和精力,且容易出错。

(二)业务流程复杂度对数据处理的影响

业务流程的复杂度增加了数据处理的难度,需要多个系统间的协同处理。例如,在供应链管理中,需要协同处理采购、生产、销售等多个环节的数据。财务人员需要对财务数据进行清洗,以确保数据的准确性和一致性,然而人工清洗往往效率低下且效果不理想。

(三)数据质量参差不齐

数据质量问题会影响到业务决策的准确性,对企业造成损失。例如,基于不准确的销售数据进行市场预测,可能导致错误的市场策略。

(四)人工处理缺乏统一规范

不同的财务人员在进行数据处理时可能采用不同的方法和标准,导致处理结果不一致,影响企业的决策。人工处理由于个体差异,容易出现操作不一致性问题。例如,不同员工对同一张发票的录入格式可能有所不同等。

三、RPA助力数据处理自动化

RPA技术作为一种具备高度智能和灵活性的自动化技术,能够很好地克服数据处理领域的现状,RPA技术具体在以下几个方面助力数据处理自动化。

(一)端到端的自动化

RPA 可以模拟人类用户行为,实现从数据采集、处理、存储到分析的全流程自动化。例如,RPA 可以自动从企业内部系统获取销售数据,经过处理后,自动上传到数据分析平台,以供决策者分析。

(二)模拟人类用户操作,适应复杂业务流程

1. RPA 能模拟人类用户行为进行数据处理

RPA 可以模拟人类用户的各种操作,如点击、填写、拖拽等,适应各种复杂的业务流程。例如,在金融行业,RPA 可以模拟用户填写贷款申请表单,自动完成数据录入。

2. RPA 能适应不同行业和业务场景

RPA 技术可以灵活配置,适应不同行业的数据处理需求。无论是金融、医疗、制造还是零售行业,都可以通过 RPA 实现数据处理的自动化。

(三)高度智能和灵活性,满足不同场景需求

1. RPA 的智能化和自适应能力

RPA 可以根据业务需求自动调整自动化流程。例如,在电商行业,RPA 可以根据商品销量自动调整库存预警阈值。

2. RPA 能根据业务需求调整自动化流程

RPA 可以根据业务需求的变化,自动调整自动化流程,无需人工干预。例如,在税务管理板块,RPA 可以根据税收政策变化自动调整税额计算方法。

(四)提高数据处理准确性和效率

1. RPA 能降低人为错误率

RPA 可以消除人为错误,提高数据处理的准确性。例如,在医疗行业,RPA 可以自动审核病历,降低人为错误导致的误诊率。

2. RPA 能提高数据处理速度和响应能力

RPA 的运行速度和响应能力都远超人类,可以大幅提高数据处理效率。例如,在物流行业,RPA 可以自动处理订单,大大提高订单处理速度。

由此可见,RPA 技术在数据处理自动化方面具有巨大潜力。通过端到端的自动化、模拟人类用户操作、适应复杂业务流程、高度智能和灵活性等优势,RPA 可以有效解决企业在数据处理过程中面临的诸多挑战,提高数据处理的准确性和效率,助力企业实现智能化、数字化转型。

第二节 数据处理自动化场景

数据处理自动化按照功能及业务内容可以概况为数据获取、数据加工、数据存储、数据

分析与可视化四大模块,下面将详细介绍每个模块涉及的场景及 RPA 技术工具,并列举一些可能的智能化数据处理场景。

一、数据获取自动化场景

数据获取自动化是指利用 RPA 技术在财务领域实现数据获取过程的自动化。

(一)数据获取自动化场景描述

RPA 可以自动完成从各种财务系统、报表、文件等来源中获取原始数据的任务,从业务视角可以包括从财务报表(如利润表、资产负债表、现金流量表)中提取数据;从财务系统(如 ERP、财务软件)中导出数据;从银行、税务、审计等相关部门获取财务数据;从企业内部各部门收集预算、支出、收入等数据。

从数据存储的位置可以将数据获取自动化划分为以下几种情况。

1. 从数据库中获取数据

RPA 可以通过 SQL 语句直接查询关系型数据库(如 MySQL、Oracle 等)或非关系型数据库(如 MongoDB、Redis 等),获取所需的数据。例如,RPA 可以从 ERP、CRM 等系统中抓取财务报表数据,自动完成报表分析和汇总。财务系统通常会存储大量客户的财务信息,如账户余额、交易记录等。RPA 可以通过 SQL 查询等手段,自动获取所需的客户数据。同时,银行可以部署 RPA 机器人定期抓取客户的账户余额,为客户提供实时的财务报告。

2. 从 Excel 表格中获取数据

RPA 可以读取 Excel 表格中的数据,包括单元格的值、格式、批注等信息。财务部门需要处理大量 Excel 表格数据,如发票、报销单等。RPA 可以自动读取 Excel 表格中的数据,完成数据的导入导出。企业可以部署 RPA 机器人自动读取员工提交的报销单 Excel 表格,将数据导入到财务系统中进行审批和报销。

3. 从 Web 页面中获取数据

RPA 可以爬取 Web 网页上的信息,如通过解析 HTML、XML 等格式的数据,提取所需的字段,如 RPA 可以自动登录网上银行,获取账户余额、交易记录等信息,无需财务人员手动登录并复制粘贴。有些财务数据需要从外部网站获取,如税务局的纳税信息、银行网站的账户信息等。RPA 可以模拟浏览器操作,自动抓取这些数据。例如,企业可以部署 RPA 机器人自动登录到税务局的网站,获取员工的个税信息,并将数据导入到财务系统中进行核算。

4. 从 API 中获取数据

RPA 可以调用外部 API,如税务部门网站、银行网站等,获取所需的数据,如从税务部门网站抓取税务政策、税率等信息,为财务人员提供实时更新。许多财务系统提供了 API 接口,方便外部程序调用获取数据。RPA 可以通过调用这些 API 接口,获取所需的财务数据。例如,企业可以部署 RPA 机器人调用财务系统的发票查询 API,获取某一时间段内的发票明细数据,并进行分析和统计。

5. 从文件中获取数据

RPA 可以读取文本文件、CSV 文件、JSON 文件等，获取其中的数据。财务部门需要处理大量文件数据，如供应商信息、客户信息等。RPA 可以读取文件中各种格式的数据，并将数据导入到财务系统中。例如，企业可以部署 RPA 机器人读取一个 CSV 文件中的供应商信息，自动将这些信息录入到财务系统中的供应商管理模块，实现供应商信息的批量导入。

（二）数据获取场景自动化相关控件

华为 RPA 提供了丰富的数据获取控件，包括数据库、文件、系统等，可以应对各种数据类型的数据获取需求。在华为 WeAutomate Studio 中，具体的数据获取功能的控件如表 11-1 所示。

表 11-1　数据获取功能控件列表

控件类别	控件名称及用途
数据库	数据库连接：用于连接到数据库，支持关系型数据库（如 MySQL、Oracle、SQLServer 等）和非关系型数据库（如 MongoDB、Redis 等） SQL 查询：用于执行 SQL 语句查询数据库中的数据
Excel	Excel 读取：用于读取 Excel 文件中的数据 Excel 写入：用于将数据写入 Excel 文件
API	HTTP 请求：用于发起 HTTP 请求，调用 RESTfulAPI 或 SOAPAPI 等接口获取数据 Web 服务：用于调用 Web 服务获取数据，支持 JSON、XML 等格式的数据
系统	系统接口：用于调用系统提供的 API 接口获取数据。例如，可以调用企业应用系统（如 ERP、CRM、OA 等）的接口获取数据
文件	文件读取：用于读取本地文件、共享文件夹、FTP、HTTP 等途径的文件数据 文件写入：用于将数据写入本地文件、共享文件夹、FTP、HTTP 等途径的文件
Web	Web 爬虫：用于从网页中抓取所需的数据，如 HTML、XML、JSON 等格式的数据

二、数据加工自动化场景

数据加工是指对获取到的数据进行清洗、转换、合并等操作，使其符合业务需求。

（一）数据加工自动化场景描述

以下是一些常见的数据加工自动化场景。

1. 数据清洗

RPA 可以自动去除空值、异常值、重复值等，保证数据的准确性和完整性。当处理公司财务报表时，RPA 可以自动检测并移除空白或无效的数据，如缺失的日期、金额或描述。同时，RPA 也可以识别并剔除异常值，如金额过大或过小的记录，保证数据的准确性和完整性。

2. 数据转换

RPA 可以将数据从一种格式转换为另一种格式，如将 Excel 表格转换为数据库记录、将日期格式转换为特定的显示格式、将字符串转换为数字等。RPA 可以将 Excel 表格中的数据转换为数据库记录，便于进一步的数据分析和管理。同时，RPA 也可以将日期格式转换为特定的显示格式，如将所有日期转换为 YYYY-MM-DD 格式。另外，RPA 还可以将字符串转换为数字，如将字符串 123.45 转换为数字 123.45，方便进行金额的计算和分析。

3. 数据合并

RPA 可以将多个数据源的数据合并到一个数据源中，方便进行统一分析和管理。例如，RPA 可以将企业不同部门的财务报表合并到一个总报表中，方便进行全面的财务分析和管理。同时，RPA 也可以将不同时间点的数据进行合并，如将企业的月度、季度和年度财务数据合并在一起，便于进行时间序列分析。

4. 数据汇总

RPA 可以对多个数据源的数据进行汇总，生成统计报表或指标。例如，RPA 可以将企业各个产品的销售数据汇总，生成销售总额的统计报表。或者，RPA 可以计算出企业的总资产、总负债、净利润等关键财务指标，为决策者提供重要的参考依据。

(二) 数据加工自动化场景相关控件

华为 WeAutomate 提供了丰富的数据加工控件，包括数据库、文件、系统等，实现数据的清洗、转换等加工需求。在华为 WeAutomate Studio 中，具体的实现数据加工功能的控件如表 11-2 所示。

表 11-2 数据加工功能控件列表

实现功能	控件名称及用途
数据清洗	文本处理：用于去除空值、异常值、重复值等 数据过滤：根据条件对数据进行过滤和排序 数据拆分：将一列数据拆分为多列 数据合并：将多列数据合并为一列 字段重复检查：检查数据中的重复字段 字段映射：将源数据中的字段映射到目标数据中的字段
数据转换	字符串处理：用于处理字符串的拼接、截取、替换等操作 日期时间处理：用于处理日期和时间的格式化、计算等操作 数学计算：用于实现四则运算、乘方、三角函数等数学计算 条件判断：根据条件进行逻辑判断和分支处理 循环迭代：对数据进行循环处理和迭代操作
数据合并	集合：用于将多个数据源的数据合并到一个数据源中 数据聚合：对数据进行聚合操作，如求和、计算平均值等 排序：对数据进行排序操作，可以按照指定的字段和顺序进行升序或降序排列
数据汇总	数据表处理：用于对数据表进行筛选、排序、汇总等操作 跨表查询：实现对多个数据表的关联查询和数据汇总

三、数据存储自动化场景

数据存储是指将处理好的数据保存到指定的数据库或文件中，以供后续使用。

(一) 数据存储自动化场景描述

以下是一些常见的数据存储自动化场景。

1. 保存到数据库

RPA 可以将处理好的数据保存到关系型数据库(如 MySQL、Oracle)或非关系型数据库(如 MongoDB、Redis)中。其中,在财务报表自动生成场景中,RPA 可以将处理好的财务数据保存到关系型数据库(如 MySQL)中。当需要生成报表时,系统可以直接从数据库中提取数据,从而提高了数据处理的效率和准确性。同时,将数据存储在数据库中还有利于数据的长期保存和安全性。

2. 保存到文件

RPA 可以将处理好的数据保存到 Excel、Word、PDF 等格式的文件中,便于查看和分析。例如,在费用报销审批场景中,RPA 可以将处理好的报销单据数据保存到 Excel 文件中。这样,财务人员可以在 Excel 文件中查看和分析报销数据,从而方便审批流程的进行。同时,将数据保存到文件还可以方便地进行备份和共享。

3. 保存到云存储

RPA 可以将处理好的数据保存到云存储服务(如阿里云 OSS、腾讯云 COS)中,便于多地共享和访问。其中,在三大报表汇总场景中,RPA 可以将处理好的报表数据保存到云存储服务(如阿里云 OSS)中。这样可以实现多地共享和访问,便于不同部门的财务人员进行报表分析和决策。同时,将数据保存到云存储还可以节省企业内部的存储空间,提高数据处理的灵活性和可靠性。

(二) 数据存储自动化场景相关控件

华为 WeAutomate 设计器配置多种控件以实现数据存储,具体控件如表 11-3 所示。

表 11-3 数据存储功能控件列表

实现功能	控件名称及用途
保存到数据库	数据库连接:建立与数据库的连接 数据库查询:查询所需的数据 数据库插入:将数据插入到数据库中 数据库更新:更新数据库中的数据 数据库删除:从数据库中删除数据
保存到文件	文件读取:读取文件中的数据 文件写入:将数据写入到文件中 文件删除:删除文件
保存到云存储	云存储连接:建立与云存储服务的连接 云存储上传:将数据上传到云存储服务中 云存储下载:从云存储服务中下载数据 云存储删除:删除云存储服务中的数据

四、数据分析与可视化自动化场景

数据分析与可视化自动化是指 RPA 对数据进行处理、分析和可视化展示的过程,通过自动化的方式减少人工干预,提高数据分析的效率和准确性。

(一)数据分析与可视化自动化场景描述

以下是一些常见的数据分析与可视化自动化场景。

1. 数据分析

RPA 可以运用内置的数据分析工具或调用外部的数据分析库(如 Python 的 Pandas,Scikit-learn 等)对数据进行统计分析、预测分析等。财务部门需要处理大量收入、支出、资产、负债的数据,利用 RPA 技术,可以自动抓取和整合这些数据,并通过预设的数据分析模型进行深度分析。例如,RPA 可以自动获取企业的销售数据,并根据预定的模型计算出销售增长率、毛利率等指标,为企业决策提供依据。RPA 可以计算各项财务指标,如毛利率、净利润率、资产负债率等。

2. 数据可视化

RPA 可以利用可视化工具(如 Tableau、PowerBI、Matplotlib 等)对数据进行图表展示,将复杂的财务数据转换为直观易懂的图表,方便决策者快速了解企业的财务状况。RPA 可以绘制销售额柱状图、同比增长率折线图等,以便销售团队了解销售情况。同时,RPA 可以自动将财务报表数据转换为柱状图、折线图等,直观地展示企业的收入、支出和利润情况。此外,RPA 还可以根据需要自动生成各种定制化的报表,如各部门的支出情况、各项业务的盈利状况等。

3. 报告生成与分发

RPA 可以根据分析结果生成数据报告,并通过邮件、短信、即时通信等方式通知相关业务团队。RPA 可以每天定时生成一份销售报告,包括销售额、同比增长率、销售排名等信息,并通过邮件发送给销售团队。此外,RPA 可以自动抓取业务、财务数据,生成内部管理报表,然后将报表发送给财务部门、管理部门等,以便决策和监督。使用 RPA 技术可以大大提高报告生成和分发的效率,确保各部门及时获取所需的财务信息。

(二)数据分析自动化相关控件

华为 WeAutomate 设计器运用内置的数据分析工具或调用外部的数据分析库(如 Python 的 Pandas,Scikit-learn 等)对数据进行统计分析、预测分析等,具体控件如表 11-4 所示。

表 11-4 数据分析与可视化功能控件列表

实现功能	控件名称及用途
数据分析	统计分析:对数据进行统计分析,如描述性统计、相关性分析、趋势分析等 预测分析:对数据进行预测分析,如回归分析、分类分析、时间序列分析等 聚类分析:对数据进行聚类分析,如 K-means 和 DBSCAN 等

(续表)

实现功能	控件名称及用途
机器学习	调用外部库:支持调用外部的数据分析库,如 Python 的 Pandas,Scikit-learn 等 训练模型:支持训练各种机器学习模型,如线性回归、逻辑回归、决策树、随机森林、支持向量机等 评估模型:支持评估模型的性能,如准确率、精确率、召回率、F1 值等
数据可视化	图表展示:将分析结果以图表的形式展示出来,如柱状图、折线图、饼图等 交互式可视化:支持交互式可视化,如缩放、平移、数据区域缩放等

五、智能化数据处理场景

人工智能技术与 RPA 更深入的融合,能实现数据处理全流程的智能化;边缘计算和分布式计算技术的应用,使 RPA 数据处理更加高效、实时和灵活。随着大数据、物联网等技术的发展,RPA 数据处理将面临更复杂、多样和海量的数据挑战,需要不断创新和优化算法以适应这些需求;随着数据安全和隐私保护的日益重视,RPA 数据处理智能化场景将更加注重安全技术和措施的应用。RPA 数据处理智能化将促进行业领域的创新和应用,催生更多具有行业特色的智能化解决方案。

智能化数据处理是指通过人工智能技术,对 RPA 流程中的数据进行智能分析、挖掘和处理,从而提高数据处理的准确性、效率和智能化水平。以下是一些可能的应用场景:

(1)智能数据预处理:通过机器学习和自然语言处理技术,实现对数据清洗、去重、格式转换等预处理任务的自动化,提高数据质量并减少人工干预。

(2)自动化数据分类与标准化:利用深度学习和图像识别技术,实现对不同类型数据的自动分类和标准化处理,提高 RPA 机器人对数据的处理能力。

(3)实时数据挖掘与分析:通过流式数据处理技术和实时计算框架,实现对 RPA 流程中的实时数据进行挖掘和分析,为决策提供及时支持。

(4)智能摘要与生成:结合自然语言处理和知识图谱技术,实现对长篇文档、数据报告等进行智能摘要和生成,减轻用户阅读和理解的负担。

(5)语音识别与语义理解:通过语音识别和自然语言处理技术,实现对语音输入的数据进行处理,提高 RPA 机器人与人类用户交互的便捷性。

(6)智能搜索与过滤:利用知识图谱和图计算技术,提高 RPA 流程中数据搜索和过滤的准确性,实现对复杂数据关系的快速定位和挖掘。

(7)数据可视化与交互:通过虚拟现实、增强现实等技术,实现 RPA 流程中数据的沉浸式可视化,提高数据分析和决策的效率。

(8)隐私保护与数据安全:利用同态加密、安全多方计算等技术,实现对 RPA 流程中数据的安全处理和传输,保障数据隐私和安全。

第三节　RPA 在数据处理中的应用

RPA 在数据处理应用中具有举足轻重的作用,接下来以管理费用预算实际分析机器人为案例,详细阐述管理费用预实分析机器人设计、开发及华为 WeAutomate 的开发步骤。

一、流程描述

随着市场竞争的加剧,企业需要更加精细化地应用管理会计,以确保企业的可持续发展。年度费用预算实际分析是企业预算管理中一个重要的环节,通过对预算与实际支出的对比分析,企业可以更好地了解自身的运营状况,发现潜在问题,并及时调整策略。

然而,传统的年度预算实际分析工作往往面临以下问题:

(1) 数据获取和处理困难。企业需要从多个内部和外部数据源获取数据,这需要耗费大量时间和人力。同时,数据清洗和转换工作也相当繁琐,容易出现错误。

(2) 分析效率低下。人工进行数据分析和可视化的效率较低,而且受限于人类的认知能力,很难从大量数据中发现有价值的信息。

(3) 可视化效果不佳。传统的数据可视化工具可能无法满足企业的个性化需求,导致分析结果展示效果不佳,影响决策效果。

基于上述问题,年度预算实际分析迫切需要通过自动化的数据获取、数据加工、数据存储和数据分析与可视化流程,帮助企业高效地完成年度预算实际分析工作,提高预算管理水平和决策效果。同时,机器人不受时间和人力限制,可以实时或定期进行分析,为企业提供更加及时和准确的财务数据支持。

二、流程分析与设计

管理费用预算实际分析机器人的流程主要是将本地的管理费用预算表与管理费用实际表合并在一张表中,将管理费用各个明细项目的预算数与实际数相比较,获取预实差与预实比,将预实差与预实比绘制趋势图。管理费用预算实际分析业务流程图如图 11-1 所示。

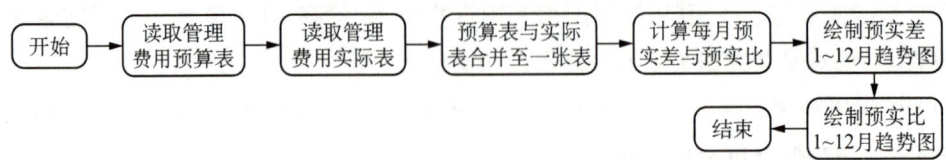

图 11-1　管理费用预算实际分析业务流程图

管理费用的预算数据与实际数据以及预实比数据如表 11-5、表 11-6、表 11-7 所示,趋势分析数据集图如图 11-2、图 11-3 所示。

表 11-5 管理费用实际数表

单位:元

项目	办公费	工资	职工福利费	折旧费	差旅费	运输费	租赁费	咨询费	坏账准备	合计
1月	46 965.00	1 180 000.00	10 932.00	13 586.00	66 935.00	6 953.00	4 925.00	6 834.00	13 000.00	1 350 130.00
2月	56 893.00	1 180 000.00	9 368.00	19 638.00	86 354.00	8 896.00	3 691.00	8 446.00	13 000.00	1 386 286.00
3月	65 732.00	1 180 000.00	9 468.00	12 836.00	59 369.00	9 358.00	8 863.00	8 632.00	13 000.00	1 367 258.00
4月	49 368.00	1 180 000.00	10 258.00	23 694.00	66 256.00	9 348.00	5 639.00	4 682.00	13 000.00	1 362 245.00
5月	76 521.00	1 180 000.00	9 586.00	12 869.00	49 938.00	10 369.00	6 628.00	6 958.00	13 000.00	1 365 869.00
6月	65 893.00	1 180 000.00	10 359.00	15 938.00	58 693.00	10 856.00	5 843.00	4 928.00	13 000.00	1 365 510.00
7月	57 963.00	1 180 000.00	10 957.00	18 639.00	85 634.00	11 583.00	8 661.00	6 862.00	13 000.00	1 393 299.00
8月	39 867.00	1 180 000.00	10 023.00	26 354.00	89 596.00	11 638.00	6 824.00	4 958.00	13 000.00	1 382 260.00
9月	86 264.00	1 180 000.00	9 869.00	22 068.00	87 428.00	8 637.00	8 631.00	4 862.00	13 000.00	1 420 759.00
10月	69 483.00	1 180 000.00	9 932.00	23 058.00	73 562.00	8 467.00	8 657.00	9 635.00	13 000.00	1 395 794.00
11月	61 584.00	1 180 000.00	10 836.00	23 066.00	75 286.00	8 259.00	5 593.00	3 957.00	13 000.00	1 381 581.00
12月	49 368.00	1 180 000.00	9 648.00	20 203.00	68 294.00	10 035.00	5 638.00	4 862.00	13 000.00	1 361 048.00

表 11-6 管理费用预算数表

单位:元

项目	办公费	工资	职工福利费	折旧费	差旅费	运输费	租赁费	咨询费	坏账准备	合计
1月	50 000.00	1 050 000.00	10 000.00	20 000.00	71 000.00	10 000.00	5 000.00	4 500.00	10 000.00	1 230 500.00
2月	53 000.00	1 050 000.00	10 500.00	20 000.00	60 000.00	9 000.00	8 000.00	6 500.00	10 000.00	1 227 000.00
3月	60 000.00	1 050 000.00	10 000.00	20 000.00	71 000.00	10 000.00	6 000.00	7 800.00	10 000.00	1 244 800.00
4月	55 000.00	1 050 000.00	10 500.00	20 000.00	60 000.00	9 000.00	4 000.00	6 200.00	10 000.00	1 224 700.00
5月	48 000.00	1 050 000.00	10 000.00	20 000.00	71 000.00	10 000.00	4 500.00	3 600.00	10 000.00	1 227 100.00

（续表）

项目	办公费	工资	职工福利费	折旧费	差旅费	运输费	租赁费	咨询费	坏账准备	合计
6月	46 000.00	1 050 000.00	10 500.00	20 000.00	60 000.00	9 000.00	8 500.00	4 800.00	10 000.00	1 218 800.00
7月	70 000.00	1 050 000.00	10 000.00	20 000.00	71 000.00	10 000.00	6 000.00	7 500.00	10 000.00	1 254 500.00
8月	51 000.00	1 050 000.00	10 500.00	20 000.00	60 000.00	9 000.00	7 000.00	3 900.00	10 000.00	1 221 400.00
9月	49 000.00	1 050 000.00	10 000.00	20 000.00	71 000.00	10 000.00	3 000.00	6 800.00	10 000.00	1 229 800.00
10月	50 000.00	1 050 000.00	10 500.00	20 000.00	60 000.00	9 000.00	4 000.00	7 500.00	10 000.00	1 221 000.00
11月	51 000.00	1 050 000.00	10 000.00	20 000.00	71 000.00	10 000.00	8 000.00	1 600.00	10 000.00	1 231 600.00
12月	49 000.00	1 050 000.00	10 500.00	20 000.00	60 000.00	9 000.00	6 000.00	9 200.00	10 000.00	1 223 700.00

表 11-7　管理费用预实差、预实比数据表

月份	预实差	预实比	实际汇总	预算汇总
1月	119 630	9%	1 350 130.00	1 230 500.00
2月	159 286	11%	1 386 286.00	1 227 000.00
3月	122 458	9%	1 367 258.00	1 244 800.00
4月	137 545	10%	1 362 245.00	1 224 700.00
5月	138 769	10%	1 365 869.00	1 227 100.00
6月	146 710	11%	1 365 510.00	1 218 800.00
7月	138 799	10%	1 393 299.00	1 254 500.00
8月	160 860	12%	1 382 260.00	1 221 400.00
9月	190 959	13%	1 420 759.00	1 229 800.00
10月	174 794	13%	1 395 794.00	1 221 000.00
11月	149 981	11%	1 381 581.00	1 231 600.00
12月	137 348	10%	1 361 048.00	1 223 700.00

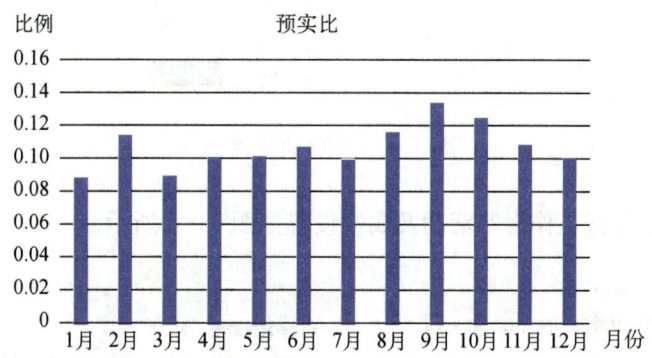

图 11-2　管理费用 1～12 月预实比趋势图

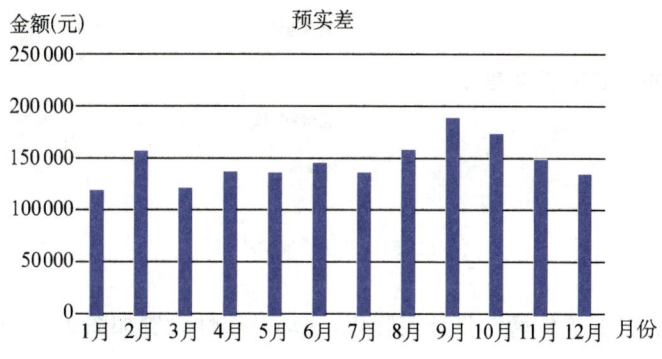

图 11-3　管理费用 1～12 月预实差趋势图

三、自动化流程开发

根据华为 WeAutomate 功能特性，业务流程具体开发步骤如下。

（1）打开华为 WeAutomate 设计器，选择教育版，新建流程项目并命名为"管理费用预实分析流程"，如图 11-4 所示。

图 11-4 "新建项目"界面

（2）选择活动"打开工作簿"，活动及属性设置如图 11-5 所示。

图 11-5 打开预实对比表

（3）选择活动"打开工作簿"，打开实际表，活动及属性设置如图 11-6 所示。

第十一章　数据处理自动化 | 195

图 11-6　打开实际表

（4）选择活动"写入单元格"，活动及属性设置如图 11-7 所示。

图 11-7　"写入单元格"界面

（5）选择活动"自动填充"，活动及属性设置如图 11-8 所示。

图 11-8　"自动填充"界面

(6) 选择活动"复制单元格",活动及属性设置如图 11-9 所示。

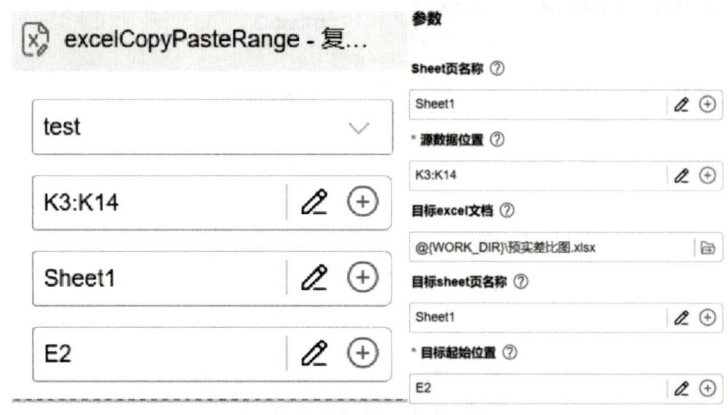

图 11-9 "复制单元格"界面

(7) 选择活动"保存工作簿""关闭工作簿",活动及属性设置如图 11-10 所示。

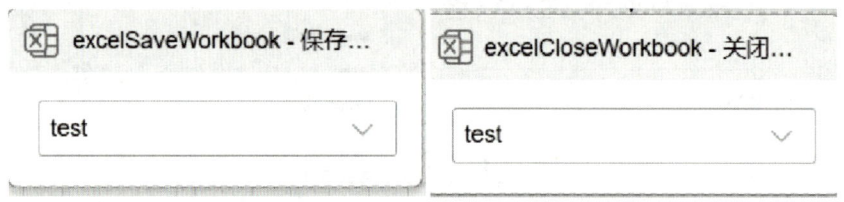

图 11-10 "保存工作簿"与"关闭工作簿"界面

(8) 选择活动"打开工作簿",活动及属性设置如图 11-11 所示。

图 11-11 "打开工作簿"界面

(9) 选择活动"写入单元格",活动及属性设置如图 11-12 所示。

图 11-12 "写入单元格"界面

（10）选择活动"自动填充"，活动及属性设置如图 11-13 所示。

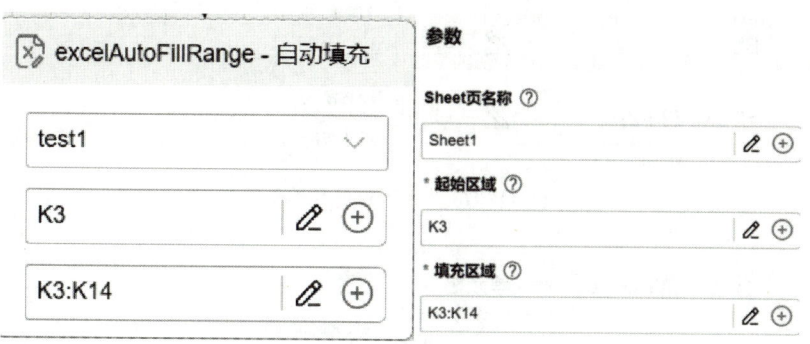

图 11-13 "自动填充"界面

（11）选择活动"复制内容"，活动及属性设置如图 11-14 所示。

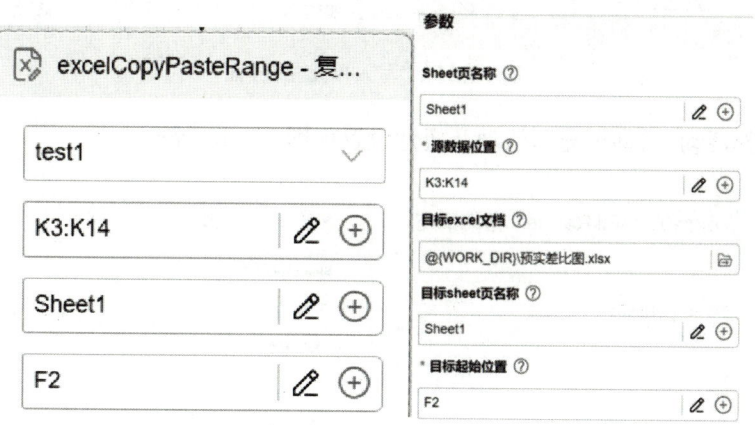

图 11-14 "复制内容"界面

（12）选择活动"保存工作簿""关闭工作簿"，活动及属性设置如图 11-15 所示。

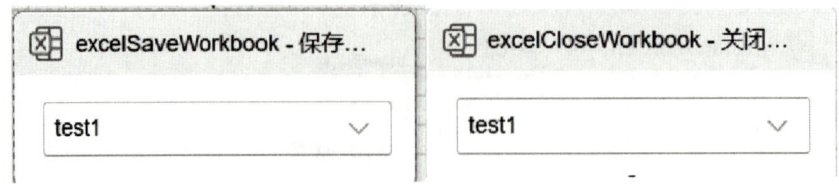

图 11-15 "保存工作簿"与"关闭工作簿"界面

（13）选择活动"写入单元格"，活动及属性设置如图 11-16、图 11-17 所示。

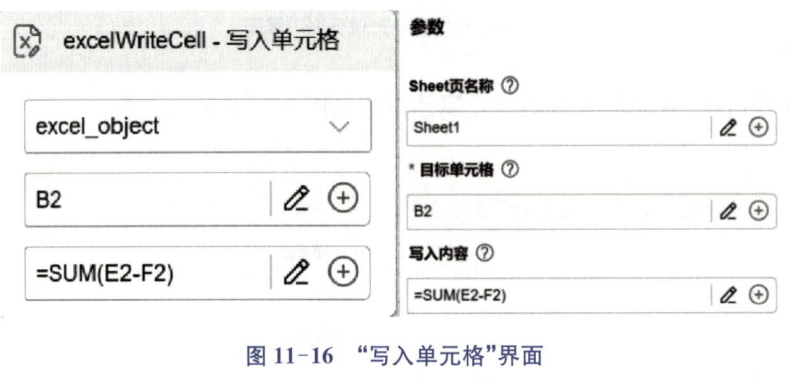

图 11-16 "写入单元格"界面

图 11-17 "写入单元格"界面

（14）选择活动"自动填充"，活动及属性设置如图 11-18 所示。

图 11-18 "自动填充"界面

(15) 选择活动"激活工作表""选中区域",活动及属性设置如图 11-19 所示。

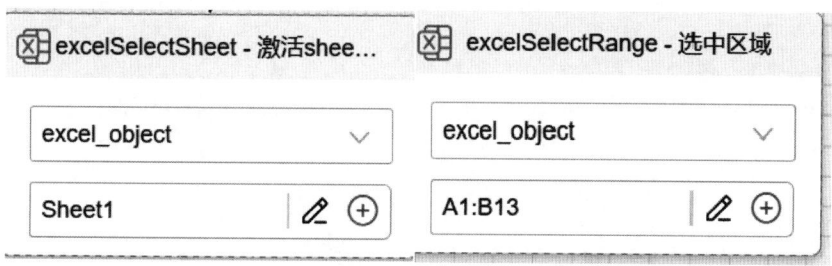

图 11-19 《激活工作表》与"选中区域"界面

(16) 选中区域并选择活动"发送热键",活动及属性设置如图 11-20 所示。

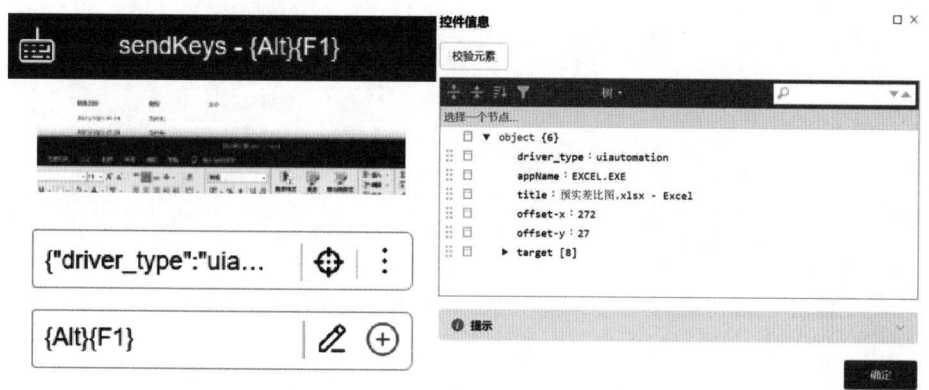

图 11-20 "选中区域"与"发送热键"界面

(17) 再次选中区域并选择活动"发送热键",活动及属性设置如图 11-21 所示。

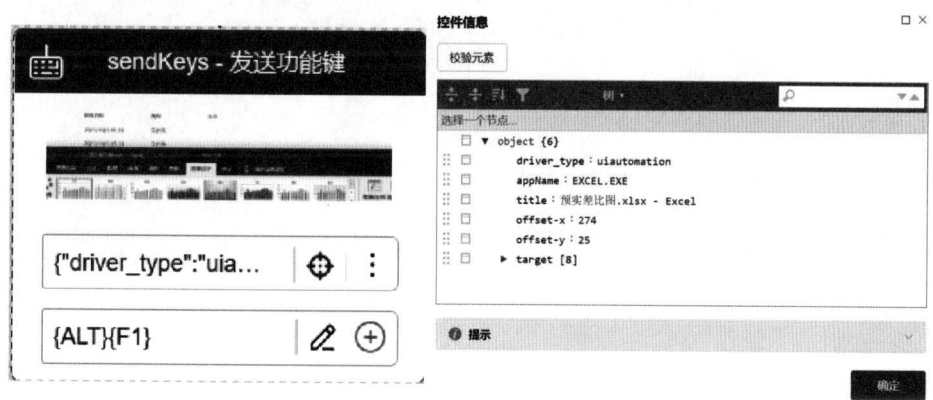

图 11-21 "选中区域"与"发送热键"界面

章 节 测 试

一、单选题

1. 数据处理自动化的主要目的是(　　)。
   A. 提高数据安全性　　　　　　　　B. 提高数据处理的效率和准确性
   C. 降低数据存储成本　　　　　　　D. 增加数据的复杂性
2. 数据处理自动化中,RPA 主要解决的是(　　)层面的挑战。
   A. 数据采集　　　　　　　　　　　B. 数据加工
   C. 数据存储　　　　　　　　　　　D. 数据分析与决策
3. RPA 在数据处理自动化中,模拟人类用户操作的主要优势是(　　)。
   A. 适应复杂业务流程　　　　　　　B. 提高数据安全性
   C. 降低成本　　　　　　　　　　　D. 提高数据处理速度
4. 数据处理自动化中,RPA 可以调用的获取数据的外部 API 是(　　)。
   A. 税务部门网站 API　　　　　　　B. 银行网站 API
   C. 社交媒体平台 API　　　　　　　D. 所有以上选项
5. RPA 在数据处理自动化中,通常不包括的功能是(　　)。
   A. 数据清洗　　B. 数据转换　　C. 数据存储　　D. 数据可视化

二、多选题

1. 下列选项中,属于数据处理自动化可以应用的财务领域的场景的有(　　)。
   A. 从财务报表中提取数据　　　　　B. 从财务系统中导出数据
   C. 从银行获取财务数据　　　　　　D. 从税务局获取纳税信息
2. 下列选项中,属于RPA 在数据获取自动化中可以使用的技术的有(　　)。
   A. SQL 查询　　B. HTTP 请求　　C. Web 爬虫　　D. 文件读取
3. RPA 在数据处理自动化中可以提高效率的方面包括(　　)。
   A. 数据清洗　　B. 数据转换　　C. 数据合并　　D. 数据汇总
4. 根据文档,RPA 在数据处理自动化中可以解决的痛点包括(　　)。
   A. 数据量大,人工处理速度慢　　　B. 业务流程复杂
   C. 数据质量参差不齐　　　　　　　D. 人工处理缺乏统一规范
5. RPA 在数据处理自动化中,可以集成的人工智能技术包括(　　)。
   A. 机器学习　　　　　　　　　　　B. 自然语言处理
   C. 计算机视觉　　　　　　　　　　D. 数据挖掘

三、判断题

1. RPA 技术在数据处理自动化中的应用可以完全替代人工操作，无需任何人工干预。（   ）
2. RPA 在数据处理自动化中可以提高数据处理的速度和响应能力。（   ）
3. RPA 技术可以适应不同行业和业务场景的数据处理需求。（   ）
4. RPA 在数据处理自动化中无法处理来自外部 API 的数据。（   ）
5. 数据处理自动化可以解决企业在数据处理过程中面临的数据量大、业务流程复杂等挑战。（   ）

四、思考题

某制造企业为了提升生产数据的准确性和实时性，决定引入 RPA 技术来自动化其数据处理流程。企业在实施 RPA 的过程中，注重将社会主义核心价值观融入工作流程中。

企业通过 RPA 技术的应用，实现了生产数据的自动化收集和分析，提高了数据处理的效率，体现了对技术创新的重视。在自动化数据处理过程中，企业严格遵守数据保护法规，确保所有自动化流程都符合法律要求，体现了法治精神。企业要求员工在设计和维护 RPA 流程时，必须确保数据的准确无误，强化了员工的责任意识。RPA 的应用减少了数据篡改和错误的可能性，提高了数据的真实性和透明度，促进了诚信守法的企业文化。请读者试着思考以下几个问题：

1. 数据处理自动化的主要目的是什么？请简述在企业和政府部门中实现数据处理自动化的几个关键好处。
2. 请解释 OCR（光学字符识别）、NLP（自然语言处理）、ETL（数据提取、转换、加载）等技术是如何在数据处理自动化中发挥作用的？
3. 请描述一个您所在行业或领域的数据处理自动化应用场景，包括该场景中的痛点、解决方案以及使用到的技术和工具。
4. 在实施数据处理自动化项目时，可能遇到哪些挑战和问题？请提出至少 3 个解决方案来应对这些挑战。
5. 如何评估数据处理自动化项目的成功与否？请提出至少 3 个衡量指标。
6. 请简述您对未来数据处理自动化技术发展趋势的看法，包括您认为的会有哪些新的技术突破和应用领域。
7. 在数据处理自动化中，如何确保数据安全和隐私？请列举至少 3 种措施。
8. 请描述一个您认为可以受益于数据处理自动化的社会场景，并解释原因。
9. 如果要为企业或政府部门制定一个数据处理自动化策略，应该考虑哪些因素？请列出至少 5 个关键因素。

第十二章

文本处理自动化

 学习目标

1. 了解文本处理自动化概述。
2. 掌握华为 WeAutomate 在文本处理自动化场景的应用。
3. 掌握 RPA 在文本处理中的开发与应用。

 本章概览

在当前信息时代,文本信息已成为企业运营的核心要素。然而,随着文本信息的爆炸式增长,企业面临着越来越繁重的文本处理任务,如文档录入、PPT 生成、文件解压等。这些重复性、规律性的任务不仅消耗大量人力物力,而且容易出错,影响企业运营效率和质量。RPA 技术能够为企业提供一种全新的解决方案。RPA 文本自动化处理作为其中的一个重要应用领域,可以帮助企业实现对各种文本信息的高效、准确处理,从而减轻员工负担,提升业务流程的智能化水平。

 章节导航

```
                          ┌ 文本处理自动化概述 ┌ 文本处理领域现状
                          │                   └ RPA 助力文本处理自动化
                          │                   ┌ PDF 自动化场景
                          │                   │ Word 自动化场景
文本处理自动化 ┤ 文本处理自动化场景 ┤ PPT 自动化场景
                          │                   │ 邮箱自动化场景
                          │                   └ 智能化文本处理场景
                          └ RPA 在文本处理中的应用 ┌ 流程描述与分析
                                                 └ 自动化流程开发
```

第一节 文本处理自动化概述

随着新技术的迭代,我们在告别传统办公的同时,正拥抱着信息化、无纸化的办公模式。

功能各异的办公软件系统,极大地拉近了我们与高效工作的距离。办公方式也开始向自动化方向发展。与此同时,这也产生了大量的文本信息,企业和组织面临的文本处理任务越来越繁重。传统的人工处理方式已经无法满足高效的业务需求,而且容易出错。在这种背景下,RPA 技术为文本自动化处理提供了强大的支持。

一、文本处理领域现状

在当前个人或企业文本相关处理中,文本处理领域普遍存在以下痛点。

(一)重复性高

企业日常运营中,大量文本处理任务具有重复性、规律性的特点,如文本录入、报表生成等。这些任务既耗费员工大量时间和精力,又难以保证数据的准确性和一致性。

(二)效率低下

传统的文本处理方式通常依赖于人工操作,受限于员工的操作速度和技能水平。因此,在面临大量文本处理任务时,企业的传统文本处理能力往往难以满足业务需求,导致业务流程的拖延和积压。

(三)错误率高

人工处理文本信息时,容易受到疲劳、注意力分散等因素的影响,导致数据录入错误、报表生成不准确等问题。这些错误不仅会影响企业的运营效率,还可能给企业带来严重的经济损失和信誉损害。

(四)信息孤岛

在企业内部,各部门之间的信息交流和共享往往受到限制。这将导致企业在进行文本处理时,难以充分利用各部门的数据资源,从而影响企业整体的运营效率和决策质量。

二、RPA 助力文本处理自动化

RPA 可以通过结合人工智能技术,助力文本处理自动化,具体体现在以下几个方面。

(一)文本分类

通过机器学习算法,RPA 可以对文本进行分类,以便能够更好地理解和处理文本。例如,将不同类型的文本(如新闻、电子邮件、社交媒体等)分类,以便 RPA 机器人能够更好地理解和处理它们。

(二)文本提取

通过自然语言处理技术,RPA 可以从文本中提取关键信息。例如,从网页中提取新闻标题和摘要,或从电子邮件中提取收件人、发件人和主题等。

(三)文本转换

通过自然语言处理技术,RPA 可以将文本从一种语言转换为另一种语言,或从一种格式转换为另一种格式。例如,将英文文本转换为中文文本,或将 PDF 文本转换为 Word 文本等。

(四) 文本摘要

通过自然语言处理技术，RPA 可以从文本中提取关键信息，生成文本摘要。例如，从一篇长篇文章中提取关键信息，生成一段简短的摘要，以便用户快速了解文章的主要内容。

(五) 情感分析

通过自然语言处理技术，RPA 可以分析文本中的情感。例如，判断文本是正面、负面还是中立。这有助于企业更好地了解客户和用户的态度和反馈，从而更好地制定营销和客户服务策略。

(六) 命名实体识别

通过自然语言处理技术，RPA 可以识别文本中的命名实体。例如，识别人名、地名、组织名等。这有助于 RPA 机器人更好地理解和处理文本中的关键信息。

(七) 文本纠错

通过自然语言处理技术，RPA 可以对文本中的拼写和语法错误进行纠正，以提高文本的质量和准确性。

总之，RPA 通过结合自然语言处理和人工智能技术，可以实现文本处理自动化，从而提高文本处理的效率和准确性，帮助企业更好地管理和利用文本数据。

第二节 文本处理自动化场景

RPA 在文本处理自动化中的应用非常广泛，包括 PDF、Word、PPT、邮箱收发等常见办公场景。下面按照每个具体场景详细阐述。

一、PDF 自动化场景

可移植文档格式（portable document format，PDF）是一种通用的文件格式，可以在各种平台上查看和打印。

(一) PDF 的内容与特征

在进行 RPA 的 PDF 自动化时，PDF 的内容结构通常包括以下几个部分：

(1) 标题：PDF 文档的标题，通常位于文档的开头或封面，用于概括整个文档的主题和内容。

(2) 作者和创作者信息：包括作者的姓名、联系方式等。这些信息有助于识别文档的来源和作者，为后续处理提供参考。

(3) 目录：如果文档包含多个章节或部分，通常会包含一个目录，列出各章节或部分的标题和页码。这有助于用户和机器人快速定位到感兴趣的内容。

(4) 内容：PDF 文档的核心部分，包括文本、图片、图表、表格等各种元素。内容通常按照一定的逻辑结构进行组织,如先介绍背景信息,再详细说明具体方法或案例等。

(5) 页眉、页脚和页码:这些元素通常位于页面的顶部、底部和角落,包含文档的标题、作者、出版社等信息。它们有助于提供文档的元数据,方便用户和机器人进行查找和引用。

(6) 注释和标注:用户在阅读文档时可能会添加的一些注释或标注,如高亮、下划线、批注等。这些信息有助于理解文档的重点和难点,为机器人提供处理文档的线索。

(7) 附件:PDF 文档中可能包含的一些额外的文件,如文档、图片、视频等。这些附件有助于提供更多的信息支持,丰富文档的内容。

(8) 签名:在一些正式的 PDF 文档中,可能包含作者或审批人的签名,以证明文档的真实性和合法性。这有助于机器人识别文档的重要性和处理优先级。

在进行 RPA 的 PDF 自动化时,用户可以根据这些内容结构,利用人工智能和 RPA 技术对 PDF 文档进行分类、筛选、摘要等处理,实现文档的智能管理。例如,通过关键词提取识别文档的主题,并根据目录定位到具体内容,自动生成摘要或回答问题等。这些自动化功能可以提高文档处理的效率,减轻用户的工作负担。

在文本处理方面,PDF 可以用于阅读、编辑和打印文档。用户可以使用 PDF 阅读器(如 Adobe Acrobat Reader)进行查看和打印,同时也可以使用 PDF 编辑器(如 Adobe Acrobat)对文档进行编辑和修改。此外,PDF 文件还可以通过 OCR 技术将扫描的文本文件转换为可编辑的文本格式。

基于以上 PDF 的特征,PDF 文件在办公场景下应用非常广泛,它可以方便地在不同设备和操作系统之间进行共享和传输,提高工作效率;可以作为电子邮件附件发送,确保收件人在不同设备上都能正常查看文档;可以进行数字签名和审批,方便进行电子合同和文件的签署和审批流程;可以发布在互联网上供用户在线阅读和下载,方便用户获取所需信息;可以用于制作电子书,方便用户在各种设备上进行阅读。

(二) PDF 自动化场景描述

RPA 技术在处理 PDF 文件方面具有很高的应用价值。通过模拟人类用户的操作行为,RPA 可以自动完成 PDF 文件的创建、编辑、合并、拆分、加密解密等任务。下面将详细阐述每个场景的内容。

1. PDF 创建

RPA 可以根据源文件(如 Word、Excel 等)自动创建 PDF 文件。例如,在财务部门,RPA 可以根据 Excel 表格中的数据,自动生成一份 PDF 形式的财务报表,通过打开 Excel 表格、将数据复制到剪贴板、打开 PDF 创建工具、选择源文件,最终生成 PDF 文件。又如,在市场部门,RPA 可以根据 PowerPoint 文件中的内容,自动生成一份 PDF 的产品宣传册,通过打开 PowerPoint 文件、选择"文件"菜单中的"另存为"选项、选择 PDF 格式、保存文件完成操作。

2. PDF 编辑

RPA 可以对现有的 PDF 文件进行编辑,如修改文本内容、插入图片、删除页面等。例如，在销售部门，RPA 可以对 PDF 销售报告中的销售数据进行更新，以便于团队管理者进行分析和决策。通过打开 PDF 销售报告、修改文本内容、保存文件完成操作。又如，在设计部门，RPA 可以对 PDF 设计稿中的图片进行替换，以满足客户的需求。通过打开 PDF 设计稿、插入新的图片、删除原有的图片、保存文件完成操作。

3. PDF 合并

RPA 可以将多个 PDF 文件合并成一个新的 PDF 文件。例如，在人力资源部门，RPA 可以将多个求职者的简历 PDF 文件合并成一个文件夹，方便招聘人员查看，通过打开第一个 PDF 文件、将文件添加到合并列表中、打开第二个 PDF 文件、将文件添加到合并列表中、选择"文件"菜单中的"合并"选项、保存合并后的 PDF 文件完成操作。

4. PDF 拆分

RPA 可以将一个 PDF 文件拆分成多个独立的 PDF 文件。例如，在图书馆，RPA 可以将一本电子书的 PDF 文件拆分成多个章节，方便读者下载和阅读，通过打开 PDF 电子书、选择要拆分的页码范围、将页面提取为单独的 PDF 文件、保存拆分后的 PDF 文件完成操作。又如，在印刷厂，RPA 可以将一个大型的 PDF 文件拆分成多个较小的 PDF 文件，以便于印刷和装订，通过打开 PDF 文件、选择要拆分的页码范围、将页面提取为单独的 PDF 文件、保存拆分后的 PDF 文件完成操作。

5. PDF 加密解密

RPA 可以对 PDF 文件进行加密和解密操作。例如，在法律部门，RPA 可以对一份合同 PDF 文件进行加密，确保文件内容的安全性，通过打开 PDF 文件、选择"文件"菜单中的"加密"选项、设置密码、保存加密后的 PDF 文件完成操作。又如，在采购部门，RPA 可以对供应商发来的报价 PDF 文件进行解密，以便于采购人员查看和分析，通过打开 PDF 文件、选择"文件"菜单中的"解密"选项、输入密码、保存解密后的 PDF 文件完成操作。

在实际应用中，RPA 还可以处理其他类型的 PDF 文件相关任务，实现各类业务场景的自动化处理。

（三）PDF 自动化相关控件

华为 WeAutomate 设计器中提供了大量控件实现 PDF 自动化，控件如表 12-1 所示。

表 12-1　PDF 自动化控件列表

控件名称	控件说明
CreatePDF	用于创建新的 PDF 文件，开发人员可以在控件中设置 PDF 的各种属性，如页面大小、方向、标题等，并添加文本、图像、表格等元素
EditPDF	用于编辑现有的 PDF 文件，开发人员可以对 PDF 的页面进行操作，如删除、旋转、裁剪等，还可以对 PDF 的元素进行操作，如修改文本内容、图像大小等
FillPDFForm	用于填写 PDF 表单，开发人员可以在控件中设置表单字段的类型、名称等属性，并设置与后端系统的接口，以便自动获取表单数据

（续表）

控件名称	控件说明
SignPDF	用于对 PDF 文件进行数字签名。开发人员可以设置签名的类型（如密码签名、证书签名等）、位置、颜色等属性
MergePDF	用于合并多个 PDF 文件，开发人员可以在控件中设置合并方式（如顺序合并、交叉合并等），并添加需要合并的 PDF 文件
SplitPDF	用于将 PDF 文件拆分成多个子文件，开发人员可以设置拆分规则，如按页码、按内容等
ConvertPDF	用于将 PDF 文件转换为其他格式的文件，如 Word、Excel 等，开发人员可以在控件中设置转换的目标格式、输出路径等属性
PDFOCR	用于对 PDF 文件进行光学字符识别（OCR），以便于提取和处理 PDF 文件中的文本内容
PDFSearch	用于在 PDF 文件中搜索特定的文本或图像。开发人员可以设置搜索范围、搜索内容等属性

二、Word 自动化场景

Word 是一款文本处理软件，广泛应用于公司内部的通知、公告、报告、会议笔记、管理任务清单等文档中，下面详细介绍 Word 的特征及 Word 自动化场景内容。

（一）Word 的内容与特征

Word 的结构功能主要包括以下方面：

（1）文本处理功能：Word 具有强大的文本处理功能，包括文字输入、编辑、格式化、排版、校对等。用户可以对文本进行各种操作，如插入、删除、复制、粘贴、查找、替换等。

（2）样式和格式：Word 允许用户应用各种样式和格式，如字体、颜色、段落格式、标题格式、列表等。这些格式可以根据需要进行自定义，以满足不同的文本处理需求。

（3）图像和多媒体：Word 支持插入图像、视频、音频等多媒体内容，以及表格、图表等对象。这些内容可以与文本混合排版，使文档更加丰富和生动。

（4）协作和共享：Word 支持多人协作，用户可以共享文档并在同一文档上进行编辑。此外，Word 还支持将文档导出为不同格式的文件，如 PDF、纯文本等，以便在不同的设备和平台上进行查看和共享。

在文本处理方面，Word 可以应用于各种场景，如撰写文档、编辑图书、制作报告等。用户可以使用 Word 的各种功能，对文本进行格式化、排版、校对等操作，以满足不同的文本处理需求。此外，Word 还可以与其他办公软件进行集成，如 Excel、PowerPoint 等，以实现更高效的办公管理。

（二）Word 自动化场景描述

RPA 技术通过模拟人类用户的操作行为，可以自动完成 Word 文件的创建、编辑、排版、保存等场景。

1. Word 创建

RPA 可以根据模板或其他文件自动创建 Word 文件。例如，在市场部门，RPA 可以根据现有的产品宣传册模板，自动创建一份新的产品宣传册，通过打开模板文件、将产品信息复制到剪贴板、打开 Word 创建工具、选择模板文件、生成新的 Word 文件完成操作。

2. Word 编辑

RPA 可以对现有的 Word 文件进行编辑，如修改文本内容、插入图片、表格等。例如，在销售部门，RPA 可以对销售报告中的销售数据进行更新，插入新的销售数据图表等，以便于团队管理者进行分析和决策。又如，在人力资源部门，RPA 可以对员工手册进行修改，插入新的政策和规定等，以反映最新的公司政策和规定。再如，在审计部门，RPA 可以对审计报告进行修改，编辑文本内容、插入新的审计发现等。

3. Word 排版

RPA 可以对 Word 文件进行排版，如设置字体、字号、段落格式等。例如，在设计部门，RPA 可以对 Word 设计稿中的排版进行调整，以满足客户的需求，通过打开 Word 设计稿、修改字体、字号、段落格式、保存文件完成操作。又如，在出版部门，RPA 可以对书籍 Word 文件进行排版，设置页边距、行间距、字体等，以便于印刷和出版。

4. Word 保存

RPA 可以自动保存 Word 文件到指定的位置。例如，在客户服务部门，RPA 可以对客户反馈表进行保存，以便于后续处理和分析，通过打开 Word 客户反馈表、填写表单内容、选择保存路径、保存文件完成操作。又如，在研发部门，RPA 可以对研发报告进行保存，以便于团队成员查看和讨论，通过打开 Word 研发报告、填写报告内容、选择保存路径、保存文件完成操作。

(三) Word 自动化相关控件

华为 WeAutomate 设计器中提供了大量控件实现 Word 自动化。控件如表 12-2 所示。

表 12-2　Word 自动化控件列表

控件名称	控件说明
Word 操作控件	用于创建、打开、保存、关闭 Word 文档
Word 选区控件	选取文档中的某个区域，如某段文字、某个表格等
Word 查找与替换	可以在 Word 文档中查找特定内容并替换为另一内容
Word 内容	可以提取和设置 Word 文档中的内容，如标题、段落、列表等
Word 样式	用于设置 Word 文档中的样式，如字体、字号、颜色、段落格式等
Word 表格	支持创建、编辑和操作 Word 表格，包括插入、删除行列、合并单元格等
Word 插入	用于在 Word 文档中插入图片、图表、文本框等元素
Word 脚注	可以添加、编辑和删除 Word 文档中的脚注

(续表)

控件名称	控件说明
Word 目录	可以生成和更新 Word 文档的目录
Word 修订	可以启用和跟踪 Word 文档的修订功能,便于多人协同编辑

三、PPT 自动化场景

幻灯片(PowerPoint,PPT)是一种演示文稿软件,常用于商务、教育和个人应用中。下面将详细阐述 PPT 的特征及 RPA 如何助力 PPT 自动化实现高效办公。

(一) PPT 的内容与特征

PPT 的结构功能主要包括以下方面:

(1) 多媒体支持:PPT 支持多种媒体格式,包括图片、音频、视频等,用户可以方便地添加各种媒体素材到演示文稿中。

(2) 模板和主题:PPT 提供了丰富的模板和主题,用户可以根据需要选择适合的模板和主题来创建演示文稿。

(3) 动画和过渡效果:PPT 支持多种动画和过渡效果,用户可以添加动画效果和过渡效果来使演示文稿更加生动和有趣。

(4) 幻灯片布局:PPT 提供了多种幻灯片布局,用户可以根据需要选择适合的布局来展示内容。

(5) 自定义字体和颜色:PPT 支持自定义字体和颜色,用户可以根据需要自定义字体和颜色来提高演示文稿的可读性和吸引力。

(6) 协同编辑:PPT 支持多人协同编辑,多个用户可以同时编辑同一个演示文稿,提高协作效率。

(7) 导出和分享:PPT 支持多种导出格式,用户可以将演示文稿导出为 PDF、Word 等格式。同时,PPT 还支持在线分享和下载,方便用户分享演示文稿。

由此可见,PPT 可以使用文本框和标题等元素来展示文本内容,同时也可以通过动画和过渡效果来增强文本的表现力,用于会议、报告、培训等场合,能够帮助用户更好地展示和传达信息,提高工作效率和协作能力。

(二) RPA 在 PPT 自动化的场景

在处理 PPT 的创建、编辑、导出等场景中,RPA 可以自动化执行以下任务。

(1) 创建 PPT:RPA 可以根据预定义的模板自动创建新的 PPT 演示文稿,包括添加标题、正文、图片、图表等内容。例如,一个企业需要为每次会议创建 PPT,RPA 可以根据会议主题和内容自动创建演示文稿,减少人工操作的时间和成本。

(2) 编辑 PPT:RPA 可以根据用户提供的内容自动编辑 PPT 演示文稿,包括修改文本、调整图片大小、更改字体颜色等。例如,一个销售团队需要为每次客户演示创建 PPT,RPA

可以根据销售人员提供的销售数据和产品信息自动编辑演示文稿,提高销售效率和准确性。

(3) 导出 PPT:RPA 可以根据用户提供的要求自动导出 PPT 演示文稿,包括将 PPT 转换为 PDF、Word 或其他格式,以及调整页面大小、分辨率等。例如,一个演讲者需要将在 PPT 中使用的图片转换为 JPEG 格式,RPA 可以根据演讲者的要求自动导出图片并保存到指定的文件夹中。

(4) 发送 PPT:RPA 可以根据用户提供的邮件地址和附件信息自动发送 PPT 演示文稿,包括添加邮件主题、正文、附件等。例如,一个培训师需要将 PPT 演示文稿发送给学生,RPA 可以根据学生提供的邮箱地址自动发送邮件,并确保附件正确地附加到邮件中。

通过使用 RPA 技术,可以自动化处理 PPT 的创建、编辑、导出等场景,提高生产力和效率,减少人工操作的错误和成本。

(三) PPT 自动化场景相关控件

华为 WeAutomate 设计器中提供了大量控件实现 PPT 自动化,华为 WeAutomate Studio 没有专门的 PPT 控件,集成第三方库以实现 PPT 自动化。控件如表 12-3 所示。

表 12-3　PPT 自动化控件列表

控件名称	控件说明
使用 Microsoft Office API	华为 WeAutomate Studio 支持调用 Microsoft Office API 进行操作,API 提供了创建、编辑、保存、格式化等功能
调用 PowerShell 脚本	开发人员可以编写 PowerShell 脚本来操作 PPT 文件,然后在 RPA Studio 中调用这些脚本。例如,可以使用 PowerShell 脚本对 PPT 文件进行合并、拆分、添加/删除幻灯片等操作
使用第三方库	有一些第三方库提供对 PPT 文件的操作功能,如 ApachePOI、Aspose 等

四、邮箱自动化场景

邮箱(Email)是一种电子邮件系统,它允许用户通过互联网发送和接收信息。电子邮件是一种非常流行的通信方式,因为它具有速度快、成本低、易于使用等特点。

(一) 邮箱的内容与特征

在邮箱自动化方面,邮箱的内容结构与传统邮箱内容结构类似,但需考虑 RPA 的特殊需求。邮箱的内容结构主要包括以下方面:

(1) 标题:邮件的主题,通常简洁明了地概括了邮件的主要内容,便于机器人快速了解邮件的主要信息。

(2) 发件人信息:包括发件人的姓名、邮箱地址和联系方式等。这些信息有助于机器人识别发件人身份,判断邮件的重要性和紧急程度。

(3) 收件人信息:与发件人信息类似,包括收件人的姓名、邮箱地址和联系方式等。这些信息有助于确保邮件能够准确地发送给目标收件人。

(4)正文:邮件的核心内容,包括文本、图片、附件等。正文内容通常按照一定的逻辑结构进行组织,如先介绍背景信息,再详细说明具体要求或问题等。

(5)附件:邮件中可能包含的一些额外的文件,如图片、文档、表格等。附件有助于收件人更好地理解邮件内容,提供更多的信息支持。

(6)关键词:为了方便机器人搜索和识别,邮件中可以包含与内容相关的关键词。这有助于提高邮件处理的准确性和效率。

(7)标签:对邮件进行分类的标签,如紧急、重要、待办等。这有助于机器人快速识别邮件的优先级,进行任务调度和管理。

(8)签名:邮件的结尾部分,通常包括发件人的姓名、职位、公司信息等。签名有助于增加邮件的专业性和正式度,提高收件人对邮件的信任度。

(9)日期和时间:邮件的发送日期和时间,有助于机器人了解邮件的时效性,判断处理邮件的优先级。

在进行 RPA 邮箱自动化时,用户可以根据这些内容结构,利用人工智能和 RPA 技术对邮件进行分类、筛选、摘要等处理,实现邮件的智能管理。例如,通过情感分析识别邮件的紧急程度,根据关键词提取判断邮件的主题,自动生成回复模板等。这些自动化功能可以提高邮件处理的效率,减轻用户的工作负担。

电子邮件系统通常使用以下协议来实现邮件的发送和接收,具体协议形式包括以下几种:

(1)SMTP(简单邮件传输协议):SMTP 是用于发送邮件的协议,负责将邮件从发件人服务器传输到收件人服务器。

(2)POP3(邮局协议 3):POP3 是用于接收邮件的协议,允许用户从服务器下载邮件到本地计算机。

(3)IMAP(互联网邮件访问协议):IMAP 是另一种用于接收邮件的协议,与 POP3 不同的是,IMAP 允许用户直接在服务器上操作邮件,而不需要将邮件下载到本地计算机。

在我国,常见的邮箱服务提供商有腾讯企业邮箱、网易企业邮箱、阿里企业邮箱等,这些邮箱服务提供商为企业和个人提供便捷、安全、稳定的电子邮件服务。

(二)邮箱自动化场景

邮箱自动化是指通过编写脚本或使用第三方工具,实现对邮箱的自动管理,提高办公效率。常见的邮箱自动化场景如下:

(1)自动发送和接收邮件:邮箱自动化通过编写脚本或使用第三方工具,实现自动发送和接收邮件,节省人工操作的时间,如发送日报、周报、月报等定期汇报,以及项目进度、会议通知等。

(2)自动过滤和分类:邮箱自动化可以根据邮件的主题、发件人等信息,或是按照工作、生活、垃圾邮件等,自动将邮件过滤和分类,方便用户快速查找和管理邮件。

(3)自动回复和提醒:邮箱自动化可以设置自动回复邮件,以及定时提醒用户处理特定邮件、回复客户咨询、处理待办事项等,提高办公效率。

(4)集成其他应用:邮箱自动化可以与其他办公应用进行集成,如日历、任务管理等,实现更高效的办公管理。

(三)邮箱自动化场景相关控件

华为 WeAutomate 具备邮箱自动化场景相关控件。控件列表如表 12-4 所示。

表 12-4 邮箱自动化场景

控件名称	控件相关内容
获取邮件(MAPI)	MAPI 获取邮件,Studio 和 Outlook 启动权限保持一致(同为管理员或普通用户),可以根据时间、发送人、收件人、主题等条件进行筛选获取
发送邮件(Outlook)	使用本地 Outlook 发送邮件,使用这个命令会需要用户和系统交互,点击中途弹出的窗口,或者可以设置,在选项—信任中心—信任中心设置—编程访问—不发出警告;否则会阻塞这个命令
获取邮件文件路径	获取邮件文件路径是在基于 MAPI、POP、IMAP 等原子命令获取到的邮件的保存目录里,获取符合条件时间最近的邮件文件路径
删除邮件	基于 MAPI、POP、IMAP 等原子命令获取到的邮件的保存目录里,删除时间最近的一封邮件
获取邮件(POP)	POP 协议获取邮件,可以根据时间、发送人、收件人、主题等条件进行筛选获取
发送邮件(SMTP)	使用 SMTP 服务器发送邮件. 做了频繁发送限制,建议发送时间间隔 500 毫秒以上
获取邮件(IMAP)	IMAP 协议获取邮件,可以根据时间、发送人、收件人、主题等条件进行筛选获取

五、智能化文本处理场景

智能化文本处理场景是指通过人工智能技术,尤其是自然语言处理(NLP)技术,对文本信息进行自动化处理、理解和生成的过程。其目的是提高文本处理的效率,减少人工干预,实现业务流程的自动化。下面阐述其具体内容及未来的发展趋势。

(一)智能文本分类

通过机器学习算法,RPA 对大量的文本数据进行自动分类,如新闻分类、情感分析、评论分类等。这有助于企业对海量文本信息进行快速处理,提取有价值的信息。

(二)信息抽取与实体识别

RPA 从非结构化的文本数据中自动抽取关键信息,如姓名、地址、时间等,并将其转换为结构化数据。这有助于简化数据录入和处理过程,提高数据准确性。

(三)语义理解与生成

RPA 通过对大量文本数据的学习,理解文本的语义信息,并生成新的文本。例如,对话机器人、智能问答系统等。这有助于提高用户与系统的交互体验,提升客户满意度。

(四)情感分析

RPA 通过分析文本中的情感词汇和语义,对文本的情感倾向进行判断,如正面、负面或中性。这有助于企业了解用户需求,提高产品和服务质量。

(五)文本摘要与生成

RPA自动生成文本摘要,提炼文本的核心内容,帮助用户快速了解文本的主要信息。同时,通过生成式AI技术,RPA可以自动生成文章、报告等文本内容,提高创作效率。

(六)自然语言推理

RPA通过分析文本之间的逻辑关系,实现自然语言的推理,如问答系统、智能推荐系统等。这有助于提高系统的智能化程度,满足用户的个性化需求。

(七)语言翻译

RPA通过机器翻译技术,实现多种语言之间的自动翻译,如中文与英文之间的互译。这有助于企业拓展国际市场,提高跨文化沟通的效率。

由上可知,RPA文本处理智能化场景具有广泛的应用前景,可以帮助企业提高文本处理的效率,降低人工成本,提升业务流程的自动化水平。在未来,随着人工智能技术的不断发展,这些场景的应用将更加成熟和高效。

第三节 RPA在文本处理中的应用

一、流程描述与分析

RPA在文本处理中的应用以设计、开发群发邮件机器人为例进行介绍。工作过程中经常需要群发邮件,为了提高办公效率,需要开发群发邮件机器人,具体需求可划分为两大模块。

(一)模块一:获取邮箱账号

本模块具体通过自动化技术获取邮件的邮箱账号。

(二)模块二:编辑邮件信息,群发邮件

本模块需要编辑邮件的主题、正文、附件三项要素,获取SMTP协议群发邮件。

二、自动化流程开发

群发邮件机器人自动化流程的具体开发步骤如下:

(1)新建流程项目并命名为群发邮件机器人,控件及名称如图12-1所示。

(2)选择控件"输入对话框",输入账号,控件及名称如图12-2所示。

(3)选择控件"输入对话框",输入密码,控件及名称如图12-3所示。

图 12-1 "新建项目"界面

图 12-2 输入账号界面

图 12-3　输入密码界面

（4）选择控件"消息窗口""结束 Excel 进程"，控件及名称如图 12-4 所示。

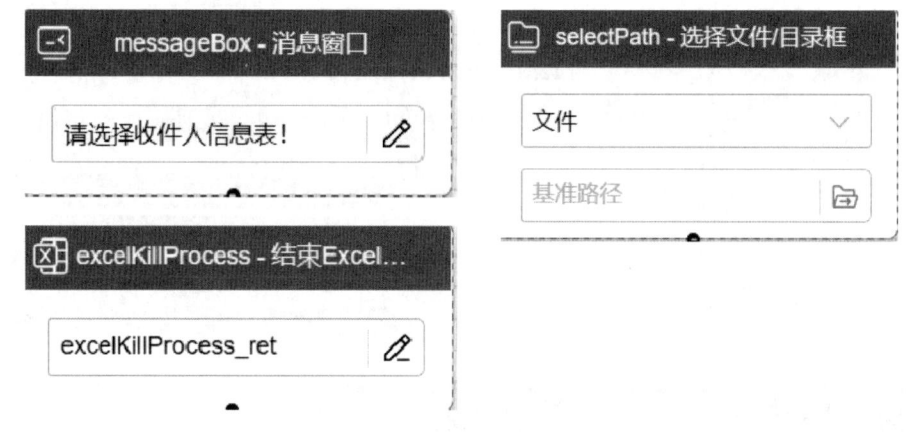

图 12-4　"选择附件"界面

（5）选择控件"Excel 应用程序"，控件及名称如图 12-5 所示。
（6）选择控件"获取区域文本"，控件及名称如图 12-6 所示。
（7）选择控件"For"循环，控件及名称如图 12-7 所示。

图 12-5 "Excel 应用程序"界面

图 12-6 "获取区域文本"界面

图 12-7 "For 循环过程"界面

(8) 选择控件"发送邮件"循环,控件及名称如图 12-8 所示。

图 12-8 "活动发送邮件"界面

章 节 测 试

一、单选题

1. 下列选项中,属于文本处理自动化的主要目的的是( )。
   A. 减少文本数据的存储空间 B. 提高文本处理的效率和准确性
   C. 降低文本数据的安全性   D. 增加文本处理的复杂性
2. 文本处理自动化中,不属于 RPA 处理的任务类型的是( )。
   A. 重复性文本录入   B. 规律性文本分析
   C. 创造性文本创作   D. 大量文本数据的分类
3. RPA 在文本处理自动化中,通常使用于提取关键信息的技术是( )。
   A. OCR 技术   B. NLP 技术   C. 数据挖掘技术   D. 机器学习技术
4. 文本处理自动化中,可以用 RPA 进行自动化操作的文件格式是( )。
   A. 仅限 TXT 文件   B. 仅限 PDF 文件
   C. 多种文件格式,包括 PDF 和 Word   D. 仅限 Excel 文件
5. 根据文档,RPA 在文本处理自动化中可以结合的人工智能技术是( )。
   A. 情感分析   B. 命名实体识别
   C. 文本纠错   D. 所有以上技术

二、多选题

1. 下列选项中,属于文本处理自动化可以应用的办公场景的有( )。
   A. PDF 文件的创建和编辑   B. Word 文档的生成和排版
   C. PPT 演示文稿的制作   D. 电子邮件的发送和接收
2. RPA 在文本处理自动化中可以实现的功能包括( )。
   A. 文本分类   B. 文本提取   C. 文本转换   D. 文本摘要
3. 根据文档,RPA 在文本处理自动化中可以处理的文本文件的类型包括( )。
   A. 可编辑的文本文件   B. 扫描的 PDF 文件
   C. 电子邮件   D. 办公软件文档
4. RPA 在文本处理自动化中,可以用于提高工作效率的环节包括( )。
   A. 文档的创建和编辑   B. 数据的录入和校对
   C. 信息的检索和汇总   D. 报告的生成和分发
5. 根据文档,RPA 在文本处理自动化中可以结合的自然语言处理技术包括( )。
   A. 命名实体识别   B. 情感分析   C. 文本纠错   D. 语言翻译

三、判断题

1. 文本处理自动化只适用于处理结构化文本数据。（   ）
2. RPA 可以通过自然语言处理技术提高文本处理的智能化水平。（   ）
3. RPA 在文本处理自动化中无法处理非英语语言的文本。（   ）
4. RPA 可以帮助企业减轻员工处理文本信息的负担，提升业务流程的智能化水平。（   ）
5. 在文本处理自动化中，RPA 无法实现文本从一种语言到另一种语言的转换。（   ）

四、思考题

某大型律师事务所为了提高合同审核和管理的效率，决定引入 RPA 技术来自动化其文本处理流程。在实施过程中，该事务所注重将社会主义核心价值观融入项目中，培养员工的责任感和创新能力。

该事务所通过 RPA 技术的应用，实现了合同文本的自动化审核和分类，提高了工作效率，体现了对技术创新的重视。事务所要求员工在设计和维护 RPA 流程时，必须确保文本处理的准确性和完整性，强化了员工的责任意识。在自动化文本处理过程中，事务所严格遵守相关的法律法规，确保所有自动化流程都符合法律要求，体现了法治精神。RPA 的应用减少了文本处理中的人为错误和疏漏，提高了信息的准确性和透明度，促进了诚信守法的企业文化。请读者试着思考以下几个问题：

1. 请解释文本处理自动化的概念及其在企业和社会中的重要性。
2. 文本处理自动化中常见的技术有哪些？请列举至少 3 种技术并简述它们的作用。
3. 在实施数文本处理自动化项目时，可能遇到哪些挑战和问题？请提出至少 3 个解决方案来应对这些挑战。
4. 请描述一个您所在行业或领域文本处理自动化的应用场景，包括该场景中的痛点、解决方案以及使用到的技术和工具。
5. 如何评估文本处理自动化项目的成功与否？请提出至少 3 个衡量指标。
6. 请简述您对未来文本处理自动化技术发展趋势的看法，包括您认为的会有哪些新的技术突破和应用领域。
7. 在文本处理自动化中，如何确保数据安全和隐私？请列举至少 3 种措施。
8. 请描述一个您认为可以受益于文本处理自动化的社会场景，并解释原因。
9. 如果您要为企业或政府部门制定一个文本处理自动化策略，您会考虑哪些因素？请列出至少 5 个关键因素。
10. 针对文本处理自动化，请提出一个您认为具有创新性的应用案例，并说明其潜在价值和可能面临的挑战。

第十三章

UI 自 动 化

学习目标

1. 了解 UI 自动化概述。
2. 掌握华为 WeAutomate 在 UI 自动化场景的应用。
3. 掌握 RPA 在 UI 中的开发与应用。

本章概览

本章主要介绍了 UI 自动化的基本概念及内容，华为 WeAutomate 在 UI 自动化的常见场景，以及通过案例详细阐述了 RPA 在 UI 自动化中的开发与应用。

章节导航

$$\text{UI 自动化}\begin{cases}\text{UI 自动化概述}\begin{cases}\text{UI 处理概述及现状}\\\text{RPA 助力 UI 自动化}\end{cases}\\\text{UI 自动化场景}\begin{cases}\text{网页自动化场景}\\\text{桌面应用自动化场景}\\\text{图像自动化场景}\end{cases}\\\text{RPA 在 UI 中的应用}\begin{cases}\text{流程描述}\\\text{流程分析与设计}\\\text{自动化流程开发}\end{cases}\end{cases}$$

第一节　UI 自动化概述

一、UI 处理概述及现状

UI 处理是指对用户界面(user interface，UI)的设计、开发和维护过程。UI 是软件系统与用户进行交互的界面，包括视觉元素和交互元素。当前，企业在数字化转型过程中，面临着多系统并存、数据孤岛等问题，而 UI 处理作为企业业务流程的关键环节，同样也存在一些困境与现状。

（一）多系统环境普遍存在

随着企业业务的发展和信息化建设的不断推进，企业内部往往需要使用多种信息系统来支持不同业务场景。这些系统可能来自不同的供应商，也可能是企业自行开发的。在这种情况下，企业需要在多个系统之间进行数据交换和集成，以保证业务流程的顺畅进行。

（二）UI 处理与多系统集成

为了实现企业多系统之间的高效协作，UI 处理技术需要与这些系统相结合。例如，通过 UI 自动化技术，用户可以实现对企业内部各种系统的界面进行自动化操作，从而降低人工干预的成本和错误率；同时，也可以提高数据在不同系统之间的传递速度和准确性。

（三）技术选型与挑战

在企业多系统环境中，UI 处理技术面临着技术选型、兼容性、性能等方面的挑战。例如，企业需要选择合适的 UI 自动化工具，以适应不同系统的特点和需求。此外，还需要解决不同系统之间的接口兼容性问题，确保 UI 自动化技术的顺利实施。在多系统环境中，数据安全和合规问题尤为重要。企业在实施 UI 处理技术时，需要充分考虑这些因素，确保数据在传输过程中的安全性，以及符合相关法规要求。

（四）人工智能与 UI 处理的融合

随着人工智能技术的发展，企业开始尝试将 AI 技术应用于 UI 处理，以实现更智能、更高效的业务流程。例如，通过引入自然语言处理（NLP）、计算机视觉（CV）等技术，用户可以进一步优化 UI 自动化流程，提高处理效率和准确性。

二、RPA 助力 UI 自动化

RPA 助力 UI 自动化主要是指处理 UI 界面。在网页、桌面应用和图像这三个方面，RPA 可以大大提高 UI 自动化的效率。

（一）网页 UI 处理

在网页 UI 处理方面，RPA 机器人可以自动操作网页上的各种控件，如按钮、下拉框、输入框等，实现自动化操作。这可以应用于网页爬虫、数据抓取、表单填写等场景。通过 RPA 技术，企业可以自动化地处理大量网页数据，提高数据处理速度和准确性。

（二）桌面应用 UI 处理

在桌面应用 UI 处理方面，RPA 可以模拟用户操作桌面应用程序，实现自动化处理。这包括打开、关闭、切换应用程序，以及操作应用程序中的控件等。例如，RPA 可以自动打开 Excel 表格、填写数据、保存文件等。通过 RPA 技术，企业可以自动化执行重复性较高的桌面任务，提高工作效率。

（三）图像 UI 处理

在图像 UI 处理方面，RPA 可以通过 OCR（光学字符识别）技术识别图像中的文本信息，从而实现自动化操作。例如，RPA 可以自动处理扫描的文档、图片中的文字信息，将其转换为可编辑的文本格式。此外，RPA 还可以应用于图像识别、定位等任务，如识别屏幕截图中的某个按钮并点击它。

由上可知,RPA 技术在网页、桌面应用和图像这三个方面都可以助力 UI 自动化,提高企业的生产力和效率。

第二节　UI 自动化场景

以下将按网页、桌面应用、图像三个方面,具体介绍每个情景下涉及的场景及 RPA 应用。

一、网页自动化场景

以下详细阐述网页 UI 特征及 RPA 实现网页 UI 自动化的具体途径。

(一) 网页 UI 的内容与特征

网页 UI 处理主要针对网站、Web 应用的界面设计和实现。网页 UI 处理的内容包括以下几个方面:

(1) 页面布局:设计网页的结构和布局,使得内容呈现清晰、有序,易于用户阅读和理解。

(2) 视觉设计:包括色彩、字体、图标等元素的搭配,使得网页界面美观、吸引人。

(3) 交互设计:设计网页的导航、按钮、表单等交互元素,使得用户可以方便地与网页进行交互。

(4) 响应式设计:针对不同设备(如手机、平板、电脑)的屏幕尺寸和分辨率,设计适应性强的网页布局。

(5) 前端开发:使用 HTML、CSS、JavaScript 等技术实现网页的布局、样式和交互功能。

网页 UI 的特征是注重用户体验、易用性、互动性,需要关注页面的加载速度、兼容性等多方面因素。

(二) 网页 UI 自动化场景

根据网页 UI 的特征及企业业务需求,RPA 将在以下几个场景实现网页 UI 自动化。

1. 数据抓取

RPA 可以定时或按需抓取网页上的数据,RPA 可以模拟用户访问电商网站,自动抓取商品价格、库存信息等,抓取的数据可以自动更新数据库或用于业务流程中的其他操作,这样可以定期更新数据,无需人工定时爬取,提高数据获取效率。

2. 表单填写

RPA 可以自动填写网页表单,包括用户注册、登录、提交订单等操作。这样可以减少人工输入的工作量,提高数据录入的准确性和速度。例如,用户注册、登录、提交订单等操作。

3. 交互操作

RPA 可以模拟用户在网页上进行的各种交互操作,如点击按钮、下拉选择等。这样可以实现网页上的流程自动化,提高工作效率。

(三) 网页 UI 自动化相关控件

华为 WeAutomate Studio 在执行网页 UI 模块时,提供了诸多功能强大的控件,具体如表 13-1 所示。

表 13-1　网页 UI 自动化相关控件

类别	控件名称	控件相关内容
浏览器	浏览器	用于打开、切换和关闭浏览器窗口,以及执行浏览器操作,如输入网址、切换标签页等
HTML	HTML 元素	用于解析和操作网页的 HTML 元素,如获取、修改文本内容、属性等
JavaScript	JavaScript 执行器	用于解析和操作网页的 JavaScript 代码,如获取、修改变量值、执行函数等
CSS	CSS 选择器	用于解析和操作网页的 CSS 样式,如获取、修改样式属性等
表单	文本框	用于输入和获取表单中的文本数据
表单	下拉框	用于选择和获取表单中的下拉选项数据
表单	单选框和复选框	用于选择和获取表单中的单选和复选框数据
表单	按钮	用于点击和触发表单中的按钮操作
通用	文本处理	用于处理文本数据,如字符串拼接、截取、替换等
通用	数学计算	用于执行数学计算,如加减乘除四则运算等
通用	日期和时间	用于处理日期和时间数据,如格式化、计算等
通用	数组和列表	用于处理数组和列表数据,如添加、删除、排序等

二、桌面应用自动化场景

桌面应用 UI 处理主要针对桌面软件、操作系统等应用的界面设计和实现。

(一) 桌面应用 UI 的内容与特征

桌面应用 UI 处理的内容包括以下几个方面:

(1) 界面设计:设计桌面应用的窗口、菜单、按钮等元素的布局和样式,使得界面清晰、直观。

(2) 视觉设计:包括色彩、字体、图标等元素的搭配,使得桌面应用界面美观、吸引人。

(3) 交互设计:设计桌面应用的导航、按钮、菜单等交互元素,使得用户可以方便地与应用进行交互。

(4) 功能实现:使用编程语言(如 C++、Java、Python 等)实现桌面应用的界面和功能。

(5) 适配:针对不同操作系统、屏幕尺寸,调整桌面应用的界面布局、大小等,以保持一致、协调的视觉效果。

桌面应用 UI 处理注重用户体验、功能性、稳定性,需要关注应用的性能、兼容性等多方面因素。

(二) 桌面应用 UI 自动化场景

RPA 可以模拟用户在桌面应用上的操作行为,实现桌面应用的自动化操作。

1. 数据录入

RPA 可以自动执行桌面应用中的数据录入操作,如在 Excel 中填充表格数据、计算公式等。这样可以减少人工录入的工作量,提高数据录入的准确性和速度。例如,自动将 CSV 文件中的数据导入到 Excel 表格中,并进行数据清洗和整理。

2. 桌面应用间的数据传递

RPA 可以实现桌面应用间的数据自动传递,如自动将销售部门的数据汇总到财务部门的 ERP 系统中,可以避免因数据传输而产生的错误,提高数据流通的效率和准确性。

3. 操作自动化

RPA 可以模拟用户在桌面应用上进行的各种操作,如自动执行批量文件命名、格式转换等,可以实现桌面应用的自动化处理,提高工作效率。

(三) 桌面应用 UI 自动化相关控件

华为 WeAutomate Studio 在处理桌面应用 UI 模块,提供诸多功能强大的控件,具体如表 13-2 所示。

表 13-2 桌面应用 UI 自动化相关控件

控件名称	控件相关内容
鼠标	鼠标单击、选择等输入设备
键盘	同网页自动化
窗口	同次月发送
通用	基于前述的人工智能的应用

三、图像自动化场景

图像 UI 主要针对图片、图标等图像资源的设计和优化。

(一) 图像 UI 的内容与特征

图像 UI 处理的内容主要包括以下几个方面:

(1) 设计:使用设计软件(如 Adobe Photoshop、Illustrator 等)创作图像,包括图标、按钮、背景等元素。

(2) 优化:对图像进行压缩、格式转换等操作,以减少文件大小、提高加载速度。

(3) 适配:针对不同设备和屏幕尺寸,调整图像的大小、分辨率,使其在各种环境下保持清晰、美观。

(4) 整合：将图像与其他 UI 元素（如文字、按钮等）结合，形成统一、协调的视觉效果。

图像 UI 的特征是注重视觉效果、美观度、细节处理，需要关注图像的质量、清晰度等因素。

（二）图像 UI 自动化场景

RPA 可以结合计算机视觉技术，实现图像的自动化处理。

1. 图像识别

RPA 可以利用计算机视觉技术对图像进行识别，如识别身份证、银行卡等，以减少人工审核的工作量，提高数据处理的准确性和速度。

2. 图像数据的自动化录入

RPA 可以模拟人类用户对图像数据进行录入，如将图片中的文字信息录入到 Excel 表格中，以提高数据录入的准确性和速度，减轻人工录入的负担。

3. 图像识别与自动化操作

RPA 可以根据图像识别结果，自动执行相应的操作，如根据快递单上的二维码自动查询物流信息并更新订单状态，有助于提高物流行业流程的自动化程度，提高工作效率。

（三）图像 UI 自动化相关控件

华为 WeAutomate Studio 在图像 UI 处理模块，提供了诸多功能强大的控件，具体如表 13-3 所示。

表 13-3 图像 UI 自动化相关控件

类别	控件名称	控件相关内容
图像	等待图片出现/等待图片消失	如控件名称所称
	单击图片/双击图片/右击图片	如控件名称所称
	输入字符串	往目标图片所在的屏幕位置输入字符串
	获取图片坐标	获取图片所在屏幕坐标
	检查图片存在	检查图片是否存在，存在返回 True，不存在返回 False；返回的 True 和 False 的数据类型是 bool 类型
	图片拖拽	把目标图片拖到指定位置
	图片比对	两张图片比对，返回图片对比的相似度结果
CV	设置 CV 目标窗口	设置 CV 目标窗口，其他的 CV 控件都基于这个窗口进行操作
	CV 单击	配置 x 轴和 y 轴的偏移量可以控制点击目标控件的位置，如不配置则默认点击目标控件中心
	CV 双击	配置 x 轴和 y 轴的偏移量可以控制点击目标控件的位置，如不配置则默认点击目标控件中心
	CV 右击	右键点击图片，配置 x 轴和 y 轴的偏移量可以控制点击图片中的位置，如不配置则默认点击图片中心
	CV 鼠标移动	配置 x 轴和 y 轴的偏移量可以控制鼠标移动位置，如不配置则移到标签中心

(续表)

类别	控件名称	控件相关内容
CV	CV 输入	输入文本值到目标控件上,配置 x 轴和 y 轴的偏移量可以控制输入位置
	CV 拖拽	拖拽的起点和终点都可配置偏移量
	CV 获取位置	获取目标控件的位置

第三节　RPA 在 UI 中的应用

一、流程描述

RPA 在 UI 中的应用以在新浪财经网获取指定上市公司股票数据,获取股票最新价与最高价,填写在 Excel 中并保存这一案例为例。股票代码数据有关界面如图 13-1、图 13-2 所示,新浪财经页面如图 13-3 所示。

	A	B	C	D
1	股票名称	股票代码	最新价	最高价
2	保变电气	600550		
3	国网信通	600131		
4	长城电工	600192		
5	维科技术	600152		
6	安泰科技	000969		
7	乐山电力	600644		
8	冠捷科技	000727		
9	春兰股份	600854		
10	新奥股份	600803		
11	金风科技	002202		
12	沃尔核材	002130		
13	东方电气	600875		
14	比亚迪	002594		

图 13-1　空白表格业务数据

	A	B	C	D
1	股票名称	股票代码	最新价	最高价
2	保变电气	600550	4.71	4.72
3	国网信通	600131	15.34	15.56
4	长城电工	600192	5.55	5.56
5	维科技术	600152	6.84	6.9
6	安泰科技	000969	9.43	9.45
7	乐山电力	600644	6.63	6.65
8	冠捷科技	000727	2.56	2.56
9	春兰股份	600854	4.68	4.69
10	新奥股份	600803	17.42	17.62
11	金风科技	002202	9.23	9.31
12	沃尔核材	002130	6.98	6.98
13	东方电气	600875	15.64	15.82
14	比亚迪	002594	236.7	239.5

图 13-2　输出结果数据

图 13-3　新浪财经页面

二、流程分析与设计

经过流程分析,可以将获取网页股票数据自动化流程设计为三大模块,具体如下。

(一)模块一:获取并搜索股票代码

本模块首先需要获取股票代码数据;其次,打开新浪财经网站中,找到搜索位置,搜索表格中的股票代码。

(二)模块二:获取股票数据

搜索结束,本模块将获取网站上该股票的最高价与最新价,关闭搜索页面,直至将所有的股票查询完毕。

(三)模块三:写入 Excel

本模块将获取的所有股票的最高价与最新价写入 Excel 中,并保存至本地。

获取网页股票数据自动化业务流程图如图 13-4 所示。

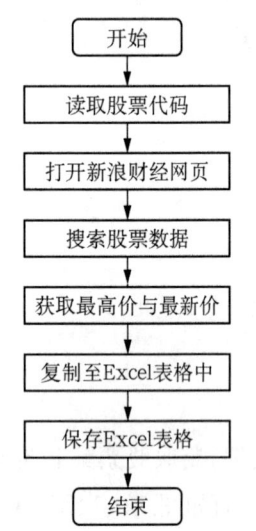

图 13-4 获取网页股票数据自动化业务流程图

三、自动化流程开发

(1)打开华为设计器,新建流程项目并命名为"股票数据更新机器人",点击创建,如图 13-5 所示。

图 13-5 "新建项目"界面

（2）选择控件"打开工作簿"，控件样式及属性如图13-6所示。

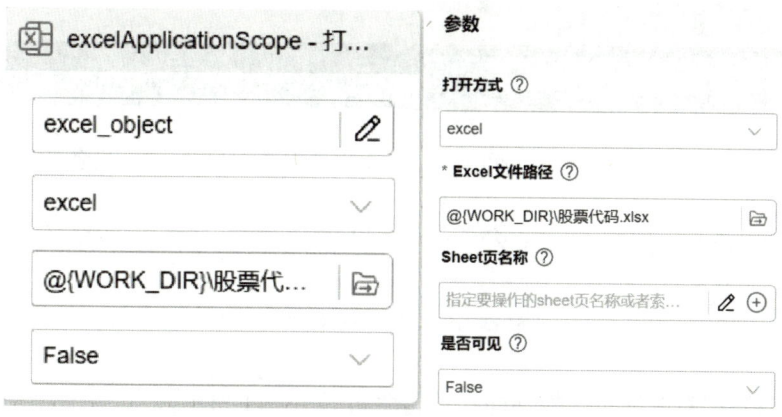

图13-6 "打开工作簿"界面

（3）选择控件"读取区域"，控件样式及属性如图13-7所示。

图13-7 "读取区域"界面

（4）选择控件"获取列表长度"，创建变量list_length，控件样式及属性如图13-8所示。

（5）选择控件"变量赋值"，创建变量i，赋值为0，控件样式及属性如图13-9所示。

图13-8 "获取列表长度"界面

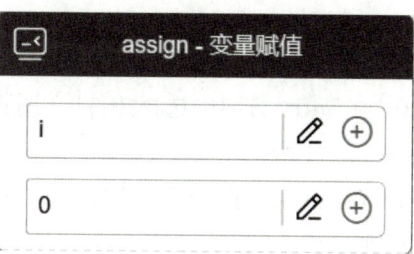

图13-9 "变量赋值"界面

（6）选择控件"创建列表"，创建变量 Newprice，赋值为 Highprice，控件样式及属性如图 13-10 所示。

图 13-10 "创建列表"界面

（7）选择控件"打开网页"，控件样式及属性如图 13-11 所示。

图 13-11 "打开网页"界面

（8）选择控件"条件循环"，输入 i＜@{list_length}，控件样式及属性如图 13-12 所示。

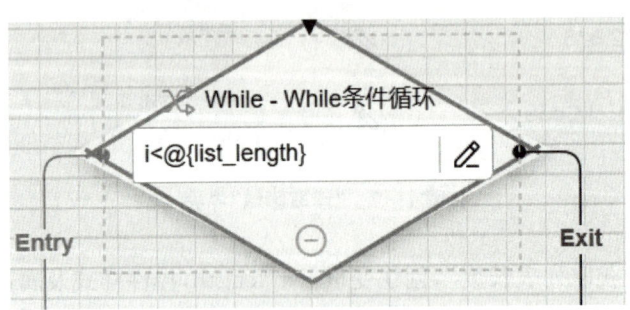

图 13-12 "条件循环"界面

（9）在 entry 方向中选择控件"获取列""正则搜索"，控件样式及属性如图 13-13 所示。

（10）在 entry 方向中选择控件"在网页中输入文本""在网页中发送功能"，控件样式及属性如图 13-14 所示。

（11）在 entry 方向中选择控件"获取网页文本""获取网页表格"，控件样式及属性如图 13-15 所示。

（12）在 entry 方向中选择控件"向列表插入元素""变量赋值"，控件样式及属性如图 13-16 所示。

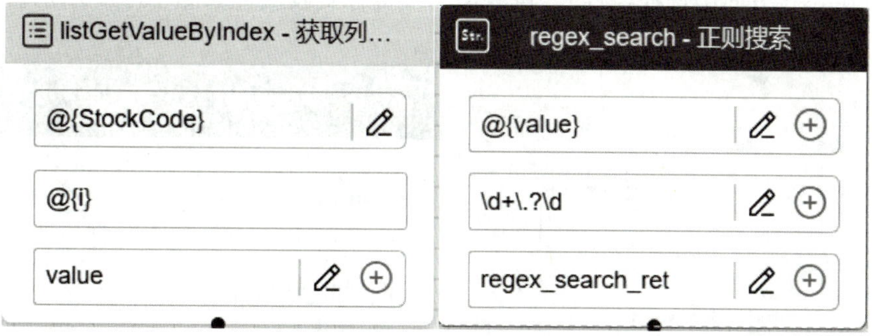

第十三章 UI自动化 | 231

图 13-13 "获取列"和"正则搜索"界面

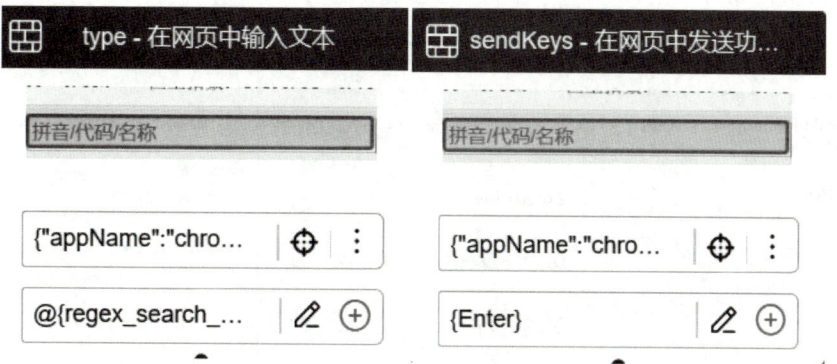

图 13-14 "在网页中输入文本"和"在网页中发送功能"界面

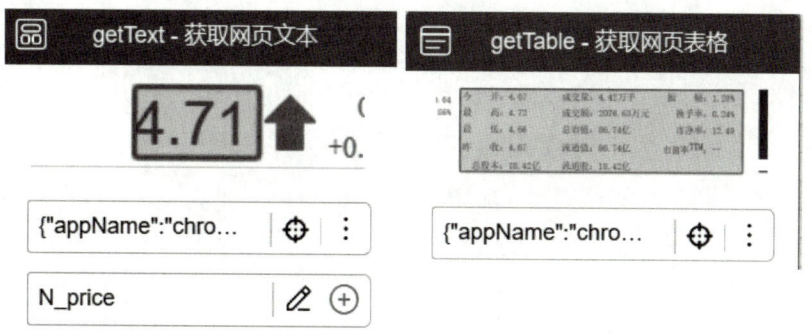

图 13-15 "获取网页文本"和"获取网页表格"界面

图 13-16 "向列表插入元素"和"变量赋值"界面

（13）在 exit 方向中选择控件"变量赋值"，控件样式及属性如图 13-17 所示。

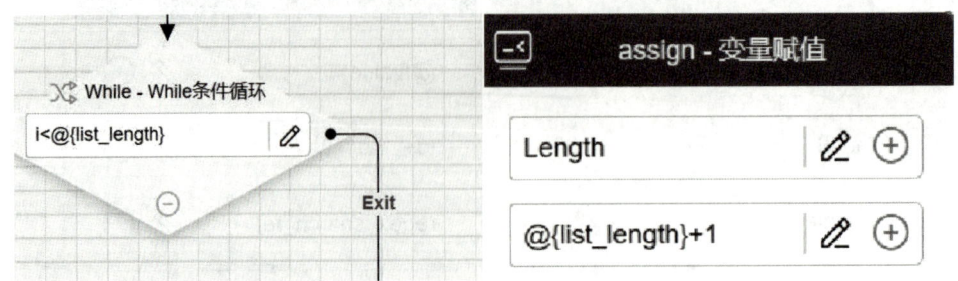

图 13-17　"变量赋值"界面

（14）在 exit 方向中选择控件"写入区域"，控件样式及属性如图 13-18 所示。

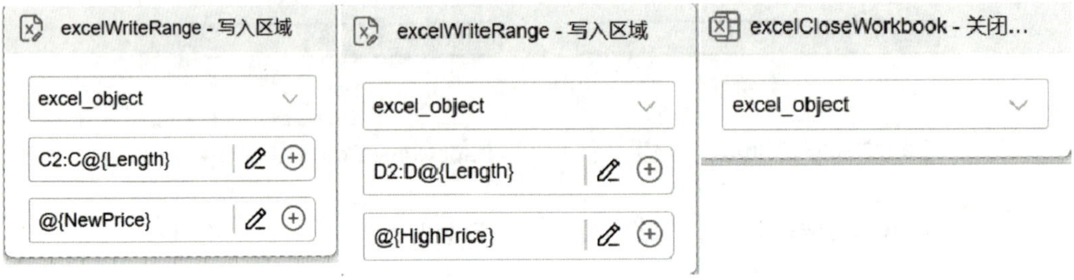

图 13-18　"写入区域"和"关闭工作簿"界面

章 节 测 试

一、单选题

1. 下列选项中，可以用 UI 自动化提高效率的环节是（   ）。
   A. 数据分析　　　　　　　　B. 用户界面操作
   C. 系统后端处理　　　　　　D. 网络通信
2. UI 自动化中，RPA 技术可以模拟用户操作的是（   ）。
   A. 数据库查询　　　　　　　B. 服务器配置
   C. 网页 UI 操作　　　　　　D. 系统编程
3. 下列选项中，属于华为 WeAutomate 在 UI 自动化中提供的功能的是（   ）。
   A. 流程设计　　　　　　　　B. 自动化执行
   C. 智能决策　　　　　　　　D. 数据分析
4. UI 自动化中，用于解析和操作网页的 HTML 元素的控件是（   ）。
   A. HTML 元素　　　　　　　B. JavaScript 执行器
   C. CSS 选择器　　　　　　　D. 文本框
5. UI 自动化中，RPA 机器人可以自动执行的任务类型是（   ）。
   A. 仅文本编辑　　　　　　　B. 仅图像处理
   C. 网页 UI 操作和桌面应用 UI 操作　　D. 仅限数据库管理

二、多选题

1. 下列选项中，属于 UI 自动化可以应用的用户界面类型的有（   ）。
   A. 网页界面　　　　　　　　B. 桌面应用程序
   C. 移动应用　　　　　　　　D. 操作系统界面
2. UI 自动化中，RPA 可以实现的功能包括（   ）。
   A. 自动填写表单　　　　　　B. 模拟用户点击
   C. 数据抓取　　　　　　　　D. 界面元素识别
3. 华为 WeAutomate Studio 在执行网页 UI 模块时提供的控件包括（   ）。
   A. 浏览器控件　　　　　　　B. HTML 元素控件
   C. JavaScript 执行器控件　　D. CSS 选择器控件
4. UI 自动化中，RPA 技术可以提高生产力和效率的环节包括（   ）。
   A. 减少人工干预　　　　　　B. 提高数据处理速度
   C. 减少错误率　　　　　　　D. 节省成本

5. 根据文档,RPA 在 UI 自动化中的应用包括(　　　)。
   A. 网页 UI 处理　　　　　　　　B. 图像 UI 处理
   C. 桌面应用 UI 处理　　　　　　D. 移动应用 UI 处理

三、判断题

1. UI 自动化仅限于模拟用户对桌面应用程序的操作。　　　　　　　　　(　　)
2. RPA 在 UI 自动化中可以处理图像 UI,如通过 OCR 技术识别图像中的文本信息。(　　)
3. 华为 WeAutomate Studio 提供了丰富的控件来实现 PPT 自动化。　　　(　　)
4. RPA 技术在 UI 自动化中可以提高工作效率、降低错误率并节省成本。　(　　)
5. 在 UI 自动化中,RPA 无法模拟用户在网页上进行的交互操作。　　　　(　　)

四、思考题

某互联网企业为了提升其移动应用的质量,决定引入 RPA 技术来自动化其 UI 测试流程。在实施过程中,该企业注重将社会主义核心价值观融入项目中,培养员工的责任感和创新能力。

该企业通过 RPA 技术的应用,实现了移动应用 UI 的自动化测试,提高了测试效率和软件质量,体现了对技术创新的重视。测试团队在设计自动化脚本时,注重每一个细节,确保测试覆盖所有可能的用户操作场景,体现了对工作质量的高标准要求。随着移动操作系统和应用框架的更新,测试团队不断学习和应用新的 RPA 工具和技术,保持了技术更新的敏感性。UI 自动化项目涉及开发、测试和产品等多个部门,团队成员之间紧密合作,共同推动项目的成功实施,体现了集体主义精神。

通过 RPA 在 UI 自动化环节的应用,该互联网企业不仅提升了软件测试的效率和质量,还加强了员工的社会主义核心价值观教育,实现了技术进步与精神文明建设的双重目标。请读者试着思考以下几个问题:

1. 请解释 UI 自动化的概念,并阐述它与功能自动化、数据自动化等技术的区别。
2. UI 自动化测试的主要目标是什么?请将其与性能测试、安全测试等其他测试类型进行比较。
3. 在 UI 自动化中,常见的技术有哪些?请列举至少 3 种技术并简述它们的特点。同时,请比较它们在其他技术领域的应用情况。
4. 请描述一个您所在行业或领域 UI 自动化的应用场景,并说明为什么 UI 自动化比其他技术更适合解决该场景中的问题。
5. UI 自动化在测试过程中可能遇到哪些挑战和问题?请将其与功能自动化、数据自动化等技术的挑战进行比较。
6. 如何评估 UI 自动化项目的成功与否?请提出至少 3 个衡量指标,并与其他技术领域的衡量指标进行比较。

7. 请简述您对未来 UI 自动化技术发展趋势的看法，包括您认为的会有哪些新的技术突破和应用领域。同时，请比较 UI 自动化与其他技术的发展趋势。

8. 在 UI 自动化中，如何确保测试用例的有效性和可靠性？请列举至少 3 种方法，并与其他技术领域的方法进行比较。

9. 如果您要为企业或政府部门制定一个 UI 自动化策略，您会考虑哪些因素？请列出至少 5 个关键因素，并与其他技术领域的策略进行比较。

10. 针对 UI 自动化，请提出一个您认为具有创新性的应用案例，并说明其潜在价值和可能面临的挑战。同时，请比较该案例与其他技术领域的创新应用。

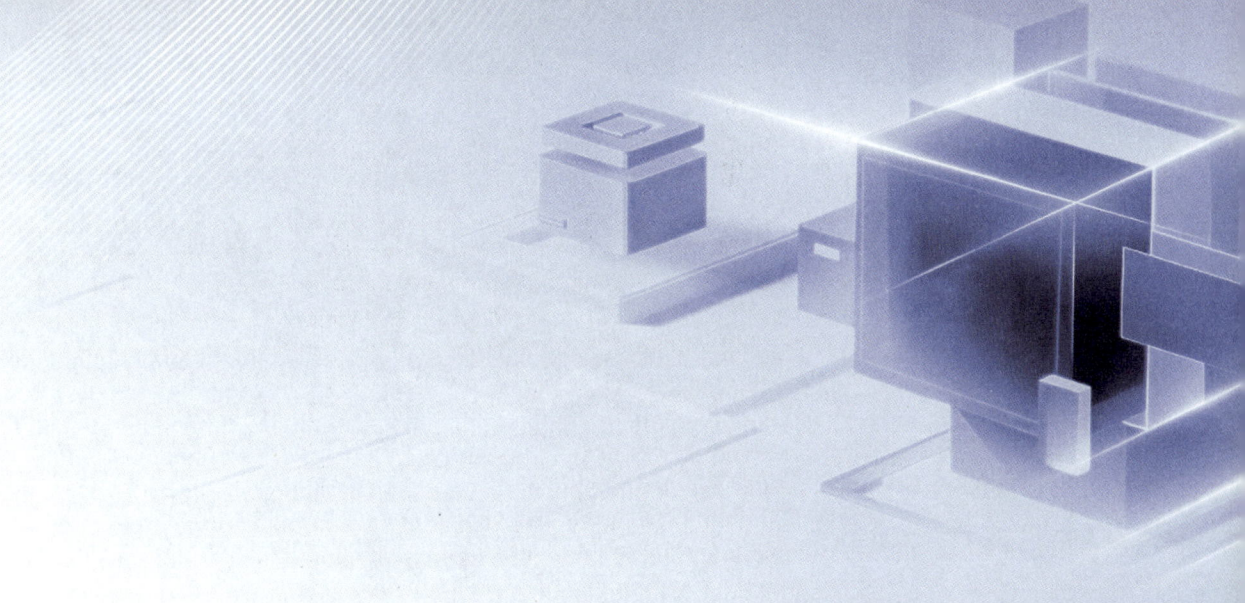

流程测试与运维篇

第十四章

财务机器人测试与运维

本章目标

1. 了解财务机器人测试内容及步骤。
2. 掌握财务机器人部署方案的选择方法。
3. 掌握财务机器人运维体系及工作内容。

本章概览

本章主要介绍了财务机器人的流程测试内容,包括测试准备、执行测试用例、与问题追踪、发布测试验收报告,然后介绍了财务机器人部署方案的选择,以及财务机器人的运维体系。

章节导航

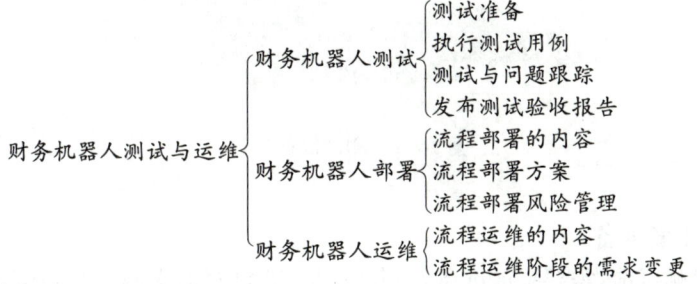

第一节 财务机器人测试

开篇案例

流程测试是财务机器人上线前的一个关键环节,本节主要讲述流程开发完成后如何对财务机器人流程进行系统性测试,以验证开发结果,规避潜在的功能性或业务性风险,确保流程稳定运行,从而保障项目能正常上线。流程测试的内容包括测试准备、执行测试用例、测试与问题跟踪、发布测试验收报告,如图14-1所示。

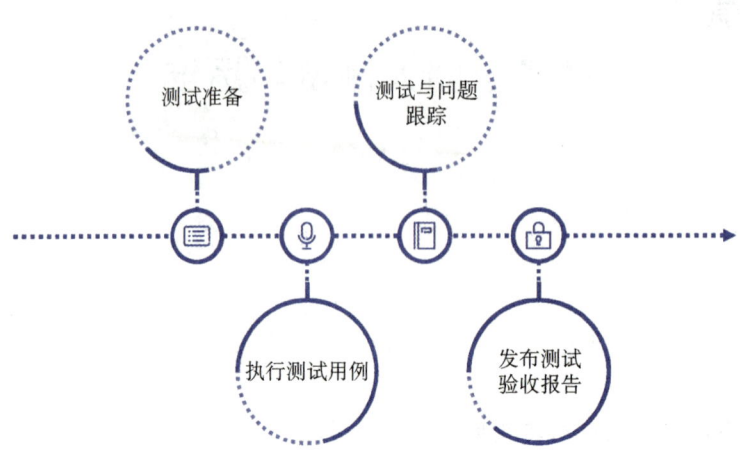

图 14-1 流程测试的内容

一、测试准备

测试准备是流程测试最重要的一环,没有做好准备的测试工作很可能导致测试不成功,甚至是达不到测试的效用。测试准备工作包括测试环境准备、制定测试方案、设计测试用例,如图 14-2 所示。

图 14-2 测试准备工作

(一)测试环境准备

在执行流程测试前,需要提前准备好测试环境,并针对需求制定好测试方案。

RPA 的运行依赖于系统环境,高度一致的环境可以减少许多不必要的流程配置、切换和调试时间,因此测试环境的准备至关重要。在理想情况下,开发环境、测试环境和生产环境应相互独立,项目组成员需提前准备好测试环境以便后续测试的顺利开展。在实际项目开发过程中,由于 RPA 涉及诸多第三方系统的交互,许多第三方系统没有测试环境支撑,这就需要测试人员对所有涉及的第三方系统的环境进行梳理,根据实际情况来制定不同的测试方案。

测试环境和生产环境可能在系统和数据上都存在差异,因此测试人员必须准确评估测试环境上的系统版本差异是否会影响流程测试的正常开展和上线后流程的正确执行,还需要在测试环境中准备充裕的测试数据,以保障后续的流程配置和稳定性测试。

此外,RPA机器人有可能会涉及多个系统登录账号的问题,不同账号进入后因为权限不同,所看到的界面也会不同,因此最好在测试账号和生产账号中准备机器人的专属账号。

(二)制定测试方案

与传统的软件项目相同,流程测试在执行前需要制定测试方案。测试方案需确定流程测试的时间和测试范围,确定与配合部门的测试分工和沟通机制,包括第三方系统的支持人员名单、确定测试工作计划和测试用例等。

(三)设计测试用例

测试用例的设计是流程测试质量管理的重要环节,测试用例的编写必须规范。一条完整的测试用例应至少包含测试用例标题、测试描述和优先级划分。测试用例标题应能简明突出测试点,易于理解;测试描述应包含测试执行的前置条件、测试执行步骤和明确的预期结果,其中前置条件可用于说明具体的分支场景、执行端运行的浏览器版本、流程触发条件、输入的测试数据/文件、测试账号角色权限等;优先级划分是根据缺陷的严重程度,或从哪些测试用例需要更频繁执行的角度对用例进行划分,通常可划分为BVT、高、中和低四类,如图14-3所示。

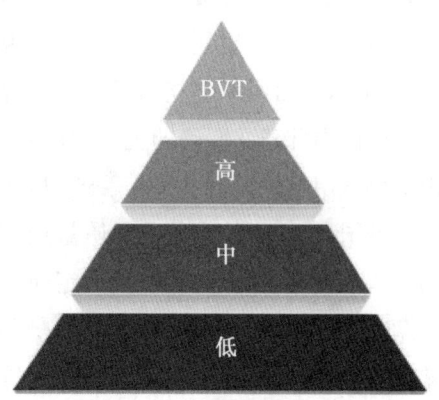

图14-3 测试用例优先级划分

(1) BVT:即版本确认测试,也称冒烟测试,如果冒烟测试不通过,则做其他的测试是没有意义的,因此应优先运行以确定该版本是否可以进行测试的测试用例的优先级标识应为BVT。

(2) 高:最常执行以保证流程重要场景和基本业务规则都覆盖,保证主流程功能稳定的测试用例标识为高。

(3) 中:测试分支流程的详细功能、业务规则、重要的错误、边界和配置测试的测试用例标识为中。

(4) 低:通常较少执行的测试用例标识为低。但这并不意味着这些测试不重要,只是不常被运行,如错误信息、可用性、时间占比、压力和性能测试。

编写测试用例时,项目组成员应在理解《流程定义文档》《流程设计文档》的基础上,采用场景法、路径法或其他方法,梳理出每个业务流程的操作步骤(每个测试用例应该都是一个典型的业务操作),使每条用例可以有针对性地测试某一流程分支。测试用例要符合用户常用的业务操作习惯,尽量考虑从用户的实际操作去编写。模块之间可以交叉,测试时不要被具体模块所限制,重点测试不同子系统之间的功能衔接、数据流向,以及完成业务功能的正确性和便利性。测试用例可从功能性、稳定性、安全性、RPA流程执行时间占比等多方面进行设计。

测试用例设计完成后,项目组应组织测试人员、开发人员和业务部门人员共同参与测试用例评审。测试人员应根据评审意见进一步修改和完善测试用例,开发人员也可借助测试用例评审自查开发过程中有遗漏的地方。

二、执行测试用例

在执行测试用例的过程中,测试人员应对每条测试用例的执行结果进行通过/失败的标注,对于测试不通过的测试用例应记录相应的缺陷(bug),并交由开发部门进行处理。开发修复完成后,测试人员应对其验证,并对相关流程进行回归测试。对于有争议或优先级不高的问题,可由项目组共同讨论确定是否必须修复还是可延期处理。

同时,项目组应建立专门的质量管理平台对测试用例和缺陷进行统一管理和信息共享,并在团队内部建立明确的规范制度和沟通响应机制。例如:对于测试用例的执行,是只需标识该测试用例的执行结果是否通过,还是需要对整个测试过程进行录屏或对测试执行结果进行截图,以符合特定行业的质量规范或审计要求,这在项目初期就应提前约定;对于缺陷的录入,要求测试人员必须按指定模板清楚填写缺陷的前置条件、执行步骤、实际执行结果和期待执行结果,并附上截图或录屏以便他人快速理解;对于缺陷的不同优先级和严重程度,应与开发人员约束响应机制,确定好完成修复的时间节点,以便测试人员能及时验证,合理安排后续的系统性回归测试,保障测试效率。

三、测试与问题跟踪

测试用例评审通过开发提测后,测试人员便可按测试用例的优先级顺序进行测试的执行工作。流程测试通常按"先测主流程、后测分支流程,先测子系统内的流程后测子系统间的流程"的原则来展开测试,如图14-4所示。主流程是指按照正常情况实现的业务流程,包括正常的流程发起、正常的系统操作与数据交互和正常的流程终止。分支流程是指特殊场景下的业务流程,包含流程发起、流程运行中间过程和流程终止环节过程中任意节点的异常数据处理,文件或邮件接收/发送异常处理,响应超时处理,异常中断处理。

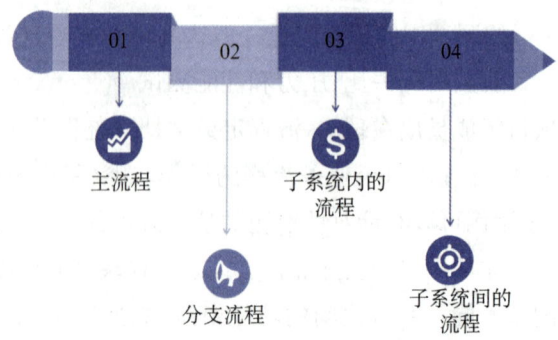

图14-4 流程测试顺序

测试过程中，需特别验证以下事项：①主流程和分支流程的业务日志和异常日志是否都记录详细规范，敏感数据是否进行脱敏处理，流程运行过程的用户体验是否友好。②流程异常中断后是否可通过重试机制进行自动恢复。③流程执行过程中发生异常中断是否会生成垃圾数据，是否有健全的补偿机制进行流程的自动回退与数据清理。另外，测试中还需要在多终端进行测试，以充分了解流程运行对环境的依赖。

与传统 IT 项目不同，RPA 流程测试还需对流程执行时间占比进行测试，以评估是否满足业务处理的时效性需求。RPA 流程执行时间占比包括总占机比、模块占比、等待占比。

（1）总占机比：是指流程运行时间占机器人工作时间的比例，主要是从机器人流程编排考虑，总占机比越低，且启停时间可自定义的流程分值最高。

（2）模块占比：是指 RPA 流程中各逻辑模块占流程运行时间的比例，是为了优化流程实现方式，占比过多的模块应考虑其他实现方式，如从获取数据、处理数据、发送数据三个模块的流程来看，一般情况下获取数据时间应大于数据处理时间，倘若数据处理占比过大甚至超过数据获取占比时间，就应该考虑其实现方式是否合适。

（3）等待占比：是指 RPA 流程等待时间占流程运行时间的比例，多发生在有操作第三方系统或网站的场景中，流程中应尽可能减少等待时间的占比。

测试人员一方面可通过查看各流程节点的日志记录来统计模块占比和等待占比，另一方面也可以根据主观感受，来判断流程执行时间和响应时间是否可被业务接受。

在测试用例的执行过程中，测试人员应对每条测试用例的执行结果进行通过或失败的标注，对于测试不通过的测试用例应记录相应的缺陷（bug），交由开发人员进行处理。开发修复完成后，测试人员应对其进行验证，并对相关流程进行回归测试。对于有争议或优先级不高的问题，可由项目组共同讨论确定是否必须修复还是可延期处理。

流程测试中要有专门的质量管理平台对测试用例和缺陷进行统一管理和信息共享，并在团队内部建立明确的规范制度和沟通响应机制。例如：①对于测试用例的执行，是只需标识该测试用例的执行结果是否通过，还是需要对整个测试过程进行录屏或对测试执行结果进行截图，以符合特定行业的质量规范或审计要求，这在项目初期就应提前约定。②对于缺陷的录入，要求测试人员必须按指定模板清楚填写缺陷的前置条件、执行步骤、实际执行结果和期待执行结果，并附上截图或录屏以便他人快速理解。③对于缺陷的不同优先级和严重程度，应与开发人员约束响应机制，确定好完成修复的时间节点，以便测试人员能及时验证，合理安排后续的系统性回归测试，保障测试效率。

四、发布测试验收报告

流程测试通过后，测试人员需要编写测试验收报告。测试验收报告的内容可包括本次测试的测试对象和范围、测试环境、测试用例执行情况、问题修复情况和尚留的问题列表及处理意见。测试验收报告的发布表示测试人员认定流程测试通过，可提交业务人员进行流程验收测试。

之后，测试人员还应协助准备上线材料，对配置文档、部署文档进行验证工作，确保配置文档中记录的配置项没有遗漏，各配置项对应的值都设置正确，部署文档步骤清晰、没有遗漏项。对于 RPA 流程来说，无论测试如何覆盖，流程依赖第三方软件和网站，RPA 流程测试都很难将所有的生产问题都考虑进去，因此在测试阶段我们需要平衡项目的进度、成本，不一定需要覆盖所有的测试路径。只要保证流程有足够完善的异常处理机制，能记录详细的异常日志以便问题排查，能对突发事件自动补偿和及时反馈，日后能快速对流程进行修改、优化、重新部署，就能保证业务流程的连续性。

第二节　财务机器人部署

流程部署是指将完整的 RPA 流程代码部署在指定环境的运行载体（一般指计算机）上，配置资产并设定流程触发方式的过程。财务机器人流程的运行一般包括机器人、代码包和运行财务机器人的载体，资产配置和触发器是为了更便捷地运行财务机器人流程。下面将详细阐述流程部署的内容与部署方案的选择，以及流程部署风险管理。

一、流程部署的内容

流程部署一般分为两大阶段。第一阶段为 RPA 平台部署，主要是指对 RPA 控制台进行安装和配置，并安装相关依赖的插件。第二阶段为 RPA 流程部署，是指发布 RPA 代码，并在运行该流程的执行机上部署和配置机器人，一般在第一阶段准备好的基础上进行。

根据企业的 RPA 实施规模和实际情况，流程部署工作一般包括以下内容：

（1）制定部署策略与方案：针对多流程部署如何调配机器人，是对运行终端资源进行的系统规划，需考虑空间、时间、人为干预等诸多因素。

（2）准备部署环境：检查执行机的环境是否满足该流程正确运行的依赖项，如浏览器、办公工具、数据库等的版本和配置检查。

（3）安装产品工具：安装 RPA 机器人代理端以及加装相关插件。

（4）上线流程：将流程代码包迁移至运行终端，包含流程代码的复制、迁移结果的检查等，迁移的方式可以通过平台自动化迁移部署，也可以通过手工方式安装部署。

（5）流程运行前准备：对流程运行相关的模板文件、账号密码等进行配置和检查。

（6）流程测试与试运行：流程是否能准时、准确地按照业务需要运行完成。

二、流程部署方案

流程部署中最核心的是部署方案的制定，这是较为复杂但最为重要的一环。流程部署方案的制定要根据企业现有资源，制定最合理、最高效的运行流程部署方案。流程部署方案从项目整体架构来看,按照网络环境分为集中部署与分批次部署;从流程执行角度按照流程的排程方式分为静态排程与动态排程,按照流程触发方式分为手动触发、时间触发、事件触发及队列执行等。

(一) 集中部署与分批次部署

流程部署按运行环境可分为互联网流程部署、内网环境流程部署、开发环境流程部署、测试环境流程部署等。财务机器人部署按交付方式进行区分,可分为集中交付和分批次交付。集中交付是指本项目所有流程开发完成后统一集中部署,分批次交付是指各流程迭代交付进行分批次部署,如图 14-5 所示。

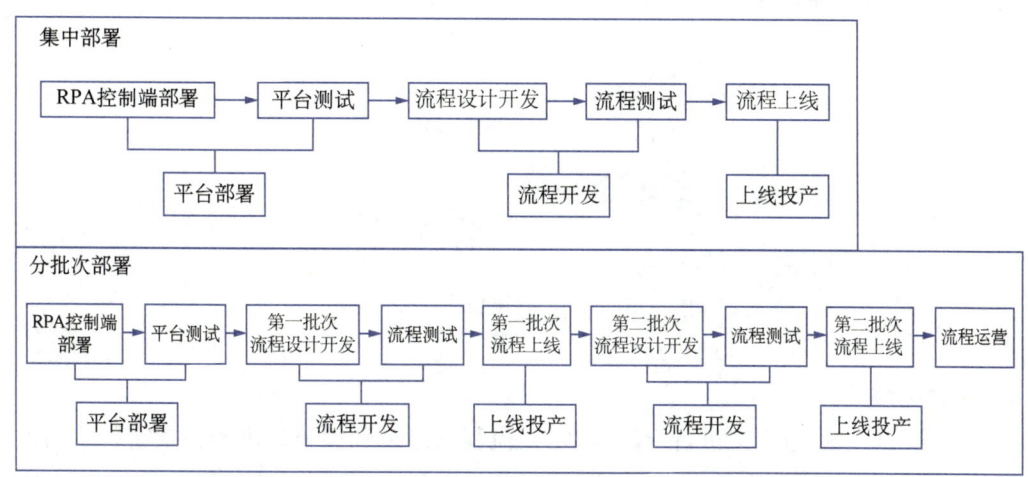

图 14-5 集中部署和分批次部署

(二) 静态排程与动态排程

RPA 流程支持静态排程和动态排程两种运行方式。

静态排程是指将财务机器人放置在固定计算机上进行流程运行,如发票开具机器人,企业开具发票通常在固定的财务人员计算机中。静态排程适用于流程执行频次低(如最多为每天执行一次或几次)、并发量小(如遇到并发可采用轮询排队方式)、时效性要求不高(如不要求数据实时返回)的场景。静态排程一般在企业 RPA 机器人项目试点或初期使用较多,对于流程少、机器人充足情况下,该模式有架构简单、部署便捷、管理简单、不涉及环境不一致问题等诸多优点,但是随着流程场景数量的不断增多,所需要机器人越来越多,静态排程的劣势就会越发明显,由于机器人运行与计算机是绑定的,无法高效使用机器人资源。

动态排程是指机器人通过轮训、随机分配的方式动态运行在不同的计算机上,并支持在流程运行过程中切换运行终端。动态排查通常被用于下列三种业务场景:

(1) 对于业务并发量较大的场景,可通过增加公共机器人和公共计算机来支撑流程的分发,实现多个机器人并发执行。

(2) 有些定时流程或一些手动触发流程需根据流程运行的时间、时长进行多流程编排的场景,可使用多机器人执行,以提高机器人的使用率。

(3) 对重要的或复杂的流程,需为流程的每一个关键节点都设置备用机器人和计算机,以保证在流程异常情况下能快速重试与自动切换,保障业务不中断。

两者的区别在于:静态排程可以脱离控制端进行单机部署流程,但动态排程必须借助控制端进行机器人的编排,需要控制端对计算机、机器人进行监控并进行流程分析、机器人分析、异常分析和相关硬件分析。

(三) 流程的触发方式

流程的触发是指 RPA 机器人执行流程的启动方式,一般分为手动触发、时间触发、事件触发和队列执行四种,如图 14-6 所示。

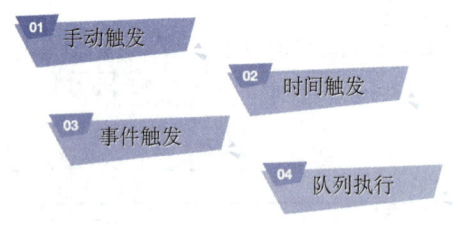

图 14-6 流程触发方式

1. 手动触发

手动触发是指通过人工进行 RPA 机器人流程的启动和停止。手动触发需要手动设置计算机运行哪个流程,并为其指定一个可运行的包文件,设置流程运行的必要环境和参数,如切换计算机为生产网段、配置相关联系统的账号密码、将模板文件放置指定位置等,设置完成后直接点击运行流程即可。

2. 时间触发

时间触发是指通过为各流程配置运行的时间、运行流程、运行终端等参数,控制端会根据这些配置定时启动流程。时间触发是实际生产运营中运用最多的流程触发方式,运行时间可以按毫秒、秒、分钟、小时、天、周、月等进行循环执行,一些 RPA 产品的控制端还支持设置法定节假日等安排流程只在工作日执行,应用非常灵活。

3. 事件触发

事件触发是指在流程组件里设计的事件触发机制,如监听邮件收件箱、查收文件、Api 接口请求等触发方式,不同的触发方式有其适用场景,可以根据项目实际需求进行选择。对于时效要求高需要及时返回信息的,适合采用接口触发;对于无法通过接口触发又时效性高的场景,可以采用监听邮件或文件的形式进行触发,在流程结束后将数据通过邮件或文件返回。

4. 队列执行

队列执行是指流程遵循先进先出的原则,按照指定顺序依次执行。我们可以将多个流程进行排列。例如,将流程 A、流程 B、流程 C 依次排进队列,当流程 A 执行完成后流程 B 才会执行。这里的执行完成可以是执行成功,也可以是各种意外导致的执行失败。队列执行的触发模式,也可以与上述手动触发、时间触发和事件触发模式相结合使用。

三、流程部署风险管理

财务机器人的流程部署必须充分重视风险管理,对于 RPA 平台部署,在部署前,最好能对产品进行一次安全检查,以规避产品本身给企业内部系统带来的安全隐患。下面将详细阐述一些管理手段以规避可能出现的部署风险,常见的规避部署风险的手段如图 14-7 所示。

图 14-7 规避部署风险的手段

1. 清单管理

清单管理是指将部署对象、操作步骤、系统依赖环境,基础插件的要求、人员要求、流程回滚预案和部署校验方法记录在文档中,运维工程师严格按照该清单来执行部署操作。运维工程师需提前熟悉该清单内容,并进行部署演练,对于涉及的插件、初始化数据等最好编写自动化脚本来执行,提前将这些自动化脚本测试通过。

正式部署时,应严格按照文档步骤进行操作,每一步操作完成后都需要校验是否正确。部署完成后测试人员可在 RPA 开发人员协助下完成主流程的冒烟测试。若流程部署出现问题,应先评估是否对线上业务有影响,若有影响则应立即执行流程回滚操作,对问题进行分析和定位,解决后重新部署;若没有影响,则尝试检查配置项、重新发布等方式直至流程能正常运行。若实际配置项与部署清单不一致,应及时更新部署清单中的内容。

2. 多人复核策略

多人复核策略是指对 RPA 流程部署过程中的关键节点进行多人确认签字和复核,以确保上线流程、上线步骤、上线修改内容无差错,规避因个人原因可能导致的部署风险。流程正式生产上线前,应组织项目组相关人员评审该清单内容,确保流程部署对象和操作步骤符合本期部署需要。在流程部署过程中,对部署过程中的操作步骤和配置项进行复核,确保无误。

3. 专人专责策略

专人专责策略是指为保障流程部署和验证工作的规范和高效,应提前确认参与本次部署的操作负责人、配置核验人员、流程验证人员和技术支持人员,做到职责明晰、专人专责。该策略不仅适用于较为成熟的团队,也适用于中小团队,可以一人身兼多职但必须职责明确。通过职责清晰的部署安排,能大大降低操作失误的风险,保障发现问题和解决问题的时效性。

第三节 财务机器人运维

大到一个产品,小到一个自动化流程,都需要有专门的运维团队对产品或流程进行运维管理。运维管理不单单是 IT 部门的日常运维管理制度,也是与业务沟通的桥梁。流程的日常运维管理是指对上线流程的日常管理和运维工作。

一、流程运维的内容

RPA 流程部署完成及流程正式投产运行后,便进入了流程的运营与维护阶段。流程运维一般交由 RPA 运维团队来管理和维护。运维团队是支持流程稳定运行、提高用户满意度的中坚力量。运维团队的主要工作就是监控 RPA 的运行情况,通过对 RPA 的日常监控,一方面可以保障流程运行的稳定性和业务连续性,另一方面能够收集流程运行的实际效能数据。具体的监控机制可分为主动监控和被动监控两种。主动监控就是运维团队自己通过系统告警、日志查看发现问题,而被动监控是指流程出现异常,由业务人员发现流程问题。这里主要是针对发现问题的主观对象进行分类。当然主动监控也可以指系统自带的监控机制主动发现异常。

对于发生问题的流程,运维团队应该制定一套应急响应预案,即在运维过程中为应对 RPA 项目的突发事件所进行的准备、监测措施,以及处理突发事件所依据的策略、资源、流程、步骤等。应急响应预案的内容需包含参与和管理应急响应的组织和人员、突发事件的评级、对应的应急恢复策略以及对于应急响应处置的流程。

应急响应的组织和人员应由 RPA 项目组领导进行统一指挥与管理,并设有 RPA 流程恢复小组、业务沟通小组和支持保障小组,其中 RPA 流程恢复小组负责对突发事件进行信息收集、风险评估和事件跟踪,评估是否启动应急预案,为领导决策提供支持,还负责根据支持故障小组提供的建议技术方案和领导决策,执行应急响应的操作。业务沟通小组负责与业务相关部门沟通事件的影响范围和是否需要切换为人工处理流程,协调配合业务部门进行应急处理工作,包括流程重新部署的业务验证、准备备用运行终端等。支持保障小组负责对 RPA 平台、机器人、流程、服务器等资源进行调度管理,确保在进行突发事件处理过程中资源及时支持到位且不影响现有流程运行,及时申请、沟通授权等事项。

突发事件应急响应处置流程一般为评估、通知通报、人员到位、紧急恢复、故障排查与定位、流程恢复。由运维团队 RPA 流程恢复小组对突发事件进行评估,之后通知相关方进行突发事件的响应,并上报相关领导,人员组织到位后进行流程的紧急恢复,若短时间内无法紧急恢复的便先切换至手动流程，由流程恢复小组排查和定位问题，对突发事件进行处置，待流程完全恢复后向所有干系人通报最终结果。

二、流程运维阶段的需求变更

流程运维阶段的需求变更主要有四种情况：业务流程变更、关联系统变更、运行环境变更、产品变动，下面分别对这四种情况进行详细介绍，如图 14-8 所示。

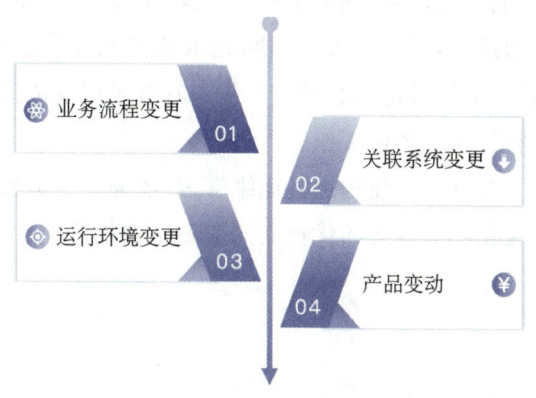

图 14-8　需求变更情况

（一）业务流程变更

业务流程变更是指已上线运行的流程因问题修复、添加新功能或功能优化需要发布新的迭代版本，或者需要进行配置变更的操作。业务流程变更通常由业务方提出，经项目排期完成开发和内部测试工作后通知运维人员进行试运行环境或者生产环境的发布。针对该类变更，运维人员需要审查项目组提交的流程部署文档和配置文档是否有遗漏，是否有正式的测试通过邮件或操作变更的审批邮件，确认无误后在约定的时间点完成流程的发布和配置变更操作。

（二）关联系统变更

关联系统变更是指 RPA 操作对象的业务系统发生维护或调用的业务接口发生变更时，运维团队需要进行的工作。通常，当业务系统需要进行维护或系统升级时，负责该业务系统的运维团队成员会得到该消息，并立即将该消息与整个运维团队共享。RPA 运维团队成员需要对此类消息特别敏感，并主动评估该业务系统是否与某个 RPA 流程有关，若有关则立即通知该 RPA 流程的开发团队和业务团队，请其评估该业务系统的本次升级是否会对 RPA 流程产生负面影响。

（三）运行环境变更

运行环境变更是指 RPA 机器人的运行环境发生了变动，如运行终端的调整、运行系统环境的调整等。运行终端的调整通常由业务人员提出，也可由 RPA 运营团队提出把分散的流程集中部署或增加机器人来共同执行流程，使机器人更高效地完成业务作业。收到此类需求后，运维团队成员应帮助需求方检查并安装自动化流程运行所需的各依赖项，确保 RPA 流程能够在新的运行环境正确执行。

(四) 产品变动

产品变动是指 RPA 产品的版本升级引发的变更需求。通常 RPA 产品的 License 到期续订时会考虑是否要将 RPA 产品升级到最新版，或者新需求项的开发要用到更多 RPA 产品的其他功能时，会发生 RPA 产品的变动。RPA 产品变动涉及的业务流程多、影响范围大，因此一定要做好周密的升级准备工作和测试工作。可以先对开发、测试环境进行升级，保证所有流程内部测试通过，然后由运维工程师先小范围地替换服务端、控制台的 RPA 产品，试运行观察没问题后再分批进行升级切换工作。升级过程中需注意，一定要做好流程配置信息的备份工作和运行日志的备份工作。

流程的日常运维除了对已上线流程进行运维管理，还需要对流程的下线进行处置，会有一些流程随着业务流程变化相关系统的优化而需要做下线处理。

章 节 测 试

一、单选题

1. 下列选项中,属于财务机器人测试的首要目的的是( )。
   A. 降低开发成本　　　　　　　　B. 验证开发结果的正确性
   C. 提高代码的复用性　　　　　　D. 增加系统的复杂性
2. 财务机器人的运维体系中,不属于运维团队的主要工作的是( )。
   A. 监控 RPA 运行情况　　　　　B. 收集流程运行效能数据
   C. 进行市场推广活动　　　　　　D. 制定应急响应预案
3. 下列选项中,属于选择财务机器人部署方案的主要依据的是( )。
   A. 项目预算　　　　　　　　　　B. 企业现有资源和实际情况
   C. 项目经理的个人喜好　　　　　D. 行业标准规范
4. 关于财务机器人的测试用例,说法正确的是( )。
   A. 只需包含测试标题　　　　　　B. 包含预期结果即可
   C. 至少包含测试标题、描述和优先级　D. 只需包含前置条件
5. 下列选项中,不属于流程部署时的风险管理的是( )。
   A. 清单管理　　　　　　　　　　B. 多人复核策略
   C. 技术支持人员培训　　　　　　D. 专人专责策略

二、多选题

1. 下列选项中,属于财务机器人测试内容的有( )。
   A. 测试准备　　　　　　　　　　B. 执行测试用例
   C. 问题追踪　　　　　　　　　　D. 发布测试验收报告
2. 下列选项中,属于流程部署的内容的有( )。
   A. 制定部署策略与方案　　　　　B. 准备部署环境
   C. 安装产品工具　　　　　　　　D. 上线流程
3. 财务机器人运维过程中,运维团队应制定的预案应包括( )。
   A. 应急响应预案　　　　　　　　B. 业务连续性计划
   C. 年度休假计划　　　　　　　　D. 技术支持升级计划
4. 下列选项中,属于流程运维阶段的需求变更的有( )。
   A. 业务流程变更　　　　　　　　B. 相关联系统变更
   C. 运行环境变更　　　　　　　　D. 产品变动

5. 下列选项中,属于财务机器人的优势的有(　　　)。
   A. 提高工作效率　　　　　　　B. 减少人为错误
   C. 增强数据安全性　　　　　　D. 降低运营成本

三、判断题

1. 财务机器人的测试用例设计必须规范,包含测试执行的前置条件和预期结果。（　　）
2. 运维团队不需要对已上线的财务机器人进行日常监控和维护。（　　）
3. 流程部署时不需要考虑第三方系统的环境差异。（　　）
4. 财务机器人运维过程中,应急响应预案的制定是为了避免和应对突发事件。（　　）
5. 流程运维阶段不需要关注业务流程的变更,只需关注技术层面的更新。（　　）

四、思考题

某大型制造企业为了确保其财务机器人的稳定运行和高效服务,决定在测试与运维环节引入 RPA 技术。企业在实施 RPA 的过程中,注重将社会主义核心价值观融入工作流程和企业文化中。

企业要求运维团队对 RPA 流程的稳定性和准确性负责,确保财务数据的准确无误,强化了员工的责任意识。运维团队积极采用 RPA 技术,不断优化自动化测试脚本和运维流程,体现了对技术创新的追求。在测试财务机器人时,团队注重每一个细节,确保所有功能都能在各种情况下稳定运行,体现了对工作质量的高标准要求。通过 RPA 技术的应用,财务机器人的运维效率得到提升,为企业财务管理提供了更高质量的服务,体现了服务社会的宗旨。请读者试着思考以下几个问题:

1. 请简述财务机器人的定义及其在财务领域的应用场景。
2. 请列举几种常见的财务机器人类型,并简要介绍它们的功能特点。
3. 在财务机器人运维过程中,如何确保数据的安全性和准确性?
4. 请谈谈您对财务机器人未来发展趋势的看法,以及可能面临的挑战。
5. 在财务机器人测试过程中,应关注哪些关键指标?如何评估机器人的性能?
6. 请结合实际案例,分析财务机器人实施过程中可能遇到的问题及解决方案。
7. 如何在财务机器人项目中实现人与机器的高效协同?
8. 请谈谈您对财务机器人培训的看法,如何提高用户对机器人的使用熟练度?
9. 在财务机器人实施过程中,如何持续优化机器人的性能,提高其工作效率?
10. 请结合财务机器人的应用,谈谈如何推动财务领域的数字化转型。

第十五章
RPA 在其他领域的核心应用场景

本章目标

1. 了解制造、医疗、教育、物流、金融行业的信息化发展现状。
2. 掌握 RPA 在制造、医疗、教育、物流、金融行业的应用场景。
3. 掌握 RPA 在制造、医疗、教育、物流、金融行业的发展趋势。

本章概览

本章主要介绍了制造、医疗、教育、物流、金融行业的现状，RPA 在制造、医疗、教育、物流、金融行业的应用场景以及发展趋势。

章节导航

```
                                            ┌ RPA 促进制造业数智化转型
                          ┌ RPA 在制造领域 ─┤ RPA 在制造领域的主要应用场景
                          │     的应用      └ RPA 在制造领域的未来应用趋势
                          │
                          │                  ┌ RPA 促进医疗数智化转型
                          ├ RPA 在医疗领域 ─┤ RPA 在医疗领域的主要应用场景
                          │     的应用      └ RPA 在医疗领域未来应用趋势
                          │
  RPA 在其他领域的         │                  ┌ RPA 促进智慧教育实施
    核心应用场景   ───────┼ RPA 在教育领域 ─┤ RPA 在教育领域的应用场景
                          │     的应用      └ RPA 教育领域未来应用趋势
                          │
                          │                  ┌ RPA 促进物流数智化转型
                          ├ RPA 在物流领域 ─┤ RPA 在物流领域的应用场景
                          │     的应用      └ RPA 在物流领域的未来应用趋势
                          │
                          │                  ┌ RPA 促进金融数字化转型
                          └ RPA 在金融领域 ─┤ RPA 在金融领域的应用场景
                                的应用      └ RPA 在金融领域的未来应用趋势
```

第一节　RPA 在制造领域的应用

一、RPA 促进制造业数智化转型

随着全球经济的快速发展和科技的飞速进步,在制造业中,RPA 的应用可以有效提高生产效率,降低生产成本,推动制造业的数智化转型。

首先,RPA 在制造业中可以应用于生产流程的自动化。制造业的生产过程中,有很多重复性的操作,如组装、焊接、搬运等。应用 RPA 可以自动完成这些操作,提高生产效率,降低生产成本。同时,RPA 还可以实现生产数据的实时采集和分析,帮助企业进行生产决策,提高生产质量和效率。

其次,RPA 在制造业中可以应用于供应链管理。制造业的供应链管理过程中,有很多繁琐的手工操作,如订单处理、库存管理、物流跟踪等。应用 RPA 可以自动完成这些操作,提高供应链管理的效率和准确性。同时,RPA 还可以实现供应链数据的实时采集和分析,帮助企业进行供应链优化,提高供应链的质量和效率。

最后,RPA 在制造业中可以应用于质量管理。制造业的质量管理过程中,有很多需要人工检测和记录的工作,如产品检测、质量追溯等。应用 RPA 可以自动完成这些工作,提高质量管理的效率和准确性。同时,RPA 还可以实现质量管理数据的实时采集和分析,帮助企业进行质量管理优化,提高产品质量和客户满意度。

二、RPA 在制造领域的主要应用场景

目前,RPA 在制造领域的应用场景如图 15-1 所示。

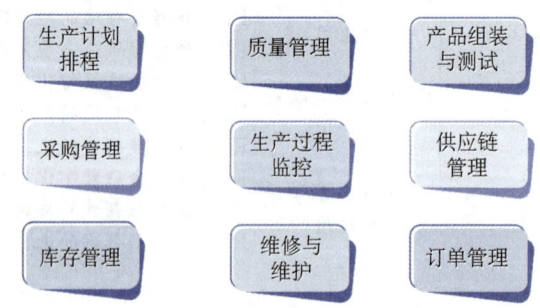

图 15-1　RPA 在制造领域的应用场景

(一) 生产计划排程

RPA 可以自动收集市场需求数据,如销售预测、客户订单等,实时监控库存情况,结合设备产能、人员配置等因素,生成最优生产计划和排程;并能根据实际情况调整生产计划,以

应对突发事件或紧急订单。

(二) 采购管理

RPA可以自动收集供应商信息,进行供应商评估和筛选,实时监控原材料价格波动,以获取最佳采购价格,自动生成采购订单,并跟踪订单执行情况,对比送货时间、质量标准等,评估供应商绩效。

(三) 库存管理

RPA可以实时监控原材料、半成品和成品库存水平,预警库存短缺,自动计算安全库存,以避免库存过剩或短缺,并能根据库存情况自动触发采购或生产计划调整,分析库存数据,优化库存结构和仓储管理。

(四) 质量管理

RPA可以自动执行产品质量检查,如缺陷检测、尺寸测量等,收集质量数据,进行质量分析和改进;追溯质量问题来源,提高质量管理水平,并能自动生成质量报告,供企业内部和客户审查。

(五) 生产过程监控

RPA可以收集设备运行数据,如温度、压力、速度等,分析设备运行状况,预测潜在故障,自动调整设备参数,以提高生产效率,监控生产进度,确保生产计划按时完成。

(六) 维修与维护

RPA可以自动收集设备故障信息,进行故障诊断,根据故障类型和严重程度,安排维修人员进行维修,跟踪维修进度,确保维修质量和效率,分析设备故障数据,提高设备可靠性和维修效率。

(七) 产品组装与测试

RPA可以根据生产订单自动执行产品组装任务,自动进行产品测试,确保产品质量,收集组装和测试数据,进行产品性能分析,自动生成产品合格证和说明书。

(八) 供应链管理

RPA可以整合供应链上下游信息,实现信息共享,监控供应商生产进度和交货情况,确保供应链稳定,分析供应链数据,优化供应链流程和效率,跟踪物流信息,提高运输效率。

(九) 订单管理

RPA可以根据客户订单自动生成生产计划和采购订单,自动跟踪订单执行情况,确保按时交货,收集客户反馈,改进产品质量和服务,自动生成订单报表,供企业内部分析和客户审查。

三、RPA在制造领域的未来应用趋势

RPA在制造领域的应用将进一步发展,其未来趋势如图15-2所示。

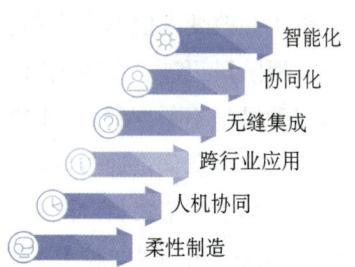

图 15-2 RPA在制造领域的未来应用趋势

(一) 智能化

随着人工智能技术的不断发展,RPA 将具备更强大的智能能力,能够自主学习和优化业务流程。这将使得 RPA 在制造领域的应用更加灵活和高效,并极大地提升生产效率。

(二) 协同化

RPA 将实现与物联网(IoT)、大数据、云计算等技术的深度融合,实现制造领域各系统间的协同作业,从而提高生产过程中的信息共享和传递速度,降低生产成本。

(三) 无缝集成

RPA 将实现与现有生产系统、企业资源计划(ERP)系统等的无缝集成,消除信息孤岛,提高数据流通的效率。这将有助于制造企业实现生产过程的数字化转型,提高生产管理水平。

(四) 跨行业应用

RPA 在制造领域的应用将不仅仅局限于某一个行业,而是拓展到跨行业、跨领域的合作。通过 RPA,各行业可以实现生产过程的快速整合,降低生产成本,提高竞争力。

(五) 人机协同

RPA 将与人工智能、机器学习等技术相结合,实现人机协同作业。这将使得生产线上的工人能够更加轻松地完成复杂的生产任务,提高生产效率和质量。

(六) 柔性制造

随着 RPA 的不断发展,制造企业将实现生产过程的柔性化,提高生产线的灵活性和适应性。这将有助于企业更快地响应市场变化,提高产品的竞争力。

RPA 在制造领域的应用将不断向智能化、协同化、无缝集成等方向发展,为制造企业带来更高效、灵活的生产过程。在未来,RPA 将成为制造企业提升竞争力的重要技术手段。

第二节　RPA 在医疗领域的应用

一、RPA 促进医疗数智化转型

随着全球加速进入数字化发展快车道,数字化、网络化和智能化的网络通信技术正在迅速融入并改变人们的生产和生活方式。这一变革也正在驱动着传统医疗卫生服务向数字健康发展阶段迈进。我国国家卫生健康委深知这一趋势的重要性,因此汇聚各方智慧力量,采取多种措施不断创新,以加快在卫生健康领域实现数字化、网络化和智能化的转型。

医疗信息化是通过计算机软硬件、互联网、人工智能等前沿技术手段,对医疗机构所产生的数据进行采集、存储、提取、处理和加工,为医疗业务提供质量和效率支撑的信息系统。RPA 机器人由于其"胶水工具"的特性,可以为医疗信息化服务提供者医疗信息系统互通和提升医疗信息化水平的能力,如图 15-3 所示。

图 15-3　RPA 促进医疗数智化转型

（一）打通数据孤岛，实现数据共享

由于医疗行业信息系统错综复杂，不同供应商采购的医疗信息系统可能存在数据孤岛现象，缺乏统一的交互和信息同步，导致医护人员需要进行多次重复的信息录入，这种缺乏统一标准和数据不一致的情况严重影响医疗信息系统之间的协同工作和数据共享。RPA 机器人可以把直报业务与院内数据快速打通，如对不良事件的上报、药品入库、采购确认等。以药品入库为例，医院从提交需求、药品下发到医院、医院再汇报给卫健委，整个业务流程都可以基于 RPA 实现。

（二）构建患者隐私保护屏障

医院信息系统存储着大量涉及患者隐私和敏感信息的数据，因此安全和隐私问题非常重要。系统的安全性和数据保护措施需要得到充分重视，以避免数据泄露、未授权访问或恶意攻击的风险。RPA 机器人可以替代人工对患者信息进行整理，不仅能够避免人为整理的数据错误，还能够遵循严格的数据访问权限控制，避免出现数据录入错误或者患者敏感数据泄露风险。在进行医疗分析中，RPA 机器人也可以对患者进行匿名化和去标识化，保护患者隐私；同时，RPA 机器人还可以对医疗流程进行合规性检查和监控，来规避可能存在的患者信息泄露风险。

（三）提高医疗运营效率

与其他行业类似，RPA 在医疗行业的多个业务领域都能够提升医院的运营管理效率和质量：①在财务管理方面，RPA 能够实现发票验真、报表处理、医保对账、医保结算等。②在人力资源方面，RPA 机器人能够自动进行收集和筛选简历、发面试邀请开始，到入职管理、转正或续签管理、离职管理，再到薪酬、社保、个税管理，还包括员工培训、满意度调查、绩效考核等。③在药品管理方面，RPA 机器人能够自动实现药品入库、医保编码变更、采购确认、药品使用监控、药品价格监控等业务。RPA 机器人可对药品使用情况按照科室、医生等维度进行同比、环比分析，全面进行药品监控，降低药占比，促进合理用药。④在耗材管理方面，RPA 机器人可定期对高值耗材的使用、收费等情况进行核对，监控高值耗材的使用，协助医院对耗材的使用进行全面监控，降低耗材耗用，控制成本。⑤在采购管理方面，RPA 机器人可实现供应商准入自动化监控及供应商定期评估检查自动化，对供应商企业进行关联分析，还能对采购价格进行动态监控。

（四）提升患者就医体验

由于医疗信息化的快速发展，存在使用难度大，使用起来复杂且不直观，医务人员和患者都需要花费较多的时间和精力来学习和操作。这给医护人员日常工作带来了不便,也影响了患者就医的体验。RPA 机器人可以帮助患者进行自动化登记,减少手动输入和错误的可能性。对于预约安排,RPA 可以在不需要人工干预的情况下自动调度,从而提升效率。在计费方面,RPA 可以自动化账单生成和发送,使过程更加迅速,减少可能的错误,大幅度提高患者就医看病流程效率,降低对信息系统的学习成本。

二、RPA 在医疗领域的主要应用场景

RPA 在医疗领域应用广泛,下面罗列几种常见的应用场景。

(一) 医疗物流管理

1. 供应商准入及监督

RPA 技术应用于供应商准入及监督,可以实现自动化的流程处理。例如,通过设定标准,RPA 可以自动审核供应商的报名资料,进行现场考察,生成考察报告,完成样品检验,进行商务谈判,起草并签订合同,并进行供应商绩效评估等,能够有效提高工作效率,减少人为错误,确保供应链的稳定和高效。

2. 采购价格动态监控

RPA 技术应用于采购价格动态监控,可以通过设定规则和阈值,实时跟踪和分析供应商的价格变动。一旦价格超出预设范围,RPA 便会自动触发预警机制,通知采购人员采取相应措施,如与供应商重新谈判,或寻找替代供应商等,从而实现对采购价格的智能监控和管理,提高采购效率,降低采购成本。

(二) 医疗药品管理

1. 药品使用监控

RPA 技术应用于药品使用监控,可以通过自动化流程对药品的采购、库存、使用等各个环节进行实时跟踪和数据分析。一旦出现异常情况,如药品接近保质期、库存不足等,RPA 便会自动触发预警机制,通知相关人员及时采取措施,确保药品的使用安全和有效,提高医疗机构的药品管理水平。

2. 药品价格监控

RPA 技术应用于药品价格监控,可以通过设定规则和阈值,实时跟踪和分析药品价格的变动。一旦价格超出预设范围,RPA 便会自动触发预警机制,通知采购人员采取相应措施,如与供应商重新谈判,或寻找替代药品等,从而实现对药品价格的智能监控和管理,降低药品采购成本,保障患者权益。

(三) 医疗用品管理

1. 高值耗材管理

RPA 技术应用于高值耗材管理,其具体流程可以分为以下几个步骤:①通过 RPA 自动化采集和整合高值耗材的采购、库存、使用等相关数据。②设定规则和阈值,对数据进行实

时分析和监控,如采购审批、库存预警、使用权限等。③当监控到异常情况时,RPA 便会自动触发预警机制,如生成库存不足的提醒、超过安全使用阈值的警示等。④相关人员收到预警后,根据提醒采取相应措施,如及时补充库存、调整使用策略等,确保高值耗材的合理使用和安全管理。通过这一流程,RPA 技术能够实现对高值耗材的全方位监控,降低医疗成本,提高医疗机构的运行效率。

2. 医疗耗材监控

RPA 技术应用于医疗耗材监控,其具体流程可以分为以下几个步骤:①通过 RPA 自动化采集和整合医疗耗材的采购、库存、使用等相关数据。②设定规则和阈值,对数据进行实时分析和监控,如采购审批、库存预警、使用权限等。③当监控到异常情况时,RPA 便会自动触发预警机制,如生成库存不足的提醒、超过安全使用阈值的警示等。④相关人员收到预警后,根据提醒采取相应措施,如及时补充库存、调整使用策略等,确保医疗耗材的合理使用和安全管理。通过这一流程,RPA 技术能够实现对医疗耗材的全方位监控,降低医疗成本,提高医疗机构的运行效率。

(四) 医疗数据管理

1. 病历信息自动化补录

电子健康记录(EHR)系统实现了医疗保健系统的现代化,创造了宝贵的患者数据库。然而,EHR 的实施要求医生做更多的文书工作,甚至在某些情况下,医生每天在电脑前花费的时间甚至多于与患者互动的时间。RPA 机器人可以自动填写许多字段,并在相关系统中复制、交换信息及数据。这不仅可以减少人为错误,还可以让医生有更多的时间与患者互动,提高患者满意率。

2. 医疗数据监控

部分医疗机构信息管理系统最显著的特点是以病人信息为中心,信息的覆盖面非常大,信息量每天以倍数关系在增长。数据源具有类型多、内容多、分布点多和采集人员多的特殊性,使得录入的信息质量难以保证。如何顺应工作模式的转换,确保原始医疗数据、信息录入准确、及时等一系列问题亟待解决。应用 RPA 医疗数据监控机器人可以专职对"住院卡片项目""临床医师录入项目""病案首页编目项目"采取不定时的核查监控;同时,相继对"床位信息""退院病人信息""划价收费信息""门、急诊工作量信息""手术室工作量信息"以及"住院病人费用信息"逐一开展监控。

(五) 医疗财务管理

1. 医保报销管理

医保报销管理采用 RPA+OCR 识别技术等技术手段,对医保报销的医疗票据扫描后通过计算机进行 OCR 智能全文识别产生结构化数据,将识别结果中的项目明细内容与本地医保目录库进行自动匹配,辅以人工核验和补录,能够形成符合本地医保信息系统要求的医疗费用明细结算数据。通过线上单据识别和目录自动对照处理,大大减少了线下手工对纸质单据的处理;同时,线上流程化资源办公,使医保单据的报销过程有迹可循、有记录可查,真正实现医疗单据电子化、经办效能高效化、报销流程规范化、处方目录对照自动化和质量监管标准化。

2. 医保对账管理

RPA 应用于医保对账管理时，无需临床医疗信息系统提供接口，利用 RPA＋OCR 技术，就能从其界面及输出文件中提取数据，转录到 HIS 系统中。

三、RPA 在医疗领域未来应用趋势

RPA 的发展不仅能带来效率的提升、成本的降低，更有望在医疗领域核心业务层面实现流程自动化，从而加速推进创新发展。未来，RPA 在医疗领域的应用有以下四个方面的发展趋势。

（一）RPA＋数字孪生

数字孪生是指通过数字技术将现实世界中的实体、系统或过程建立起虚拟的、数字化的镜像。医疗中的数字孪生技术主要体现在基于真实多维度多样化数据，如患者的数字虚拟状态、解剖结构或根据真实医院创建的虚拟环境。RPA＋数字孪生技术可以通过对电子病历、历史疾病登记数据库、日常行为数据库、医疗可穿戴设备数据，获取辅助诊断和治疗决策支持、实现患者监护、手术模拟及风险评估、医疗器械设计与优化、药物开发和剂量优化等。

（二）RPA＋大语言模型

自 ChatGPT 发布以来，大型 AI 模型在自然语言处理领域取得了显著的发展。2023 年 4 月，Open AI 推出了大语言人工智能模型 GPT-4，其在推理、解决问题和语言等方面的能力都有了显著提高。在医学实际应用中，诊断和治疗过程都发生在不稳定的环境中，这就导致在机器学习的环境中涉及很多混杂因素。通过 RPA 进行数据获取和整理，再结合机器学习，两种工具性技术的融合，在医疗信息化场景，能够助力电子病历的生产力解放、为医生提供诊断决策备选；在互联网医疗场景，能够帮助实现高效多模态获取患者信息并准确分诊；在公卫信息化领域，能够对重大传染病实现实时监测预警；在医保信息化领域，可以极大提升全国医保数据系统数据归集整理效率。

（三）RPA＋医疗场景应用深度融合

RPA＋AI 的结合，可以构建出智能辅助问诊系统。这种系统利用 AI 等技术的赋能，对就诊流程进行了深度优化，从而打造出全方位、不受空间和时间限制的医疗和健康闭环管理服务。这种服务为病人提供了安全的环境、智能化的体验和温馨的服务。

首先，在诊前服务中，智能辅助问诊系统可以根据患者的症状描述等，给予合理的医生资源、科室服务等推荐。同时，依靠以知识库为基础的智慧大脑，系统可以建立诊前健康咨询与导诊服务，帮助患者更好地理解自己的病情，引导患者进行合适的治疗。其次，在诊中服务中，智能辅助问诊系统可以实现患者智能导诊服务，减轻分诊护士台的压力。通过智能排队系统，系统可以实现患者有序就诊，改善就诊环境，确保患者的隐私得到充分保护。最后，在诊后服务中，通过设立统一的客户服务中心，结合医院智慧大脑与互联网技术，智能辅

助问诊系统可以实现医患互动、随访管理、健康监测、药品配送、处方流转、网约护士等服务。这些服务不仅方便了患者,也提高了医疗服务的效率和质量。

(四) RPA＋基层诊疗

通过运用人工智能技术解决基层临床问题,合理应用 RPA＋AI 技术,我们不仅可以提升基层的医疗水平,还可以快速收集、分析、预测疾病数据和区域健康走势。这样,我们就能对重大疾病进行联防联控,对重点人群、康复人群等进行有效管理和预防。

RPA＋AI＋医疗的发展与完善,未来将有利于补全基层诊疗服务的短板,强化公共卫生服务的效率。这将有助于解决我国优质医疗资源相对匮乏和基层医疗服务能力不足的结构性难题。通过技术的力量,我们可以让更多的人享受到优质的医疗服务,推动我国医疗卫生事业的发展。

第三节　RPA 在教育领域的应用

一、RPA 促进智慧教育实施

智慧教育是指用计算机技术、网络技术去取代传统的教学模式,实现高效课堂无纸化,探究互动零距离的创新教学模式。为了让学生能够掌握自主学习,教师可以在课堂教学中借用无纸化技术引导学生自己去发现、主动去探索。RPA 促进智慧教育实施主要体现在以下几个方面。

(一) 提高效率

教育机构有很多重复性的、低价值的任务,如成绩单的生成、课程表的安排、学费的收取等。应用 RPA,这些任务可以自动完成,从而提高教育机构的运营效率,降低运营成本。

(二) 个性化教学

RPA 可以用于收集和分析学生的学习数据,如学习习惯、学习进度、学习成绩等。这些数据可以为教师提供关于学生的深入理解,帮助教师进行个性化教学。

(三) 智能辅导

RPA 可以用于提供智能辅导服务。例如,RPA 可以模拟教师的辅导行为,为学生提供全天候的答疑服务,也可以根据学生的学习情况,提供个性化的学习建议。

(四) 自动化管理

RPA 可以用于自动化教育机构的管理流程,如学生的录取、退学、转学等流程,教师的招聘、考核、培训等流程,以及财务的预算、报销、审计等流程。

(五) 数据驱动决策

RPA 可以用于收集和分析大量的教育数据,如学生的学习数据、教师的教学数据、学校的运营数据等。这些数据可以为教育机构的管理者提供决策支持，帮助他们更好地管理教育机构。

二、RPA在教育领域的应用场景

现在，RPA供应商已经面向教育领域上线发布了各种场景的解决方案，通过结合软硬件基础设置及校园信息技术等，使得学生的校园生活越来越智能化、便捷化和安全化。在教育领域，通常RPA会被应用到以下常见的应用场景。

（一）财务管理

学校财务工作存在大量的人工操作，需要大量人力将纸质付款单等数据录入财务系统，通过RPA＋OCR自动化技术能够自动将纸质票据识别后自动录入系统，节省人力。而且学校的财务工作往往还涉及非常多的报表填报，如与教育局、统计局、社保局、税务局等业务对接有关的报表填报，同样RPA可以应用于这些涉及大量的报表处理和报送的工作。

（二）学生管理

学校的学生管理工作繁琐又需要细致，是非常适合RPA机器人应用的方向。例如，学生的学籍管理，每年都需要进行学籍注册，除了注册学籍管理还涉及学生资助等工作，同样都存在大量的人工重复性工作。当前高校的学生管理工作基本最少包括学校、辅导员、班委、学生这四级，并依靠人力、QQ/微信群进行消息传达，时效性和信息透明度都存在问题。RPA机器人与学校发文系统、邮箱系统、公众号等平台进行结合，可以实现通知、政策实时传达。

（三）行政管理

学校行政管理范围较广，应用RPA机器人技术较多的主要在教务管理、财务处、后勤管理等部门。例如，RPA机器人可以协助老师进行教学计划的制订和编制课程表，同时能够帮助教师进行自动化批改作业、自动化考核学生等。

三、RPA教育领域未来应用趋势

党的二十大报告提出："推进教育数字化，建设全民终身学习的学习型社会、学习型大国。"2023年年初，中共中央、国务院印发了《数字中国建设整体布局规划》，提出大力实施国家教育数字化战略行动。根据数字化的发展和国家政策与规划，未来RPA在教育领域的应用方向有以下几个方面。

（一）RPA＋智慧校园

智慧校园是覆盖从基础层到应用层的最广泛的概念，通常以底层的基础设施和支撑平台层的建设为核心。RPA机器人技术与物联网、云计算、大数据分析等新技术结合，可以为学生提供一种环境全面感知、智慧型、数据化、网络化、协作型一体化的教学、科研、管理和生活服务，并能对教育教学、教育管理进行洞察和预测的智慧学习环境。

(二)智能教学辅助

RPA 可以结合人工智能技术,如自然语言处理和机器学习,提供智能教学辅助功能。例如,自动批改作业和测试,提供个性化学习建议,甚至可以根据学生的学习进度和风格调整教学内容。RPA 可以开发成虚拟助手,为学生提供全天候的服务,回答常见问题,指导学生完成各类行政手续,提升学生体验。

(三)自动化管理流程

RPA 可以让学校的许多管理流程自动化,如学生信息管理、成绩处理、课程安排、财务记录等,大大减少人工操作错误,提高处理速度。通过自动化流程,学校可以更好地分配和优化资源。例如,RPA 可以自动分析教室使用情况,优化教室分配,或者自动化图书馆书籍的借阅和归还流程。

(四)数据分析与决策支持

RPA 可以与数据分析工具结合,帮助学校管理层分析大量数据,为决策提供支持。例如,通过分析学生学习数据,学校可以更好地了解学生学习情况,调整教学策略。结合 RPA 和 AI 技术,学校可以开发自适应学习系统,根据学生的学习进度和能力自动调整学习材料难度,提供定制化学习路径。RPA 还可以在在线教育平台中发挥作用,如自动管理课程注册、自动分配学习资源等。

RPA 为教育领域带来了巨大的创新机会,随着技术的进步和应用的深入,RPA 将在教育领域发挥越来越重要的作用,推动教育行业的数字化转型。

第四节 RPA 在物流领域的应用

一、RPA 促进物流数智化转型

在国家政策和行业发展的推动下,物流企业已经建立了比较完善的 ERP、OMS、WMS 等业务系统,但随之而来的是各系统数据相互独立,信息传输需要通过手动实时更新,线上与线下数据分散,这些在无形中使得工作量倍速增加。与此同时,海量的货物运输产生海量的物流数据,使得很容易出现物流异常等状况。业务量高峰期处理这些数据需投入大量的人力和时间成本,传统依靠手工录入单据的方式随着业务量的增长已经无法满足需求,传统方式造成的订单处理不及时,数据处理错误的情况也经常发生。

RPA 机器人能够协助物流企业进行自动化物流管理和日常任务,物流中的自动化可以快速处理订单和交货。RPA 机器人不仅能够替代工作人员手工数据录入的大量繁琐工作,还能够帮助企业打通各系统间的壁垒,自动化完成物流相关的表单统计工作;并且由于 RPA 机器人 24 小时不间断的特性,有助于实时分配和跟踪物流状态,并对异常物流进行状况提醒。

随着消费者日益增长的个性化、多样化、非标准化的即时服务需求，RPA 机器人不仅要协助物流企业进行物流管理自动化，同时还要在复杂场景下完成机器人应用，如家政服务、宠物喂养、陪诊、代排队、代驾等即时服务。例如，RPA 能够分析用户需求，能够协助企业进行服务到达通知、产品推荐、物联网结合进行位置定位追踪实时监测工作等。这些非标准化即时物流服务的大量出现，必然会带来差异化的运力调配机制，对于配送员的专业化能力要求也越来越高。RPA 由于其定制化能力强，不依赖其他系统的特性，也能够在即时物流数字化发展方面带来新的活力。

二、RPA 在物流领域的应用场景

RPA 能够应用于物流运营管理、订单管理等方面的工作，应用场景包括物流状态跟踪、货物跟踪、库存监控几个方面，以下提供了一些具体的场景。

（一）自动发运

在应用 RPA 机器人之前，物流操作员需要手动到 ERP 中根据既定条件进行查询，然后导出并制作物流订单，再发邮件给物流供应商或者在物流供应商提供的订单系统中录入。发运过程的手动操作多，数据量大。RPA 机器人可以根据预定的时间周期从 ERP 中查询待运货物并自动生成物流订单，之后在物流供应商的系统中生成运单或订单。物流操作人员仅需关注异常情况并调整物流订单，极大降低了工作量。

（二）物流状态更新

在应用 RPA 机器人之前，供应链管理人员在货物发运后，需要登录物流供应商的对外系统或网站，根据物流订单号查询物流状态信息，然后手动更新到自己的物流平台中。RPA 机器人可以根据物流平台的订单号自动到物流供应商网站或系统查询物流状态信息，并更新到自己的物流平台中。

（三）货物跟踪

RPA 可以自动从收到的电子邮件中提取发货详细信息，在调度系统中记录货运状态，并为客户提供准确的货运时间表，以便更好地跟踪物流信息。

（四）库存监控

物流库存一般需要制造商和供应商定期监控和维护，以确保有足够的货物满足客户需求。RPA 机器人可以实时监控库存水平。当库存较低时，RPA 能及时通知相关人员补充、采购，并提供实时报告以优化库存需求。

（五）异常件处理

受不可抗力因素影响，很多快递网点会积压不少待派送的物品。网点工作人员每天都会接到很多催件电话，大量物流异常件等待处理，工作量迅速攀升。RPA 能够自动将物流异常件数据上报到物流平台，进行异常件数据的处理。

（六）订舱处理

物流业务中订舱单的来源很多，无法统一格式，因此难以做到系统导入。另外，每一票单据都需要反复核对以免数据出错。RPA可以通过计算机视觉进行多种格式订舱文件的自动扫描和数据化，再进行自动录入，异常情况产生时及时引入人工检查和核对。

（七）运单处理

当前运量越来越大，物流企业每天都有大量的运单状态需要实时更新。员工每天需要手动处理几百条运单号，工作量巨大。RPA机器人可以登录物流平台进入派件出库页面，自动将Excel表中的运单号填写到扫描区中，完成所有运单号进港下车扫描的操作。

（八）物流投标

物流供应商客服人员需要经常登录甲方的对外招标系统或网站，根据项目招标信息进行项目核算，然后手动提交招标相关文件并进行报价。这类物流投标业务通常工作量大，操作非常繁琐而且有时很难在招标截止前进行正常的提交。RPA可以定期自动到甲方对外招标网站或系统中查询最新的物流项目招标，然后根据事先设定的业务逻辑进行项目核算，提交相关资料和报价。

三、RPA在物流领域的未来应用趋势

未来，RPA在物流领域的应用方向主要有以下几个方面。

（一）RPA＋智能营销

随着技术和网络的发展与普及，即时物流营销策略不再是投放产品广告，而是电商巨头围绕消费者需求形成的运营闭环的整套过程。RPA机器人能够协助企业进行多渠道多形式的智能化营销，通过多入口触达，包括手机端App、小程序、公众号、PC端网站、软件，以及电视等媒体形式，通过短视频、社交媒体、直播平台等线上渠道，同时结合线下门店、户外广告等进行多种形式的智能营销。RPA机器人可以在客户管理、数据分析、用户画像、行为轨迹追踪等方面提供数据获取、处理、安全、存储等方面的自动化支持。

（二）RPA＋智能客服

在消费升级的大背景下，消费者对即时物流的服务体验要求随之升级。作为连接消费者与商家的桥梁，传统客服向智能客服转型已成为必然趋势。通过电商平台建立行业话术库和应用AI学习能力，RPA机器人＋智能客服可以为商家收集客户需求，分析客户意图，处理并回复简单的客服问题，并且能为商家提供客户画像，为客户提供精准解答和推荐，提升购物体验，有效实现降本增效。

（三）RPA＋物联网

物联网（IoT）技术能够以自动化或部分自动化的方式收集数据。RPA＋IoT技术＋AI技术能够为企业完成智能化物流配送流程，由RPA机器人以流程为中心，通过AI给出的物流配送策略，RPA负责进行任务执行，而IoT负责提供物流信息及匹配即时物流的货物信息。例如，AI机器人能够预测从商家到用户的最优路线、配送方式和人员，RPA则可以登录物流配送系统,结合 IoT 技术,选择客户所需要的物品告知配送人员其货物和路线。AI 是即时物流配送的大脑,而负责执行的是 RPA 机器人。

第五节　RPA 在金融领域的应用

一、RPA 促进金融数字化转型

传统金融行业经营中存在一些常见问题:①传统的金融行业在日常工作中存在大量的重复性操作,会耗费业务人员大量时间与人力成本。②金融行业业务系统繁多,且各系统相对独立,信息孤岛现象比较严重,跨系统操作自动化及其信息共享需求迫切。③金融行业对监管报送要求高,一方面有大量存量数据需要处理,另一方面监管要求有实时性要求。

通过 RPA 模仿业务人员在电脑上的操作,替代人工完成大量重复、规则明确的工作,不仅能够处理日常工作中耗时、枯燥的数据处理、文件上传下载、票据录入等人工业务流程,同时也能够操作跨系统、接口调用、收发邮件等与其他系统的交互操作。RPA 具备的稳定可控、全天候工作、敏捷高效、安全可控、成本低、快速落地的优势,能够让业务人员更加集中精力于创造性的高价值工作上。

随着 RPA 机器人数量和智能化水平的提升,RPA 机器人建设逐步演变为数字员工和平台化建设。通过一体化的跨产品管控平台、一站式运营管理平台,RPA 能够提供企业化自动化能力的统一管控,支持对多 RPA 产品进行调度和管控。同时,结合 AI 能力,融入流程挖掘、OCR、NLP 等技术能力,能实现 RPA 的全面智能化。

二、RPA 在金融领域的应用场景

以下是金融领域常见的一些 RPA 应用场景。

(一) 客户交互

金融领域存在包括投资、储蓄、信贷、保险和信息咨询等金融服务,为提高金融服务水平、改进金融机构经营管理、增强金融业竞争力,RPA 机器人大量运用于与客户交互相关的场景。例如,在柜面及营业网点,RPA 辅助客户进行开户申请、反洗钱协查、申请材料资料自动化填报等。同时,在运营服务中心,RPA 对客户材料进行采集、评估和审核,还可结合企业内部 AI 能力平台挖掘智能应答等自助服务。

(二) 移动开户

金融行业致力于优化客户体验、服务质效和风险防控,通过 RPA 自动化流程实现移动开户。借助 RPA 流程机器人和 OCR 技术,开户流程从原来的 40 分钟缩短至 25 分钟以内,效率提升了 35% 以上。移动开户场景包括微信预约模式和非预约模式。通过前端系统对

RPA 机器人进行实时调用，RPA 查询中国人民银行网站上的客户信息，并使用 OCR 技术采集客户信息。同时，RPA 能够将查询到的数据存放至相关系统数据库中，待前端使用时进行调用，完成整个开户流程。

（三）网银对账自动化

为规避错误账单、防范经济风险，银行需要定期进行网银对账。人工操作流程通常为手动登录网银并下载网银流水及财务凭证，然后手工核对和汇总网银与财务数据。由于各大银行下载网银需要安全认证（如 UKey），网银对账业务场景基本由人工处理。RPA 机器人可通过 API 接口调用，连接多个 UKey，自定义选择登录的银行网站，下载各家银行网银余额流水，并将各家银行的网银余额进行统计汇总。此外，RPA 还能与银行财务会计系统余额进行核对，最后将核对结果进行统计整理并发送给业务人员。

（四）风险合规管理

金融行业，尤其是银行业，面临着严格的监管要求。合规风险至少涉及 8 大类、22 个方面，以及超过 100 条监管红线。这些风险涵盖了产品、操作、销售、财务等多个方面。RPA 技术主要应用于企业服务运营管理相关场景，如反洗钱审批和材料补充、风险分析，对公开户报备、柜员行为合规检查等相关场景。

（五）双录质检

双录质检是指 RPA 机器人结合语音识别、OCR 识别以及动作监测共同完成的一种监控场景。视频内容通常由客户经理讲解产品开始，然后客户进行答复，以确保对产品有正确和清晰的认识。接着，通过动作操作、动作监测以及信息核对，产出产品讲解、售卖等合规性分析报告。在这个场景中，RPA 机器人利用其胶水语言的特性，能将企业内部的 AI 能力打通并串联。

（六）贷款与投资

贷款与投资是金融行业极为重要的经营业务。RPA 技术主要应用于金融企业贷款全生命周期管理，包括贷前信息审核、贷中授信管理和维护、风险预警和评估，以及贷后信息维护与催收等。此外，RPA 还涉及金融行业投资清算、收支申报等场景。

（七）员工风险评估

员工风险评估场景主要包括数据采集、数据存储、建模分析、风险预警告知等环节。在数据采集阶段，RPA 技术与人工智能相结合，以机器人作为虚拟劳动力。根据预先设定的程序，RPA 机器人导入基础信息，并与中国执行信息公开网、中国裁判文书网等现有系统、数据库进行交互，完成预期数据获取工作。

获取原始数据后，RPA 机器人通过使用 ETL 工具对数据进行清洗转换，并定期同步人员、项目、问题信息与整改信息，完成整体表结构的设计。在数据存储阶段，RPA 依托大数据平台建立健全的数据治理体系，规划数据管理架构，沉淀监督数据，挖掘多层次、多粒度数据价值，为关联分析和员工画像奠定基础。

对于结构化数据，一般根据数据特性进行分层分类存储；对于部分非结构化数据，如影像资料,一般使用OCR进行识别提取必要信息,再通过ETL工具加工完成入库处理。企业可以依托大数据和机器学习算法,整合企业内外员工法律执行情况、征信数据、近亲属违规经商办企业情况、审计内控情况等信息,构建关联关系网络;采用网络图谱算法、NLP等算法处理结构化、半结构化和非结构化等多模态数据,将明细指标强化学成风险标签,对员工进行画像分析,划分不同风险等级,提升隐含风险发现能力,同时,还可以引入图模式、社群识别、异常检测等技术手段。RPA机器人在模型运算基础上,结合风险决策引擎生成潜在合规高风险人员清单,将高风险预警发送至相关业务部门。RPA在满足自动风险预警需求,决策引擎实现松耦合、标准化接口对接,采用实时流计算技术,引用大数据平台中十余类监督数据源进行加工计算,秒级返回决策结果给前端系统等方面,均表现突出。

为快速响应风险防控需求,决策引擎基于权限管理,采用风控规则灵活配置方式,这能增强风控策略的保密性和灵活性。通过这一流程,企业能够有效地识别和应对员工风险,确保合规经营。

(八)基金估值自动化场景

随着经济发展,许多中小型基金公司面临基金估值的挑战。由于缺乏实力和资本,企业难以组建专业的估值团队,通常会将估值业务委托给证券公司。对于证券公司而言,他们需要处理大量不同基金的数据,每天都需要进行数据拆分、整理并上传到估值系统,并进行一系列相关操作。

RPA机器人每天能够自动从各个来源(如证券公司系统、基金公司系统等)获取基金数据,并将其整理成标准格式;然后自动对获取的基金数据进行拆分、解析和校验,确保数据的准确性和完整性;根据预设的估值规则和模型,自动计算基金的估值。这些规则和模型可以提前配置,并根据需要进行更新和调整。最后RPA自动化生成基金的估值报告,包括估值结果、持仓明细、市场行情等信息,并发送给相关人员进行查看和分析。

(九)证券日终清算自动化场景

证券业务清算作为证券运营业务的核心环节,以其操作步骤复杂、涉及业务系统广泛及操作风险较大而具有相当的重要性。传统的人工操作方式效率低下,同时还无法避免因人为失误引发的风险。清算业务日间交易必须实现实时处理,而日终清算则需要在晚间统一完成,这造成了清算业务工作量大、对准确率要求高,同时还需严格遵守时间限制。

通过运用RPA机器人,证券业务清算可以实现对恒生O32等投资条线信息系统的自动化操作。具体而言,RPA机器人可以定时从这些系统中抓取交易数据,然后自动化地汇总当天的交易指令。在买入方的资金划付指令和卖出方的证券过户指令处理过程中,RPA机器人会执行资金清算和证券过户操作,并更新买卖双方的资金和证券余额,以确保正确反映当天的交易结果。此外,RPA机器人还能根据交易中的费用、税务等情况自动进行款项调整,从而确保交易的合规性和公平性。

在结算过程中,RPA机器人能够实时监控并处理异常情况,如错误数据、延迟等。通过资产交割、账户核对、款项调整等自动化操作,RPA机器人最后能生成结算报告和监控。这种创新的清算方式不仅提高了工作效率,降低了人为失误的风险,还保证了交易的合规性和公平性,为我国证券业务清算的发展注入了新的活力。

三、RPA 在金融领域的未来应用趋势

我国金融科技发展趋势表明,RPA 将围绕数字金融生态圈建设,实现由技术导向向场景、需求导向的转变。RPA 与 OCR、NLP 等人工智能技术的结合,使 RPA 不仅能够处理重复繁琐的业务场景,还具备了对非结构数据的处理能力,形成了一定的智能特性。

(一) RPA＋场景金融

2022 年 1 月,中国人民银行发布的《金融科技发展规划(2022—2025 年)》指出,要推动实体网点向多模态、沉浸式、交互式智慧网点升级,拓展线上渠道,丰富服务场景。随着金融业务与具体场景的深度融合,场景金融逐渐实现与业务流程的适配。金融机构运用各类技术手段,建立全场景数据关系链路和关系图谱,从场景金融提炼出标准化、组件化、自动化的业务流程,将金融业务合理地嵌入到场景中,实现金融业务与流程自动化场景的匹配。

(二) RPA＋金融监管

发展规划还提出,要加快监管科技的全方位运营,强化数智化监管能力建设,对金融科技创新实施穿透式监管。2022 年 10 月,国务院关于金融工作情况的报告指出,要加快监管数字化智能化建设,推动监管数据共享,推进金融数据治理,提高数据真实性和数据质量。随着 RPA 机器人等技术的快速发展,金融监管机构也面临着挑战,如何将 RPA 与其他技术结合,模拟人工操作更好地纳入金融监管,以及如何与金融监管协同进行数值化监管能力建设,都是金融监管机构未来需要面对的机遇与挑战。

(三) RPA＋生成式人工智能

生成式人工智能和 RPA 的结合,正在为金融领域带来前所未有的创新机遇。这种组合可以帮助降低金融机构运营成本,提高业务效率和客户满意度。在金融领域,RPA＋生成式人工智能的应用主要集中在智能客服、智能风控、智能服务等场景,以提升客户体验和业务效率。例如,通过 RPA 技术实现金融服务的自动化,如智能合同管理、押品登记自动化等。同时,生成式人工智能可以用于内容创作,如自动生成金融报告、分析和建议,进一步提高金融服务的智能化水平。

但同时,RPA 与生成式人工智能技术的融合也存在着一些挑战。例如,生成式人工智能在算力、算法、数据、安全、人才等领域面临诸多痛点难点。因此,金融机构需要关注大模型生成内容的准确性、可靠性、稳定性,并建立有效的管控机制及应急策略,防止出现价值偏离、算法偏见、歧视性内容生成等问题。此外,中国工商银行、平安银行等金融机构已经在积极探索大模型在金融业务中的应用。展望未来,生成式人工智能和 RPA 的融合将会更加紧密,金融行业将在这个过程中实现更高效、智能的运营。

章 节 测 试

一、单选题

1. 制造领域中，RPA 技术主要应用于(　　)。
   A. 生产流程的自动化　　　　B. 产品设计创新
   C. 市场趋势分析　　　　　　D. 客户服务体验
2. 医疗领域中，RPA 技术主要应用于实现(　　)功能。
   A. 病历自动补录　　　　　　B. 手术自动化执行
   C. 医疗设备自动维修　　　　D. 患者自动诊断
3. 教育领域中，RPA 技术的应用不包括(　　)。
   A. 学生信息管理　　　　　　B. 教务课程安排
   C. 学生个性化教学　　　　　D. 学校建筑自动设计
4. 物流领域中，RPA 技术可以用于优化的环节是(　　)。
   A. 货物装卸　　　　　　　　B. 物流状态跟踪
   C. 物流车辆自动驾驶　　　　D. 仓库空间规划
5. 在金融领域的应用中，RPA 主要是为了优化(　　)。
   A. 投资回报率　　　　　　　B. 客户服务满意度
   C. 业务流程自动化　　　　　D. 金融产品创新

二、多选题

1. RPA 在制造领域的主要应用场景包括(　　)。
   A. 生产计划排程　　　　　　B. 采购管理
   C. 库存管理　　　　　　　　D. 供应链管理
2. RPA 在医疗领域的应用可以带来的好处包括(　　)。
   A. 打通数据孤岛　　　　　　B. 构建患者隐私保护屏障
   C. 提高医疗运营效率　　　　D. 提升患者就医体验
3. RPA 在教育领域的应用涉及的内容包括(　　)。
   A. 财务管理　　　　　　　　B. 学生管理
   C. 行政管理　　　　　　　　D. 教学内容开发
4. RPA 在物流领域的应用包括的环节有(　　)。
   A. 自动发运　　　　　　　　B. 物流状态更新
   C. 货物跟踪　　　　　　　　D. 库存监控

5. RPA 在金融领域的应用包括（　　）。
   A. 客户交互　　　　　　　　　　B. 移动开户
   C. 网银对账自动化　　　　　　　D. 风险合规管理

三、判断题

1. RPA 在制造领域只能应用于生产流程的自动化，而不能用于质量管理。（　　）
2. RPA 在医疗领域的应用可以减少医护人员的工作量，让他们有更多时间与患者互动。
　　　　　　　　　　　　　　　　　　　　　　　　　　　　　　　　　　　（　　）
3. RPA 在教育领域的应用主要是为了替代教师进行教学工作。（　　）
4. RPA 在物流领域的应用可以提高物流运营的效率和准确性。（　　）
5. RPA 在金融领域不能用于风险合规管理和双录质检。（　　）

四、思考题

某物流企业为了提高客户服务的响应速度和处理订单的准确性，决定在订单处理和客户服务环节引入 RPA 技术。企业在实施 RPA 的过程中，注重将社会主义核心价值观融入项目中，培养员工的责任感和创新能力。企业通过 RPA 技术的应用，实现了订单处理的自动化和客户服务的快速响应，提高了工作效率，体现了对技术创新的重视。实施 RPA 项目涉及 IT 部门、客服部门和物流部门的紧密合作，团队成员之间相互支持，共同解决实施中遇到的问题，展现了集体主义的力量。在自动化订单处理过程中，该企业严格遵守相关的电子商务法律法规，确保所有自动化流程都符合法律要求，体现了法治精神。通过 RPA 技术的应用，该物流企业能够更快地处理客户订单，提供更高质量的客户服务，体现了服务社会的宗旨。

通过 RPA 在其他领域的核心应用场景中，该物流企业不仅提升了工作效率和服务质量，还加强了员工的社会主义核心价值观教育，实现了技术进步与精神文明建设的双重目标。请读者试着思考以下几个问题：

1. 除了财务领域，RPA 技术在其他哪些领域有广泛的应用？请举例说明。
2. RPA 技术在供应链管理领域有哪些应用场景？如何提高供应链效率？
3. RPA 技术在生产制造领域有哪些应用场景？如何提高生产效率？
4. 请分析 RPA 技术在各领域应用的共性和差异性，并探讨其在企业整体数字化转型中的作用。
5. 针对一家具体的企业，请设计一个跨领域的 RPA 技术应用方案，并说明预期效果和实施步骤。

附录 1

自动化流程需求评审表

需求评审工具——开发优先级评估								
需求开发优先级评估(通用版)								
说明:本表格适用于对各业务需求要点进行评估。评估要点、权重及具体释义详见表2。使用过程中,可根据不同业务特性、行内个性化情况,适当调整评分标准及其权重。(具体以行内实际情况为准)								
需求提出人		部门		联系方式				优先级 优先
需求名称				填表时间				
评分要点	细分指标	权重	指标具体内容及定义	评分标准				单项得分	综合得分
				A	B	C	D E		
				100分	80分	50分	30分 0分		
可行性	需求涉及的数据格式	5%	结构化数据(文档、表格、PDF等常见文档)可行性高,非结构化数据(图片识别、语义识别、语音识别、视频识别等生成的数据)可行性低	A					
	业务规则是否清晰固定	5%	业务规则不存在人为主观判断的因素	A					
	原系统近期是否存在改造计划	5%	原系统半年内存在改造计划的需求不适用RPA	A					
	是否涉及特殊认证方式	5%	涉及UKey、指纹认证、手机认证或者复杂验证码的需求不适用RPA	A					
	需要操作的数据量是否过大	4%	操作的数据量过大(具体以行内网络条件为准)建议由原系统改造,不适用RPA	A					

(续表)

评分要点	细分指标	权重	指标具体内容及定义	评分标准 A 100分	B 80分	C 50分	D 30分	E 0分	单项得分	综合得分
实施复杂度	是否具备稳定的开发测试环境及数据	4%	无测试环境及数据的需求，实施复杂度较高		B					
	原系统运行是否稳定	4%	原系统运行不稳定，经常报错，需充分考虑异常处理机制，实施复杂度高		B					
	流程是否涉及网络访问申请	3%	涉及互联网、专网等外部网络环境的需求，实施复杂度较高，需提前开通网络访问关系		B					
	流程是否涉及跨网段	4%	涉及跨网段切换的需求，实施复杂度高，需要通过技术手段确保数据安全		B					
	流程操作复杂度	3%	一个菜单上数据录入（含多个要素）、数据获取（含多个要素）、查询等都各算一个操作步骤，超过6个操作步骤，实施复杂度高		B					
	业务逻辑复杂度	5%	每个步骤涉及的业务规则均算业务逻辑，一个步骤含多个业务规则则算多个业务逻辑，业务逻辑超过9个，实施复杂度较高		B					
	流程涉及的系统数量	5%	流程经过的全部系统数量，超过1个，实施复杂度较高		B					
	流程涉及的具体操作系统	3%	详细描述流程涉及的操作系统名称，员工渠道相关系统实施复杂度较低，其他系统实施复杂度较高	A						
	流程是否涉及人机交互	4%	流程执行过程中需要人工介入的需求，实施复杂度较高			C				

(续表)

评分要点	细分指标	权重	指标具体内容及定义	评分标准 A 100分	B 80分	C 50分	D 30分	E 0分	单项得分	综合得分
预期效果	人工处理时长（小时/天）	3%	业务预计人工处理时长		B					
	工时替代率	5%	RPA是否可以完全替代人工，完全替代人工则为100%		B					
	预计节省工时（小时/天）	5%	根据替代率自动计算预计节省工时		B					
	是否为全行战略性、重点性业务	5%	需求实施后，如果能为全行的战略性业务、工作重点日工支持，则预期收益较高，实施优先级高			C				
	能否提升全行客户服务能力	5%	需求实施后，如果能为够提升客户服务能力，则预期收益较高，实施优先级高		B					
	能否提升业务风险防控能力	5%	需求实施后，如果能提升业务风险防控能力，则预期收益较高，实施优先级高	A						
风险性	业务连续风险性评估	5%	业务中断后是否存在风险，如果业务中断后导致监管、客户投诉等风险，则业务连续性风险为高	A						
	是否存在制度或合规性风险	5%	业务由人工改为机器人自动执行后，是否存在制度或合规性风险	A						
	是否涉及敏感信息或重要数据	3%	业务执行过程中处理的数据是否为敏感数据或者重要数据	A						
合计		100%								

等级	得分
A	100
B	80
C	50
D	30
E	0

得分	执行建议
85及以上	优先
80~85	次优先
50~80	一般
30~50	不建议

版权所有：

附录 2

自动化流程需求评审标准

评分要点	细分指标	评分标准 A 100分	B 80分	C 50分	D 30分	E 0分
可行性	需求涉及的数据格式	结构化数据	包含图像识别	包含音视频识别、语义识别	包含手写不准或格式不标准	全部手写或不标准格式数据
	业务规则是否清晰固定	清晰固定	清晰且极少变动	清晰但偶尔变动	清晰但经常发生有规律变动	清晰但频繁发生无规律变动
	原系统近期是否存在改造计划	无	1年以后	半年以后	3个月以后	
	是否涉及特殊认证方式	无	有	—	—	—
	需要操作的数据量是否过大	100M 以内		100M 以上	—	—
实施复杂度	是否具备稳定的开发测试环境及数据	是	否	—	—	—
	原系统运行是否稳定	是,无报错	极少报错	偶尔	经常	
	流程是否涉及网络访问申请	否	是	—	—	—
	流程是否涉及跨网段	否	是	—	—	—
	流程操作复杂度	6个以内	6～10个	10个以上	15个以上	—
	业务逻辑复杂度	9个以内	9～18个	18个以上	25个以上	—
	流程涉及的系统数量	1个	1～3个	3～5个	5个以上	
	流程涉及的具体操作系统	员工渠道相关	其他系统	—	—	—
	流程是否涉及人机交互	否	仅需复核确认	事中某几个节点需介入	需频繁介入	

(续表)

评分要点	细分指标	评分标准				
		A	B	C	D	E
		100分	80分	50分	30分	0分
预期效果	人工处理时长（小时/天）	3小时/天/人以上	1~3小时/天/人	1小时以内/天/人	—	—
	工时替代率	100%	80%	50%	30%	
	预计节省工时（小时/天）	3小时/天	1~3小时/天	1小时以内/天	—	—
	是否为全行战略性、重点性业务	是	—	否	—	—
	能否提升全行客户服务能力	是	—	否	—	—
	能否提升业务风险防控能力	是	—	否	—	—
风险性	业务连续风险性评估	不存在中断风险	存在风险但可通过异常处理机制控制	—	—	—
	是否存在制度或合规性风险	否	是，但可通过人工介入规避	—	—	—
	是否涉及敏感信息或重要数据	否	是，但可通过加密保护数据	—	—	—